RÉ-INVENTER L'ÉCOLE

Éditions Fabert
79, avenue de Ségur – 75015 Paris – France
Tél.: 33 (0) 1 47 05 32 68
e-mail: editions@fabert.com

LUIGI BERLINGUER

avec Carla Guetti

RÉ-INVENTER L'ÉCOLE

Une école de qualité pour tous et pour chacun

Préface de François Dubet

Traduit de l'italien par
Anaïs Bouteille-Bokobza

éditions FABERT

Collections chez le même éditeur

Aides aux apprentissages
Chant du regard
Des liens pour s'épanouir
Droits de l'enfant
Éducation et sciences
Janusz Korczak
Je veux mon histoire
L'école autrement
Le Fabert
Les cahiers de l'architecture scolaire
Ma vie en marche
Pédagogues du monde entier
Penser le monde de l'enfant
Profs en liberté
Psychothérapies créatives
Quand les parents s'en mêlent
Roman
Temps d'arrêt/lectures

Pour en savoir plus:
www.fabert.com

Maquette et mise en page: Atlant'Communication
Crédit photo auteur: Pascal Dolémieux

DIFFUSION/DISTRIBUTION
Volumen

COMPTOIRS DE VENTE:
Éditions Fabert (ouverts du lundi au samedi de 9 h 30 à 18 h)
79, avenue de Ségur, 75015, PARIS. Tél.: 33 (0)1 47 05 32 68
15, rue des Capucins, 69001, LYON. Tél.: 33 (0)4 37 28 96 17

ISBN: 978-2-84922-437-3

Préface

de François Dubet

Tous ceux qui ne veulent pas désespérer de l'éducation doivent lire ce livre. Ceux qui ont l'impression que les réformes scolaires s'accumulent sans jamais rien changer y trouveront des principes, des idées et des faits permettant de reprendre la maîtrise de notre histoire.

Luigi Berlinguer n'est pas seulement un ancien ministre de l'éducation italien, un expert de l'école ayant tout vu, tout lu ou presque, c'est surtout un homme de la Renaissance. Il n'est pas nostalgique des Humanités et du passé : il plaide pour une nouvelle Renaissance dans une Italie et une Europe qui ne regardent plus que derrière elles. Quand, en France et en Italie, domine le sentiment obsédant que l'école est emportée par une longue crise de l'autorité scolaire, de la grande culture et de la transmission, Luigi Berlinguer affirme que nous sommes obligés de repenser l'éducation, d'inventer une nouvelle école, de regarder l'avenir en face plutôt que de nous laisser envahir par la nostalgie d'un monde scolaire perdu, et d'autant plus idéalisé qu'il s'éloigne à jamais. Luigi Berlinger n'est pas dans l'air du temps de la plainte scolaire ; il croit dans la connaissance, dans la science, dans la technique et dans le progrès, il croit que tous peuvent apprendre, il croit que l'instruction peut être une éducation civique et morale. Il pense que l'école peut favoriser l'unité d'une société et laisser toute la place aux singularités des élèves.

C'est un lieu commun, mais tous les lieux communs ne sont pas faux : aujourd'hui l'éducation – pas seulement la connaissance – contribue à la production des richesses, du bien-être et de la qualité de la vie, au même titre que le capital économique, que la force de travail et que les ressources de la nature. L'éducation est un bien privé, elle favorise l'accès à l'emploi et aux revenus, mais elle est aussi un bien collectif : plus le système éducatif est juste et de bonne qualité, plus la vie sociale est aussi juste et de bonne qualité. Nous le savons tous, tous les gouvernements et tous les organismes internationaux le répètent à l'envi.

Cette conviction a justifié la politique de massification de l'enseignement secondaire et de l'enseignement supérieur dans tous les pays. Mais en Italie, comme en France où le nombre de lycéens et d'étudiants a explosé, tout s'est passé comme si on avait ouvert les portes sans jamais mettre en cause la nature d'une ancienne école réservée à une minorité. Pour l'essentiel, les hiérarchies scolaires restent dominées par les disciplines les plus abstraites enseignées de façon magistrale ; clivages entre les formations réservées aux élites et les formations professionnelles et techniques maintenues dans une position subalterne. Au bout du compte, il reste près de 20 % de jeunes « NEET » en Europe, de jeunes âgés de 15 à 29 ans qui ne sont ni à l'école, ni en formation, ni en stage, ni au travail ni en recherche d'emploi. Les inégalités scolaires n'ont guère été réduites et, partout, l'origine sociale des élèves détermine largement leur carrière scolaire. Au fond, nous avons fait entrer dans l'école des jeunes qui n'étaient pas faits pour elle, en n'envisageant guère de changer la nature de cette école et les manières d'y apprendre. Beaucoup pensent même qu'une grande partie des élèves n'y ont pas leur place et ne sont pas véritablement « éducables ».

Mais le problème le plus grave de l'école n'est pas seulement celui des inégalités, c'est celui de sa vocation éducative elle-même : « Sa vraie raison d'être est de répondre au besoin individuel et social d'enraciner des connaissances et des compétences, c'est-à-dire de construite la personnalité de l'être humain et la base culturelle d'un pays » écrit Luigi Berlinger. Si l'école ne sert pas seulement à sélectionner, à quoi sert-elle ? Pourquoi aller à l'école, s'il ne s'agit que d'y être sélectionné ?, pour y apprendre quoi, comment, pour y devenir quel sujet, dans quelle société ? Nous savons que toute la société a changé, que ni l'économie, ni la culture, ni la subjectivité des individus ne sont les mêmes qu'il y a cinquante ans ; ce changement est si radical, si rapide et parfois si violent que la vieille école est perçue comme un gage illusoire de stabilité et de sécurité : « On ne sait pas se détacher de la vieille photo floue d'une salle de classe du XIXe siècle ». On s'en défait d'autant moins que la tradition pédagogique a l'avantage d'assurer la reproduction des positions sociales et de l'échelle des prestiges.

À l'acquisition passive de savoirs immuables, Luigi Berlinger oppose l'apprentissage actif de compétences. En France, l'opposition entre savoirs et compétences cristallise toutes les querelles : les « républicains » tenant du savoir, contre les « pédagogues » tenant des compétences, l'école centrée sur le travail du maître contre l'école centrée sur le travail de l'élève, l'école de l'autorité et de la grande culture contre l'école des enfants et du jeu, l'institution contre l'initiative et l'individualisme… Pourtant, il ne faut pas opposer la théorie à la pratique, la gratuité de l'abstraction aux compétences qui permettent de travailler, de se réaliser soi-même et d'être utile aux autres. Comme l'écrit Luigi Berlinger, « On sait qu'une école sans connaissances ni notions est une école de l'ignorance ; mais uniquement de connaissances et de notions, ce n'est ni une école de la culture, ni une école de la formation. » En fait, cette querelle est mortelle car elle est le moyen le plus sûr de ne rien changer et d'enfermer chacun dans des postures.

L'école que propose Luigi Berlinger en reprenant les travaux de nombreux pédagogues et de nombreux chercheurs, en s'inspirant de multiples expériences conduites dans toute l'Italie, est une école où l'on travaille. C'est même une école qui fait l'apologie du travail et de la créativité pratique et humaine. Dans cette école, les maîtres travaillent à faire travailler les élèves, leur apprennent à *faire* quelque chose avec les livres, avec les technologies, avec les outils de l'information, avec les professionnels, artistes, ouvriers et ingénieurs, qui savent « faire ». Ce n'est pas une école où l'on écoute plus ou moins bien un enseignant plus ou moins convaincant, pour lui restituer ce qu'il a dit ; ce n'est pas une école où l'on est censé tout apprendre quitte à oublier très vite ce que l'on a appris pour l'examen. C'est une école de l'apprentissage, de l'activité et de la collaboration entre les élèves et entre les maîtres et des élèves.

Nous savons que de telles écoles existent partout, nous savons que les élèves y apprennent mieux et avec plaisir, nous savons que les enseignants y sont souvent plus heureux qu'ailleurs. Et pourtant, en France comme en Italie, ces écoles apparaissent comme des expériences aventureuses, des gestes héroïques ou dangereux, alors que, partout l'apprentissage traditionnel se heurte à une profonde crise de motivation des enseignants et des élèves. Alors que dans la plupart des pays la manière dont on vit et dont on apprend à l'école apparaît comme de plus en plus étrangère à la façon dont on vit et dont on apprend dans la «vraie vie». «Au XXIe siècle, les analphabètes ne seront pas ceux qui ne savent ni lire, ni écrire, mais ceux qui ne pourront pas apprendre, désapprendre et réapprendre.» Le numérique ne se réduit pas à une simple technologie commode, rapide et incontrôlée menaçant l'école. Comme il est entré dans notre vie et n'en sortira pas, il doit entrer dans l'école et dans la formation des élèves quitte à changer nos modes d'apprentissage. Refuser cette mutation, revient à se soumettre aux outils que l'on condamne.

Homme d'une nouvelle Renaissance, nourri par les humanités classiques promues par Gentile, et conçues comme l'expression la plus haute de l'excellence scolaire, Luigi Berlinger défend vigoureusement la culture scientifique et technique, non pas contre les humanités, mais pour rappeler qu'il s'agit aussi d'une culture humaniste. Il rappelle de manière amusée qu'un «littéraire» peut avouer sans beaucoup de gêne être «nul en math», alors qu'un scientifique n'osera pas dire qu'il ne lit pas (il est vrai qu'il lit beaucoup). Parce que la science est un humanisme, l'école devrait être construite comme un laboratoire dans lequel les élèves apprennent à poser et à résoudre des problèmes, y compris quand il s'agit de comprendre un texte de Virgile. Comme dans un laboratoire, ce travail est collectif et il n'est pas indigne de s'y servir de ses mains et de «bricoler». La formation scientifique participe aussi de la culture démocratique car la règle majeure de la science est de n'y «croire personne sur parole.» Et puis, peut-on se satisfaire de voir l'école française sélectionner les meilleurs élèves par les filières scientifiques, tout en voyant les vocations scientifiques décliner?

A l'école, il ne faut pas seulement apprendre à lire, à écrire et à compter, il faut aussi y apprendre à chanter, à s'exprimer en écoutant les autres. La formation d'un sujet individuel et d'un citoyen passe moins par des leçons de morale que par la formation d'une expérience de vie, d'une expérience démocratique en fonction de son âge. On apprend en faisant, y compris les valeurs morales et les vertus de la démocratie.

Cette conception de l'école exige de redéfinir l'espace scolaire, l'organisation des groupes d'élèves et la répartition du temps scolaire. Il n'est pas interdit de penser qu'une école soit organisée autour d'une bibliothèque, d'un jardin, de laboratoires, d'entreprises... Bref, l'école ne peut plus être un sanctuaire. En France notamment, on craint toujours que le développement d'établissements autonomes accentue les inégalités scolaires et sociales, qu'il ouvre le règne d'un marché scolaire. Observons d'abord que l'homogénéité jacobine à la française n'interdit pas le déploiement de très grandes inégalités. L'État doit rester le garant d'une attribution équitable des moyens ; surtout, l'État doit être en mesure de fixer des objectifs communs et de s'assurer que les établissements les atteignent. Mais la manière dont ils les atteignent relève de la responsabilité et de l'autonomie professionnelle des professeurs. Cette orientation exige une véritable professionnalisation des enseignants car si les établissements ont une marge d'autonomie et doivent se concentrer sur l'apprentissage et le travail des élèves, les professeurs ne peuvent plus être seulement des savants : ils deviennent des professionnels de l'apprentissage possédant certes des connaissances académiques, mais qui sont mises au service de leur action, tout comme les médecins sont des professionnels. Les enseignants sont d'autant plus appelés à devenir des professionnels que l'éducation ne devra pas se borner au temps de l'école, de l'enfance et de la jeunesse et que l'éducation s'étendra tout au long de la vie.

Luigi Berlinger n'est pas un utopiste rêvant d'une nouvelle abbaye de Thélème s'adressant à des élèves idéaux dans une société parfaite. Chacune de ses propositions s'appuie sur un exemple, celui d'un établissement italien faisant déjà ce qu'il propose : il est possible de travailler avec la technologie des entreprises, d'organiser l'école autour de la bibliothèque, d'utiliser les nouvelles technologies, de changer la forme scolaire de la classe, d'évaluer les élèves autrement, d'associer les parents... et de construire une école où on apprend bien et où on travaille beaucoup.

Ancien ministre, Luigi Berlinger n'ignore rien du poids des conservatismes scolaires en Italie quand la nostalgie de la vieille école se mêle à la défense implicite des inégalités scolaires dont on bénéficie. Vue de France, il semble que la société française soit habitée par une passion scolaire plus intense que la société italienne : tradition républicaine oblige, l'école doit « sauver » la société, la culture, la nation et la démocratie. Mais le conservatisme et la peur du changement scolaires n'y sont pas moindres qu'en Italie. Nous savons que notre école va mal, qu'elle n'est ni très juste ni très efficace, nous savons que beaucoup d'élèves ne s'intéressent guère à leurs études, que beaucoup d'enseignants s'épuisent à les motiver... La critique de l'école est devenue une sorte de rite national. Mais nous savons aussi que toutes les tentatives de réformes se heurtent à de profondes oppositions et nombre d'entre elles finissent par se dissoudre dans les sables des routines : on ne touche pas à un monument historique et à un récit national, même quand on sait que le monument est en ruine et que le récit est une légende.

Sachant que l'école n'entrera pas dans le XXIe siècle par « le haut », par la « grande réforme », Luigi Berlinger affirme que l'on y accédera par « le bas », par la formation des maîtres, par la liberté qui leur sera donnée, par la générosité et l'initiative. Quand elle ne peut plus déplacer des régiments d'enseignants marchant au pas, la bonne politique scolaire consiste à encourager et à accompagner les acteurs qui bougent. Le livre de Luigi Berlinger n'est pas celui d'un prophète ou d'un rêveur, il s'appuie sur la science et sur les faits. Il donne des raisons de croire qu'il est possible de construire un monde meilleur, ce qui est le contraire du meilleur des mondes, d'aller vers une société plus ouverte, plus active et plus généreuse. Avec Luigi Berlinger, il est possible d'espérer une nouvelle Renaissance. C'est un rayon de soleil dans le ciel assombri de l'Europe.

François Dubet

1.

Qualité et équité

Si tu plantes pour un an, plante du blé.
Si tu plantes pour dix ans, plante des arbres.
Si tu plantes pour la vie, cultive et éduque les gens.
Proverbe chinois

1. La société de la connaissance et de l'apprentissage

Dans les dernières décennies du XXe siècle, le monde a connu de profonds changements en termes de mondialisation et de migration, de redéfinition du capital, de travail et de classes sociales, de révolution technologique et informatique, de découvertes scientifiques et médicales, d'augmentation de l'âge moyen et d'émancipation des femmes. Ceci participe à une transformation radicale des structures économiques, sociales, politiques et culturelles de tous les pays. Les nouveaux scénarios de la contemporanéité, à la fois diluée et multiforme, poussent la société démocratique à une réflexion nécessaire sur le rôle du savoir et de l'éducation, ainsi que sur l'avenir à proposer aux jeunes générations pour interpréter et affronter la complexité du réel.

L'importance attribuée au savoir a joué un rôle dans le développement de la démocratie dans le monde occidental au fil des siècles : source de civilité, le savoir a soutenu les idées de liberté et d'égalité. Quand on sait on est plus libre que quand on ne sait pas, parce qu'on n'est pas contraint à déléguer et à dépendre des autres. Quand on sait on est plus égal que quand on ne sait pas : il n'y a ni équité ni égalité si le savoir devient le privilège de quelques-uns et une source de discrimination sociale pour les autres. La culture – on le sait, mais il faut parfois le rappeler – est un bien en soi, un levier irremplaçable pour la promotion humaine, qui favorise l'épanouissement de la personnalité, la rendant plus riche et plus libre. L'enseignement «*Sapere Aude*» valait à l'époque d'Emmanuel Kant, il vaut aujourd'hui et il vaudra demain, en tant qu'injonction à dépasser nos limites et conditionnements, à se construire et à se réaliser, à exercer sa propre liberté et à limiter le pouvoir des autres.

Toutefois, à partir des années soixante, l'affirmation d'une économie fondée sur la connaissance, entendue comme force propulsive dans de nombreux secteurs productifs, a également qualifié le savoir en tant que facteur décisif de production économique et d'opportunité sociale. Dans l'économie de la connaissance, la métamorphose du capital traditionnel lié à la terre, aux machines ou aux installations industrielles, en «capital intellectuel», qui se manifeste par la connaissance, l'information, et la communication, répète avec des accents nouveaux l'importance du savoir pour le progrès humain et pour le développement économique. Francis Bacon, à l'époque de la révolution scientifique, enseignait déjà que l'amélioration des conditions de vie des hommes dépend de leur niveau de connaissance. Cette affirmation prend aujourd'hui une connotation plus coercitive dans la mesure où, pour pouvoir développer une activité à haute intensité de connaissances et de compétences, il faut avoir une préparation de plus en plus innovante et compétitive. C'est le seul moyen pour prétendre à un emploi hautement qualifié et reconnu sur le marché du travail. Celui qui ne sait pas aura un travail moins reconnu, moins stable et moins libre. Dans la société de la connaissance, la conquête du savoir comme capital intellectuel devient alors une des conditions de la réalisation concrète de la liberté et de l'égalité de l'individu. C'est ce que la société des droits doit garantir à chacun. Elle doit donc soutenir une intégration harmonieuse entre d'une part le droit de chacun à étudier en tant que facteur d'inclusion sociale, de l'autre une formation de qualité pour chacun comme élément de promotion intellectuelle et professionnelle.

À plus forte raison aujourd'hui, au cœur de la grave crise actuelle, l'influence du savoir et de l'innovation devient encore plus déterminante pour la reprise d'une croissance économique durable et solidaire, dans les termes du PIB, pour l'ouverture de nouvelles opportunités de travail, ainsi que pour la consolidation du statut social et de la démocratie.

D'un autre côté, il faut rappeler que dans les dernières années la référence du PIB n'est plus la seule quand on aborde le thème du développement économique, à cause de l'émergence de nouveaux problèmes comme l'exploitation sans discrimination des ressources de la planète, la concurrence des pays récemment industrialisés, la spéculation financière ou les mécanismes de redistribution du revenu. Dans le *Rapport de la Commission sur la mesure de la performance économique et du progrès social*, présenté en septembre 2009, Joseph Stiglitz, Amartya Sen, Jean-Paul Fitoussi et vingt-deux autres collaborateurs prestigieux ont soutenu les limites du PIB et identifié d'autres instruments d'évaluation de la prospérité sociale. Ils présentent douze recommandations relatives au bien-être matériel et non matériel, dans le but non pas de définir un indice alternatif au PIB, mais plutôt de mettre au point des statistiques en mesure de rendre compte de la qualité de la vie des personnes dans ses nombreuses dimensions. Ainsi, après les standards matériels de vie (revenu, consommation, richesse), dans l'ordre sont mentionnées la santé et l'instruction, pour lesquelles le document conseille de mesurer les services offerts par l'État sur la base non pas des coûts, comme pour le PIB, mais de leur impact sur l'amélioration des conditions objectives et des opportunités concrètes des individus.

Ainsi, même dans l'hypothèse où l'on utilise des critères d'évaluation différents pour estimer le niveau de progression d'un État, dans tous les cas, formation et éducation ont des rôles centraux dans la qualité de vie des personnes et de la société. En effet, récemment, à la fois des recherches universitaires et des initiatives concrètes attestent des effets positifs de la scolarisation pour le bien-être individuel et collectif dans le cadre non seulement économico-productif, mais aussi politico-social. Par exemple, on constate que l'instruction augmente le degré de liberté politique et réduit le pourcentage de délinquance et de criminalité; ou encore que le lien entre formation et santé favorise la prévention pour l'individu et la communauté.

Dans l'enquête conduite par l'OCDE en 2011 dans 34 pays, le nouvel indice de mesure du bien-être, le «Better Life Index» (BLI), construit sur onze critères (habitation, revenu, travail, vie communautaire, éducation, environnement, gouvernance, santé, satisfaction personnelle, sécurité, équilibre vie/travail) pour évaluer le «Bien-être intérieur brut» de chaque État, place l'Italie légèrement en dessous de la moyenne OCDE. Mais surtout, il indique que les points les plus critiques pour la péninsule sont le travail (derrière l'Italie viennent la Grèce, l'Irlande, la Turquie, la Hongrie, l'Estonie, la Slovaquie et l'Espagne) et l'instruction (nous devançons uniquement l'Espagne, le Chili, le Portugal, la Turquie et le Mexique).

De son côté, la stratégie européenne pour relancer l'économie et la croissance intelligente, présentée dans le document EUROPA 2020, établit pour la prochaine décennie cinq objectifs ambitieux en matière de: travail (taux d'occupation de 75 % pour les 20-64 ans); instruction (moins de 10 % d'abandon scolaire et plus de 40 % de la population avec un diplôme universitaire); recherche et innovation (3 % du PIB investi en «recherche et développement»); intégration sociale et pauvreté (réduction du risque pour 20 millions de personnes); climat et énergie (réduction des émissions de 30 %)[1]. Ainsi l'Europe, avec son patrimoine d'histoire et de civilisation, pousse énergiquement ses membres à cultiver le savoir et la connaissance comme facteurs essentiels du développement durable, à tel point qu'elle a récemment mis en évidence son rôle de créativité et d'innovation, qui doit être sollicité à travers une éducation continue et un apprentissage permanent[2]. De ce point de vue, la définition de «société de la connaissance» prend un sens dynamique et en devenir, qui légitime l'acception de «société de la connaissance et de l'apprentissage».

1. Commission Européenne, EUROPA 2020. Une stratégie pour une croissance intelligente, durable et inclusive, COM (2010) 2010 (3 mars 2010).

2. Commission Européenne, Créativité et innovation. Les meilleures pratiques du programme de l'UE, Luxembourg, 2009.

À ce propos, je me souviens que l'été dernier, aux États-Unis, le Bureau of Economic Analysis – l'institut qui élabore les principales statistiques économiques à partir, justement, du PIB – a présenté une révision des instruments pour mesurer la richesse du pays, où la créativité est entrée dans le calcul du PIB américain. Ceci signifie que dans le bilan des USA, notamment suite à une vaste littérature sur le sujet, les entrées recherche, développement et création dans les domaines technique, scientifique, artistique et culturel sont considérées comme des investissements et non comme des dépenses. Une véritable révolution culturelle, digne du XXIe siècle, qui pose un regard plus réaliste sur le monde, selon d'importantes revues économiques. Rappelons à ce sujet que, dans un de ses discours les plus célèbres, tenu sur le campus du collège du Kansas en mars 1968, Robert Kennedy affirmait: «Nous ne pouvons pas mesurer le succès d'un pays sur la base de son PIB. Le PIB ne tient pas compte de la santé de notre famille, de la qualité de l'éducation ou de la joie dans les moments de loisirs. Il ne comprend pas la beauté de la poésie.»

En Italie, parmi les voix les plus connues qui soulignent l'importance de la formation pour accroître la perspective de richesse de toute l'économie en termes à la fois d'efficience productive et d'incidence sur le contexte social, il y a celle de Mario Draghi, qui affirmait en 2006, alors qu'il était Gouverneur de la Banque d'Italie: «Dans les grandes lignes, le niveau d'instruction a un poids déterminant pour expliquer les processus de croissance économique. [...] Depuis la moitié des années quatre-vingt-dix la productivité du travail augmente en Italie d'un point de moins par an que la moyenne des pays de l'OCDE. Ce phénomène est à la base de la crise de la croissance et de la compétitivité que le pays traverse. [...] Des niveaux plus élevés d'instruction favorisent des gains de productivité»[1]. Le thème a été repris par Draghi lui-même la veille de sa nomination à la tête de la Banque Centrale Européenne en 2011, en pleine crise financière. Il écrit clairement: «Le degré d'instruction de la force de travail, et en particulier des jeunes, est

1. M. Draghi, *Istruzione e crescita economica,* Lecture magistrale à l'occasion de l'inauguration de la 100e année académique, Université de la Sapienza, Faculté d'Économie, Rome, 9 novembre 2006.

un facteur fondamental de croissance dans une économie basée sur la connaissance. Cela fait au moins vingt ans que le capital humain joue un rôle central dans les recherches des économistes sur les facteurs de la croissance. Il y a deux canaux principaux à travers lesquels cette ressource, généralement évaluée à partir du niveau moyen d'instruction de la population, peut influencer la dynamique du produit. D'un côté, l'instruction améliore la qualité de la force de travail employée, en augmentant l'efficience d'un facteur fondamental dans les processus de production. De l'autre, le capital humain facilite l'assimilation du progrès technique et des technologies innovantes, augmentant la productivité du système économique dans son ensemble»[1].

Dans l'étude de la Banque d'Italie, *I rendimenti dell'istruzione* (les rendements de l'instruction), les auteurs Cingano et Cipollone discutent les avantages de la scolarisation en Italie du point de vue privé et collectif, en tenant compte de l'ensemble des coûts et des bénéfices présents et futurs dérivant d'une meilleure information. Les données analysées indiquent que le taux de rendement privé de l'instruction est d'environ 9 %, un chiffre supérieur à celui qu'on obtiendrait par des investissements financiers alternatifs (par exemple des titres); par ailleurs, il est légèrement supérieur dans les régions méridionales que dans le Centre Nord. Tandis que le rendement social tourne autour de 7 % en moyenne, c'est-à-dire plus que celui qui dérive de l'investissement en infrastructures. Les économistes concluent: «À long terme la dépense publique nécessaire pour financer une augmentation du niveau d'instruction serait plus que compensée, surtout dans le Sud, par l'augmentation des entrées fiscales, en conservant la même structure de prélèvement, et par les coûts mineurs dérivant de l'augmentation du taux d'occupation»[2].

En rapport avec ces analyses, je me rappelle un seul exemple parlant: le cas de la Corée du Sud, mis en évidence par Pietro

---

1. M. Draghi, *I giovani e la crescita*, Rapport présenté au Séminaire de l'Intergroupe parlementaire pour la subsidiarité, Sarteano, 6 octobre 2011.

2. F. Cingano, P. Cipollone, «I rendimenti dell'istruzione (The private and social return to schooling in Italy)», in *Questioni di Economia e finanza*, Banque d'Italie, n° 53, septembre 2009, pp. 3-27.

Greco dans son article *Parce que l'Italie n'est pas la Corée*[1] où il compare les données de ces deux pays sur le nombre de diplômés de l'université et le revenu moyen de la population. En 1980, le taux de jeunes Coréens diplômés était nettement inférieur au taux italien et le revenu moyen coréen était de 2300 dollars par un, un quart des 9000 dollars italiens. Pendant ces trente années, la Corée a investi dans l'instruction et la recherche en moyenne 3 % du PIB, contre 1,1 % pour l'Italie (un tiers!). Ainsi, aujourd'hui, 60 % des jeunes Coréens entre 25 et 34 ans sont diplômés de l'université, contre 20 % des Italiens (encore un tiers!) et le pauvre revenu moyen coréen de l'époque atteint aujourd'hui 29800 dollars, dépassant les 29400 dollars italiens. Ce qui confirme qu'en investissant dans la formation et la recherche on devient plus cultivés et plus riches.

Malgré les nombreuses sollicitations, malheureusement la politique italienne semble sourde aux incitations nationales et internationales. Le rapport de l'OCDE *Education at a Glance* indique qu'en 2008 l'Italie a moins investi dans l'instruction que les autres pays de l'OCDE, et arrive en 29e position sur 34[2]. L'enquête explique aussi qu'entre 2000 et 2008 la dépense soutenue par les écoles primaires, secondaires et post-secondaires non universitaires n'a augmenté que de 6 %, contre 34 % en moyenne pour l'OCDE. Il s'agit de la deuxième augmentation la plus basse parmi les 30 pays qui ont rendu les données disponibles.

2. Hier, aujourd'hui, demain

Dans un climat général où le savoir est considéré comme central pour un pays, aussi bien pour la consolidation des valeurs démocratiques que pour la croissance économique, sociale et culturelle, l'Italie est appelée à attribuer à l'éducation la priorité qui lui revient dans la société contemporaine.

Il est vrai qu'au cours des cinquante dernières années la consolidation de la démocratie italienne a trouvé dans

1. P. Greco, «Perché l'Italia non è la Corea», in «L'Unità», 10 janvier 2011, puis repris in B. Arpaia, P. Greco, *La cultura si mangia!*, Guanda, Parme, 2013, pp. 16 et suivantes.
2. OCDE, *Education at a Glance*, OCDE, Paris, 2001.

l'extension de l'instruction une des plus grandes conquêtes de notre nation. Le savoir devient droit fondamental de deuxième génération pour chaque citoyen. Au même titre que la liberté, l'égalité, la santé et le travail, il doit être mis en œuvre et respecté. Le devoir d'écarter les obstacles économiques et sociaux d'empêchement à l'accès de tous à l'instruction, mission de la République dans le but d'instaurer une réelle équité sociale, a permis, malgré des limites et inefficacités, d'inclure les couches les plus faibles dans la formation. Ceci signifie qu'on est passé d'une école pour quelques-uns, comme c'était encore le cas au milieu du XXe siècle, à l'école pour tous[1]. Depuis, le nombre d'élèves a largement augmenté : la croissance de la scolarisation a élargi la représentation sociale – devenue au fil du temps expression de différentes conditions et de différents besoins – et a modifié les bases du système socio-économique.

Les récentes recherches menées par des économistes et sociologues de l'éducation montrent de façon de plus en plus détaillée et précise que, tandis qu'en 1950 en Italie les citoyens avaient fréquenté l'école 3 ans en moyenne, contre 10 dans les Pays développés, en 2010 ce nombre est monté à 12. Ces recherches prouvent également que sur le long terme on a pu observer une lente diminution des inégalités des chances d'instruction dans tous les types d'établissements et pour les deux sexes, plus liée – en accord avec ce qui s'est passé dans le reste de l'Europe – à des facteurs économiques et sociaux

1. Pour approfondir sur l'histoire de l'école italienne, voir : A. Scotto Di Luzio, *La scuola degli italiani*, Il Mulino, Bologne, 2007, qui retrace l'histoire de l'instruction du Risorgimento à nos jours et souligne la centralité de la culture éducative dans les moments cruciaux de l'histoire d'Italie, comme dans la phase de la naissance de la République. N. D'Amico, *Storia e storie della scula italiana. Dalle origini ai nostri giorni*, Zanichelli, Bologne, 2009 : un travail volumineux, instrument indispensable d'analyse et d'étude, qui parcourt l'évolution de l'école à travers d'une part l'appareil des lois et des circulaires, de l'autre le récit des faits par les protagonistes. G. Genovesi, *Storia della scuola in Italia dal Settecento a oggi*, Laterza, Rome-Bari, 2010 : dans la nouvelle édition, l'auteur prend en considération les événements, les idées, les réformes, les types d'établissements, en repérant les nœuds problématiques de l'école. S. Santamaita, *Storia della scuola. Dalla scuola al sistema formativo*, Bruno Mondadori, Milan, 2010 : ce travail retrace le développement historique à travers la transformation des différents modèles éducatifs italiens.

rattachés à la « modernisation » qu'aux réformes scolaires des années Soixante[1]. En particulier, depuis quelques dizaines d'années le nombre d'étudiants italiens fréquentant le supérieur a augmenté, bien que moins que dans les autres pays, où le phénomène semble irréversible. Concernant les titulaires du Bac, on est passés de 57 % en 1993 à 72 % en 2009. Au même moment, les titulaires d'un Bac +4 sont passés de 10 à 34 %. Pour comparaison, je rappelle qu'il y a aujourd'hui quasiment 2 millions d'étudiants universitaires, contre 6504 inscrits en 1861[2]. Malgré cette augmentation encourageante, seuls 70,3 % des Italiens entre 25 et 34 ans sont titulaires d'un diplôme universitaire, contre 81,5 % en moyenne dans les pays de l'OCDE, ce qui place notre pays au 29e rang mondial.

La scolarisation croissante témoigne que le savoir est devenu une nécessité dans la société de la connaissance et de l'apprentissage, en tant qu'acquisition d'une acculturation diffuse de base pour tous et que professionnalisme approprié pour chacun. En ce sens, la force objective du besoin d'instruction et de son avancement concret balaye d'anciennes convictions italiennes : il n'est plus vrai que l'enseignement secondaire italien vise à former uniquement les cadres dirigeants. Désormais, il est ouvert à tous, aussi il ne peut plus être conçu et modelé comme instrument de sélection ou de consolidation des hiérarchies existantes de la société : en un mot, comme facteur d'inégalités sociales.

Dans de nombreux pays évolués, la difficile conquête de l'éducation pour tous et l'expansion scolaire ont été affrontées et gouvernées à l'aide de mesures au succès évident. Elles ont garanti et garantissent toujours d'une part un accès majeur au

1. G. Ballarino, D. Checchi (sous la direction de), *Sistema scolastico e diseguaglianze sociali,* Il Mulino, Bologne, 2006 ; D. Checchi, C.V. Fiorio, M. Leonardi, « Sessanta anni di istruzione scolastica in Italia », in *Rivista di Politica Economica*, juillet-août 2006, pp. 285-318 ; G. Ballarino, D. Chechi, C.V. Fiorio, M. Leonardi, « Le diseguaglianze nell'accesso all'istruzione in Italie », in *Quaderni di rassegna sindacale – Lavori*, Année XI, janvier-mars 2010, pp. 117-131 ; C. Barone, R. Luijkx, A. Schizzerotto, « Elogio dei grandi numeri : il lento declino delle diseguaglianze nelle opportunità di istruzione in Italie », in *Polis. Ricerche e studi su società e politica in Italia*, XXIV, avril 2010, pp. 5-34.

2. Sources : ISTAT – Rivelazione sulle Scuole (années 1992-2000) e Università (anni 1992-1997) – Rivelazione sulle Scuole (années 2001-2008) e Università (anni 1998-2008).

supérieur, réduisant de façon décisive la dispersion et l'abandon, de l'autre le maintien d'une qualité moyenne d'instruction satisfaisante, valorisant l'excellence et les talents. Ce qui prouve bien que quantité et qualité ne sont pas des valeurs antinomiques.

En Italie, en revanche, pendant longtemps on n'a pas pris acte de façon constructive de l'irruption de masse au sein de l'école, qui a d'abord été subie avec méfiance et contrariété. Face à un événement historique important, et en tout cas synonyme de progrès pour la nation entière, une partie de la classe dirigeante institutionnelle et politique, des «maîtres à penser», de l'opinion publique et des médias, a témoigné d'une certaine nostalgie pour l'époque du *laudatio temporis acti*, adoptant une position critique plus ou moins manifeste, ainsi que des comportements agacés ou fermés. Une attitude regrettable, d'autant plus quand ils sont ceux des élites elles-mêmes brillamment sorties d'écoles minoritaires et exclusives du point de vue social et culturel. Par certains aspects, le jugement négatif sur l'accès d'un plus grand nombre à l'instruction, accusé d'être la seule cause de la réduction de la qualité et de la perte de compétitivité de notre système scolaire, a pesé durant les dernières décennies sur la conception de nouvelles propositions éducatives, au moins pour affronter le problème de façon organique. On s'est contenté de réitérer des stéréotypes de restauration n'aidant en rien l'école ni le pays.

Toutefois, l'Italie ne peut se permettre un tel blocage, ni du point de vue culturel et politique, ni du point de vue social et économique. Aujourd'hui la demande de formation représente un véritable «défi éducatif» – comme le rappelle également le Comité pour le projet culturel de la Conférence Épiscopale italienne. Il faut donc répondre en dépassant les résistances anachroniques ou les spontanéités résignées et gérer les nouveaux processus[1]. Toutes les mutations sociales, positives ou négatives, transforment les équilibres et les conduites

1. «Le défi éducatif», sous la direction du Comité pour le projet culturel de la Conférence Épiscopale Italienne, Laterza, Rome-Bari, 2009. Voir aussi l'essai de D. Demetrio, *L'educazione non è finita. Idee per difenderla,* Raffaello Cortina Editore, Milan, 2009, où l'auteur remet en cause le sens et la finalité de l'éducation en tant que dimension plus large de l'instruction et donc condition nécessaire de la vie et de l'avenir de tous. Et le texte de F. Frabboni, *Una scuola condivisa. Il suo alfabeto: democratica, inclusiva, colta e solidale*, Liguori Editore, Naples, 2011, où figurent les mots-clés pour l'école de demain.

préexistants, et provoquent des contradictions et des réactions compréhensibles, de différentes natures.

Le scénario actuel met la société italienne face à un passage historique crucial et impose de relancer l'éducation en des termes différents par rapport aux expansions et inclusions scolaires mises en œuvre au cours du XXe siècle. Hier, le service éducatif visait à alphabétiser la majorité de la population : de ce point de vue, le cas de nombreux éducateurs du siècle dernier représente le meilleur exemple d'une école humaine et compréhensive, animée notamment par un noble sentiment éthique. Toutefois, ceci réserve la formation de qualité et l'accès à l'enseignement secondaire et supérieur aux classes les plus aisées ou aux « capables et méritants, même quand ils sont privés de moyens », comme il est écrit dans l'article 34 de la Constitution italienne. Aujourd'hui, l'instruction est appelée à jouer un rôle bien plus ardu, dans le sens où elle doit répondre à deux exigences. D'un côté la quantité, c'est-à-dire tenir compte de l'expansion et favoriser l'inclusion de tous les élèves ; de l'autre la qualité, c'est-à-dire leur assurer une formation de plus en plus qualifiée et en phase avec les requêtes du monde du travail[1].

3. Inclusion et qualité

En ce qui concerne le premier aspect, il faut rappeler que l'odieux phénomène de la dispersion scolaire afflige aujourd'hui encore notre système éducatif. En ces temps instables, on perçoit même le risque d'une nouvelle mise à l'écart pour les sujets les plus faibles, c'est-à-dire les plus frappés par la crise économique à l'issue encore incertaine, ainsi que les personnes issues de contextes et cultures très différents des nôtres.

Il est désormais acquis que l'abandon scolaire constitue l'une des causes principales de l'inégalité des opportunités

1. S. Tagliagambe, *Più colta e meno gentilé. Une école de masse et de qualité*, Armando Editore, Rome, 2006 : l'auteur analyse la complexité du système scolaire, dans lequel convergent de multiples variables de caractère hétérogène, et affronte le difficile problème, pour une politique scolaire responsable, de concilier quantité et qualité.

éducatives et donc de la discrimination sociale et liée au travail. Ces insuccès, surtout dans le sud de l'Italie, sont sans aucun doute liés à la situation socio-économique et au niveau culturel de la famille d'origine. Le Rapport sur l'école en Italie (2011), consacré à l'école secondaire de premier degré, équivalent du collège, montre que ces retards scolaires explosent de façon dramatique durant le collège[1]. La probabilité d'être en retard à la fin de ce cycle pour un enfant dont les parents sont titulaires du brevet est quatre fois supérieure par rapport à un fils de diplômés de l'université. Celle d'un élève étranger, né à l'étranger et scolarisé en Italie, est même vingt fois plus grande que pour un Italien. L'enquête montre aussi que les retards d'apprentissage au collège, souvent irrécupérables au lycée, risquent de compromettre le reste du parcours scolaire. C'est ainsi qu'ont lieu les abandons avant l'obtention du bac, qui concernent 19 % des 18-24 ans italiens : ce chiffre est le double de la moyenne des pays les plus avancés en Europe. À ce sujet, dans le rapport OCDE *Education at a glance* de 2012 figure un chiffre alarmant pour notre pays : il concerne la rapide augmentation entre 2008 – année du début de la lourde récession générale – et 2010 du pourcentage du célèbre phénomène NEET, c'est-à-dire des 15-29 ans qui n'étudient pas, ne travaillent pas et ne cherchent pas d'emploi, qui atteint les 23 %, précipitant l'Italie au dernier rang des statistiques internationales[2].

Jusqu'ici, l'organisation de la fonction éducative ne s'est pas occupée de créer les justes prémisses ni d'adopter les mesures nécessaires pour s'assurer le meilleur rendement en tant que système. Elle s'est limitée au mieux à prendre acte de l'insuccès et de l'abandon en tant que facteur biologique, ou plus souvent social. Ceci témoigne de l'acceptation passive d'une possible condamnation de l'échec d'un élève ou d'une partie des élèves. Des défaites individuelles qui révèlent au fond les échecs plus graves de l'école, de la société et de l'État. Un échec de l'instruction dans son ensemble, comme le pense la doctrine anglo-saxonne et nordique.

---

1. Fondation Agnelli, *Rapporto Sulla scuola in Italia 2011*, Laterza, Rome-Bari, 2011.
2. OCDE, *Education at a Glance* 2012, OCDE, Paris, 2012.

Face à l'abaissement du niveau intellectuel, il faut d'abord prêter attention au cas individuel, souvent désavantagé pour des raisons familiales, économiques ou autres. En même temps, du point de vue de la société démocratique, on constate l'impossibilité de mettre en œuvre le droit à l'instruction pour tous et pour chacun, et donc le manque d'égalité et d'équité; du point de vue de la société de la connaissance et de l'apprentissage, il faut considérer que l'exclusion des études relègue à un plus grand isolement par rapport à ce qui se passait avec les formes traditionnelles de pauvreté. Mais ce n'est pas tout: sous l'angle pratique, l'abandon scolaire représente un gâchis inacceptable de richesses, un renoncement injustifié à cultiver des ressources nécessaires à la société actuelle.

Je me pose le problème du point de vue de la responsabilité publique, c'est-à-dire de ceux qui doivent répondre du patrimoine du pays. Je crains que celui qui vit sa vie professionnelle de façon totalement détachée de sa mission ne soit pas en mesure de saisir la valeur générale, pas seulement scolaire, de son engagement. Je ne fais pas référence à la sensibilité sociale, qui est un fait privé, parce que quand on en est dépourvu je ne pense pas qu'on puisse en donner. Toutefois il me semble indispensable que les personnes exerçant des professions éducatives ou ayant des rôles institutionnels analysent le nouveau contexte et les instances émergentes; qu'elles aient le devoir de connaître la relation aujourd'hui inéluctable entre la question du savoir provenant de l'économie de la connaissance et la requête de formation pour tous formulée par la société. Il faut prendre acte de la valeur extraordinaire et inédite d'une plus grande éducation, du point de vue social et productif. Soutenir l'école, cela équivaut à soutenir la société. Alors étudions, et traçons les itinéraires pour dépasser les vieux maux historiques, pour ne plus les accepter comme des châtiments divins.

En même temps, justement si l'on considère le chemin vers l'école de masse, il ne suffit plus d'assurer à tous le droit d'apprendre: il faut également garantir à chacun l'efficacité de l'ouverture à tous dans le champ éducatif. Ce qui revient à dire que la faculté d'«accéder» à l'école ne suffit plus, si elle est organisée de façon à perpétuer ou à reproduire en son sein de nouveaux exemples de marginalisation ou de nouvelles hiérarchies des destins sociaux. L'inclusion est une conquête de l'humanité, pas une charité : son but est de ne sacrifier aucune ressource humaine, selon l'expression « No child left behind ». Elle a une finalité éthique sous le signe de la solidarité et, en même temps, fonctionnelle en tant que facteur de développement : elle exprime aussi bien le témoignage moral que la gestion rationnelle des ressources, sur le plan éducatif comme sur le plan général. Mais si elle provoque un nivellement ou, pire, une diminution globale de l'instruction, avec des résultats insatisfaisants pour l'apprentissage de tous, c'est toute la société qui en subit les conséquences négatives. Et qu'auront gagné les élèves les plus fragiles avec un tel résultat ?

Les familles envoient leurs enfants à l'école pour apprendre, pas pour chauffer les bancs ; pour satisfaire le droit de savoir, pas pour être « inclus » dans l'ignorance. J'ajoute, sans hésitation, qu'on ne peut raisonnablement se priver d'une telle inclusion et que les premiers qui s'en passent sont justement les plus désavantagés. Il faut donc réclamer non pas une inclusion quelconque, mais une inclusion scolaire de croissance culturelle.

La qualité représente l'autre aspect – tout aussi essentiel que la quantité – de la question de la formation aujourd'hui. Par certains aspects, elle en constitue même la nouveauté. En promouvant la qualité, l'éducation peut atteindre une finalité bien plus ambitieuse que le simple accès de tous à l'instruction : elle peut concrétiser le « droit au succès formatif » de chacun, selon les spécificités et les différentes possibilités et attitudes qu'il faut identifier et valoriser, toutes, totalement et toujours. Je soutiens depuis longtemps ce principe, qui a été l'un des présupposés théoriques pour dépasser l'idée de l'école, héritée du passé, selon laquelle seuls certains enseignants sont en mesure de faire bien apprendre ; les autres sont à peine en mesure de dispenser des rudiments de connaissance élémentaires qui correspondent aux besoins professionnels, reflétant ainsi une division sociale du marché du travail. Souvent mal compris par démocratisme démagogique ou banalement pris pour de l'indulgence piétiste envers la vulgate des lieux communs, le « droit au succès formatif » revêt aujourd'hui une nouvelle signification. Il n'est plus entendu comme avantage automatique mais décliné en termes d'authentique promotion humaine sous le signe du soutien des vocations de chacun.

Égalité ne signifie pas que nous sommes tous dotés d'intelligence et de capacités égales. Bien sûr, il n'est pas vrai que tout le monde puisse atteindre les mêmes objectifs. C'est évident, ainsi va le monde. Mais tout le monde a le droit de développer ses propres potentialités, de qualifier au mieux ses capacités, d'obtenir les meilleurs résultats dont il est capable. Dans ce sens le droit à l'égalité sera concrètement appliqué uniquement si le système éducatif se dote d'une organisation qui introjecte et valorise la catégorie de la différence, sans aucune forme de hiérarchie, dans le respect réciproque et dans la dignité de la diversité. Notre système éducatif est donc appelé à un passage obligé et jusqu'ici ignoré, qui évolue de l'« instruction de masse » ou « instruction pour tous » vers la plus nouvelle « instruction sur mesure et pour chacun », c'est-à-dire vers une école de qualité pour tous et pour chacun. C'est ainsi qu'on pourra répondre aux exigences de la société de la connaissance et de l'apprentissage et former des citoyens libres, responsables et démocratiques.

Aujourd'hui, pourtant, l'appel à une instruction qualifiée ne peut plus être confondu avec le regret de la qualité d'autrefois, expression d'une école sélective. La nostalgie ne fait pas l'histoire, ni l'historiographie. Souvent, défiant les anciens modèles, on veut faire obstacle à de nouvelles valeurs et à de nouveaux intérêts, quand on ne se retrouve pas face à des projections basées sur des pulsions personnelles, liées à notre propre expérience lointaine. Je trouve pathétique, pour ne pas dire peu scientifique et constructif, qu'une partie de la presse écrite et des médias ne cessent de condamner le bas niveau du corps enseignant. J'évite de citer les porte-drapeaux d'une telle propagande, abandonnés à leur évocation du bon vieux temps de leur école. Il me semble, en revanche, que la curiosité intellectuelle nécessaire pour comprendre l'ensemble des facteurs qui ont déterminé la mutation sociale et culturelle, et donc qui ont conduit à l'école d'aujourd'hui – pour le meilleur et pour le pire – et à une nouvelle demande d'instruction, fait largement défaut. On peut trouver des descriptions analogues dans le passé, plus ou moins sur le même ton, par exemple dans un acte officiel conservé dans les archives d'un prestigieux lycée romain après l'Unité d'Italie: «Aujourd'hui la jeunesse est, chacun le sait, encline à davantage suivre les séductions de la nature et des sentiments que les préceptes d'une raison honnête et d'une loi qui impose des sacrifices». Ou encore dans la sévère admonestation de Pierre l'Ermite en 1085: «Le monde traverse une période trouble. La jeunesse d'aujourd'hui ne pense plus à rien: elle ne pense qu'à elle-même; elle n'a plus de respect pour les adultes ni pour les vieux; les jeunes sont intolérants à tout frein, ils parlent comme s'ils savaient tout». Jusqu'au conseil rigoureux donné sur une tablette babylonienne remontant à l'an 1000 av. J.-C. : «La jeunesse d'aujourd'hui est corrompue dans son âme, elle est mauvaise, impie, fainéante. Elle ne pourra jamais être ce qu'était la jeunesse d'autrefois et elle ne pourra jamais conserver notre culture».

Il me semble inutile de fouiller dans les sources historiques jusqu'à enfin trouver la jeunesse intellectuellement exemplaire! Au contraire, il est temps d'affronter le problème de la qualité, non pas sur la base de jugements anthropologiques mais à la lumière des nouveaux besoins de formation exprimés par la société actuelle et en considérant les nouvelles acquisitions de la doctrine éducative. En effet, aujourd'hui la qualité de l'instruction implique la capacité d'innovation et ne se réalise pas en restaurant le passé ou en conservant le présent. Ce n'est que grâce à un renouveau radical de tout le système éducatif que notre pays sera en mesure d'offrir une formation de qualité à tous. Autrement, le risque est celui de perpétuer une école – et donc une société – fondée sur l'inégalité et la discrimination, largement plus détestable et intolérable que la vieille école élitiste, parce que plus injuste et inéquitable. Il est inacceptable que la connaissance et la culture nient ces droits dans la pratique – droits dont elles ont elles-mêmes été les sources d'élaboration et de codification au fil des siècles – et assument explicitement la fonction de sélection sociale.

Les considérations développées dans ces pages sur le problème de l'inclusion et de la qualité de l'instruction s'éloignent en partie de l'ensemble de doctrines et d'expériences sur le thème datant des dernières décennies, connues pour l'expression «déscolarisation de la société». Pour affronter et résoudre la question de l'efficience et de l'équité des systèmes scolaires des sociétés contemporaines avancées, ces doctrines invoquent un dépassement total de la forme «école» telle qu'elle s'est structurée après l'avènement de la société industrielle. Ces analyses constatent une véritable impuissance éducative du modèle scolaire traditionnel et considèrent – opinion à laquelle on adhère ou non – que la croissance de la scolarisation durant la deuxième moitié du XXe siècle n'a pas conduit à la diminution des discriminations sociales par rapport à l'instruction. Au contraire, celles-ci se sont accentuées, notamment à cause d'une formation inadaptée aux requêtes d'un marché du travail profondément bouleversé à l'ère de la mondialisation. Dans cette perspective, elles s'interrogent, cette fois de façon extrême, sur l'utilité des systèmes éducatifs contemporains, sur la valeur de l'expansion scolaire et du prolongement de la durée de la scolarisation, ainsi que sur la pertinence de la figure de l'enseignant et du mérite scolaire comme juste critère pour récompenser l'engagement scolaire de l'élève[1]. Durant les années soixante-dix, le chercheur viennois Ivan Illich a proposé de déscolariser la société, en réattribuant les ressources économiques du service public d'instruction directement aux familles et aux élèves pour se financer des formations[2]. Dans la même ligne, les défenseurs de ces théories parlent de «disparition», voire de «requiem pour l'école»[3], formulant, dans le cas où le paradigme éducatif actuel ne serait pas dépassé, des hypothèses tout à fait alternatives allant jusqu'à l'«instruction domestique», ou *home schooling*. Ce sont des propositions qui, au-delà de leur radicalité pas toujours acceptable, illustrent la tendance objective à l'obsolescence des systèmes scolaires rigides, hyperstructurés et hiérarchiques que sont les systèmes en vigueur. C'est pourquoi elles regardent avec intérêt les nouvelles formes d'instruction et d'organisation scolaire qui explorent une pédagogie

1. Je renvoie aux essais de F. Dubet, *L'école des chances. Qu'est-ce qu'une école juste?*, Seuil, Paris, 2004, et de M. Duru-Bellat, *L'inflation scolaire. Les désillusions de la méritocratie,* Seuil, Paris, 2006, dans lesquels les deux sociologues français affrontent, entre autres, le problème de la méritocratie à l'école, mettant en évidence les limites de la logique basée sur la compétition, la sélection et l'insuccès en tant que stratégie pour promouvoir la mobilité sociale.

2. I. Illich, *Deschooling society*, Harper & Row, New York, 1971.

3. Je tire cette expression du dernier essai de N. Bottani, *Requiem per la scuola? Ripensare il futuro dell'istruzione*, Il Mulino, Bologne, 2013.

décentralisée, inductive et collective. Cette pédagogie devrait comprendre l'éducation ouverte aux contributions de sujets autres que les habituels (*Open Source Education*) ou en dehors de l'institution familiale et scolaire (l'*éducation buissonnière*, comme disent les Français[1]) ; l'apprentissage en ligne avec connexion et interactions à distance ; l'école virtuelle libérée de l'espace physique et didactique des salles de classe ; l'auto-organisation et l'autogestion de l'apprentissage ; l'institution scolaire comme pôle d'animation de l'enseignement et comme *civic centre.* Je ne ferai qu'une allusion au nouveau concept d'école de Sugata Mitra appelé Sole (*Self Organised Learning Environnments*, Environnements d'apprentissage auto-organisés), élaboré pour les enfants de Dehli et expérimenté depuis des décennies dans des zones défavorisées d'autres villes du monde, avec lequel le célèbre chercheur indien affronte le problème de l'inclusion et de l'équité de l'instruction à travers l'utilisation de la technologie et de la robotique, capables d'offrir à tous les mêmes chances pour l'accès à l'instruction[2].

En y regardant bien, il s'agit de recherches stimulantes et d'initiatives en partie déjà affirmées, en partie à réaliser, en partie à l'état de projets. Dans le cadre d'une éducation adressée à tous et à chacun et dans le cadre des potentialités offertes par les technologies de l'information et de la communication, elles soulignent la possibilité/nécessité sinon d'une véritable déscolarisation, au moins d'un changement radical de la façon d'être de l'instruction et de l'éducation. Pourtant,

---

1. A. Barrère, *L'éducation buissonnière. Quand les adolescents se forment par eux-mêmes*, Armand Colin, Paris, 2011.

2. S. Mitra, « Istruzione scolastica alternativa : modelli di apprendimento autooganizzato », in N. Bottani, A.M. Poggi, C. Mandrile (sous la direction de), *Un giorno di scuola nel 2020. Un cambiamento è possibile ?*, Il Mulino, Bologna, 2010, pp. 103-115. Ce volume collectif rassemble les contributions d'experts internationaux qui identifient des lignes de recherche et de travail tout à fait innovantes sur différents aspects de l'activité éducative, comme : le fonctionnement de l'esprit et les modalités d'apprentissage ; l'impact des nouvelles technologies sur l'environnement d'apprentissage et sur le cursus ; la transformation du lieu école en tant qu'espace physique et didactique. À travers la confrontation avec les propositions de différents pays, il semble de plus en plus nécessaire de prévoir pour l'Italie aussi le renouvellement de méthodologies et de contenus de l'enseignement, ainsi que les espaces et les temps d'apprentissage, pour répondre aux exigences éducatives d'élèves « élevés en ligne ».

il faut rappeler que dans l'état actuel des connaissances et des capacités de prévision on ne dispose pas encore ni de spéculations théoriques, ni d'expériences concrètes, ni de révélations statistiques suffisantes pour étayer, au moins à court terme, l'idée de la disparition de l'école ou de la mise en place d'une journée d'école totalement différente.

Toutefois, ce qui ne convainc pas dans la théorie de la *deschooling society* est le présupposé dont elle part, et d'où part Norberto Bottani dans son dernier livre au titre provocateur mais éloquent *Requiem pour l'école ? Repenser l'avenir de l'instruction.* Le célèbre analyste des politiques éducatives constate le double échec des institutions scolaires : d'un côté elles sont incapables de fournir à chacun un bagage minimum de connaissances et de compétences ; de l'autre elles n'arrivent pas à démocratiser la société en favorisant la mobilité sociale. De façon très documentée, il effectue ainsi une comparaison entre les différentes réalités scolaires du monde et affirme : « La thèse principale de ce livre est que les services scolaires publics, qu'ils soient étatiques ou égaux, n'auront de raison d'être dans le futur que s'ils parviennent à supprimer ces discriminations »[1]. C'est justement cette assertion qui ne me semble pas partageable. Il est indubitable que la suppression des inégalités sociales est un objectif politique prioritaire pour l'instruction ; toutefois, il ne constitue ni la raison d'être ni l'essence de la mission de l'école. La vraie raison d'être est de répondre au besoin, individuel et social, d'enraciner des connaissances et des compétences, c'est-à-dire de construire la personnalité de l'être humain et la base culturelle d'un pays. En effet, il ne faut pas définir la structure identitaire de l'école par rapport à l'apprentissage comme moyen, bien que tout à fait juste, de poursuivre l'inclusion et l'équité. Cette confusion, qui constitue une distorsion théorique, met face aux manques d'efficacité de l'école : d'un côté elle nie que le service scolaire public est un bien fondamental pour tout État ; de l'autre elle sous-estime la valeur positive de la scolarisation de masse comme pilier de la société de la connaissance. Si la relation entre instruction et inclusion n'a pas

1. N. Bottani, *Requiem per la scuola ? Ripensare il futuro dell'istruzione, op. cit.*, p. 11.

fonctionné dans le passé ou ne fonctionne pas dans le présent, raison pour laquelle des inégalités et des discriminations sociales persistent, ce n'est pas à travers la déscolarisation de la société que se corrige le dysfonctionnement, mais à travers le changement de système éducatif. Toutefois, cela ne suffit pas : en effet, bien que la contribution de l'école pour tenter de combler le fossé économique et social de la population reste importante, il serait velléitaire de prétendre que la réalisation de la justice sociale dépend exclusivement ou avant tout de l'instruction et non pas du soutien d'une politique économique et sociale attentive aux plus faibles. Reste pourtant la thèse que c'est à la politique générale de créer les conditions d'égalité sociale ; tandis que l'action éducative se charge d'assurer une égalité scolaire de base, c'est-à-dire de garantir au terme de la scolarité obligatoire un ensemble de connaissances et de compétences communes et égales pour tous.

Dans ce sens, la politique sociale de l'éducation pourra donc être affrontée de façon à ce qu'efficience scolaire et équité sociale puissent toutes deux se concrétiser. Une telle finalité, déjà mise en œuvre en Finlande, en Corée et dans certaines provinces canadiennes, devient de plus en plus urgente et nécessaire dans le monde, mais surtout en Italie. De ce point de vue, l'Europe aussi est appelée à donner un signal plus percutant que ce qu'elle a fait jusqu'ici, dans la mesure où la proposition de solutions raisonnables dans les documents et les formules politiques n'a pas donné de résultats concrets satisfaisants, certains États exceptés.

4. L'école est ma maison, ouverte toute la journée, toute l'année, toute la vie

Rappelons qu'en Italie l'idée, plus ou moins consciente, que le besoin d'éducation de masse représente une approche objective et une nécessité fonctionnelle de la contemporanéité est somme toute assez récente. On comprend tout juste que ce processus provoque un profond bouleversement général, une véritable révolution sociale et culturelle qui ne concerne pas uniquement le secteur scolaire mais toute la société. La population étudiante bigarrée d'aujourd'hui est porteuse d'exigences culturelles inédites, d'attentes éducatives insolites, de coutumes, de goûts, de modes d'expression et de communication tout à fait inattendus. Les jeunes secouent les équilibres et les rituels éducatifs en place ; en même temps, ils demandent à être reconnus en tant que porteurs de nouvelles formes de participation et d'émancipation. Par certains aspects, la démocratie envahit l'école du point de vue pas uniquement politique mais socio-anthropologique, et demande des conditions de formation nouvelles, en mesure de satisfaire les nouveaux intérêts sous le signe de la croissance intellectuelle et sociale de chacun.

Mais ce n'est pas tout : l'exigence formulée par la société et l'économie de la connaissance d'une formation qualifiée, non plus limitée à l'âge scolaire mais active tout au long de la vie, selon l'expression désormais familière de *lifelong Learning*, change nécessairement et en profondeur la nature et la raison d'être de la fonction éducative. Connaître est un besoin naturel primaire de tout être humain, et c'est aussi une nécessité sociale fondamentale de la collectivité. L'instruction, en tant que droit inaliénable de tout individu, est un devoir absolu de la société dans son ensemble : en ce sens elle reste une fonction publique, quelles que soient sa mise en œuvre et sa gestion. Étudier signifie satisfaire la demande de sens, propre à l'être humain et répondre aux interrogations posées par la vie à chacun depuis l'enfance ; cela veut dire se connaître soi-même dans l'ouverture à l'autre ; cela équivaut à enrichir sa propre personnalité et son existence dans le dialogue constant entre pairs et autres. Apprendre pour savoir et faire, pour comprendre et agir, pour être en mesure de travailler et de choisir de façon autonome et consciente. Apprendre autant l'utile que l'inutile : dans le fond, à quoi sert une fleur ? Ou de jouer un Nocturne de Chopin ? Ou de lire une poésie ? Il faut une éducation qui réponde à ces pulsions authentiques et à ces exigences concrètes. Il est utile d'apprendre plus que le nécessaire. Et pour toute la vie.

Par rapport au passé, il devient donc évident que la formation de qualité continue pour tous ne peut poursuivre le seul but d'alphabétiser le peuple et de sélectionner la classe dirigeante. Elle ne peut pas non plus se réduire à la simple approche gnoséologique ou au pur exercice mental. À l'inverse, elle doit être en mesure de stimuler la créativité et le raisonnement, de conjuguer logos et physis, d'alimenter émotion et pensée, de manifester une certaine adhérence à la complexité de la dimension contemporaine, de montrer une capacité d'interprétation et d'intervention sur les dynamiques de l'actualité. De cette façon chaque élève en âge scolaire et chaque adulte au cours de sa vie peuvent participer en tant que protagoniste à la pleine réalisation de soi et peuvent devenir citoyens démocratiques actifs dans le monde globalisé. Chacun doit se sentir à l'école comme à la maison, chez lui. Une maison ni discriminante ni totalisante, mais ouverte à elle-même et au contexte extérieur, toute la journée, toute l'année, toute la vie.

Le succès du changement du système éducatif est : qualité, qualité, qualité ; innovation, innovation, innovation. Si la qualité est l'impératif et l'innovation la condition, la solution est d'être protagoniste de son apprentissage. En d'autres termes, il faut soutenir les énergies physiologiques des sujets : je le répète, qualité dans l'innovation.

5. Urgence éducative

Le système éducatif italien actuel est-il en mesure de satisfaire ces requêtes ? Pour répondre il suffit de constater que l'Italie occupe la dernière place des classements européens pour l'apprentissage scolaire, et que de fait elle n'applique pas l'éducation permanente continue, au contraire des États évolués, en particulier dans le nord de l'Europe. Ou bien, il faut se référer au niveau d'analphabétisme, plus ou moins de retour, présent dans notre nation avec des chiffres impressionnants à l'ère de la société de la connaissance et de l'information, que Tullio De Mauro met en lumière par ses enquêtes nationales et internationales, dans la dernière édition de son analyse sur l'état de la culture en Italie[1].

Les chiffres reportés sont déconcertants : 5 % des 14-65 ans sont incapables de déchiffrer une lettre ou un numéro ; 38 %

---

1. T. De Mauro, *La cultura degli italiani*, sous la direction de F. Erbani, Laterza, Rome-Bari, 2011, nouvelle édition mise à jour par rapport à l'enquête menée en 2004. Le modèle étatique mathématique présenté dans A.M. Allega, *Analfabetismo : il punto di non ritorno*, Boiardi Editore, Rome, 2011, confirme l'urgence éducative dans la projection des données OCDE pour 2020.

de la population a de gros déficits pour lire, écrire et calculer ; 33 % a un niveau minimum de compréhension d'un texte de difficulté moyenne ou d'un graphique avec des pourcentages ; seulement 20 % possèdent les compétences minimales pour s'orienter et résoudre des problèmes de la vie sociale quotidienne. Ceci est largement suffisant pour affirmer que la question sociale de l'école en Italie est grave. Du point de vue éthique et politique, elle perpétue des injustices inacceptables qu'il faut affronter et éliminer à cause de leurs effets nocifs sur les individus et la collectivité. Et c'est justement de cette urgence éducative que naît l'exigence d'une réflexion pour attirer l'attention générale sur la nécessité impérieuse de sortir de l'état de faiblesse – sinon de minorité – de l'Italie en termes d'éducation et de mettre concrètement en œuvre le processus de démocratisation de notre école, et donc de notre société[1].

Et alors, quelles sont les raisons de la crise de notre instruction ? Elles dérivent certainement des coupes des dépenses publiques, dramatiques et inacceptables, survenues dans les dernières années, qui confirment que l'école a été considérée financièrement plus comme un poids que comme une priorité politique et culturelle. L'insensibilité financière est la preuve la plus éloquente et éclairante de la mise en garde du président Barack Obama : « Réduire les dépenses de l'école, c'est comme alléger un avion trop lourd en se débarrassant de son moteur ». Mais il faut aussi chercher les raisons de la crise dans notre système éducatif arriéré, orienté uniquement sur lui-même et encore bureaucratique, qui freine clairement l'affirmation d'une école de qualité pour tous et pour chacun. La vieille école – méritante, sans aucun doute, mais vieille – est devenue artificielle et a perdu tout naturel. Ancrée avant tout dans

1. Pour une vision d'ensemble des différentes interprétations de la situation actuelle de l'école italienne, voir les publications de G. De Michele, *La scuola è di tutti. Ripensarla, costruirla, difenderla,* Minimum Fax, Rome, 2010, qui démonte certains lieux communs sur notre système éducatif ; voir aussi la nouvelle édition de M. Dei, *La scuola in Italia*, Il Mulino, Bologne, 2012, qui présente une « radiographie » de l'institution scolaire à travers l'analyse des réformes qui se sont succédées depuis 2000 ; le travail de S. Intravia, une enquête documentée et à large spectre sur la complexe réalité scolaire ; jusqu'au volume récent de M.G. Dutto, *Acqua alle funi. Per una ripartenza della scuola italiana*, Vita et Pensiero, Milan, 2013, dans lequel l'auteur décrit les points critiques de l'instruction actuelle et indique comment donner un nouvel élan à l'école italienne.

la fonction de transmission du savoir, dans un environnement didactique dont les méthodes et les contenus risquent de devenir anachroniques, du moins peu efficaces pour construire des compétences; titubante à la contamination par d'autres sujets que ceux canoniquement impliqués dans l'instruction, elle finit par réitérer l'exclusion et la marginalisation et par consolider une société inégale. Personnellement, je suis convaincu qu'un des plus gros problèmes aujourd'hui pour le développement du pays est que son école est inadaptée.

Pendant trop longtemps en Italie, l'opinion publique, les médias et la culture ont été imperméables aux nouvelles idées de la doctrine pédagogique, souvent apostrophée avec mépris par l'intelligentsia italienne. Le pays est resté fermé aux propositions concrètes de changement éducatif, aux résultats flatteurs obtenus dans d'autres pays, parce que peu informé ou indifférent à la question de l'instruction, sommairement réglée par le refuge rassurant de l'évocation du passé. Le même débat sur l'institution scolaire mené ces dernières années entre partis, syndicats, institutions politiques et scolaires s'est révélé partial, parfois vain, souvent instrumentalisé, voire idéologique. Plus il a été fougueux, moins il a mené à des solutions. À l'exception de certaines élites et avant-gardes scientifiques et éducatives, dans presque tous les milieux italiens, on constate aujourd'hui encore une grave désinformation au sujet du renouveau initié avec succès dans de nombreuses parties du monde et dont il existe des germes intéressants d'auto-réforme également chez nous.

Ceci témoigne de l'absence globale de conscience du rôle indispensable et fondamental de l'instruction dans la société de la connaissance, aussi bien en tant que moteur de développement pour améliorer la vie personnelle et collective que comme facteur de croissance pour sortir de la crise économique. En bref, l'école n'est pas considérée par le pays comme une priorité ni comme un bien commun[1], et on ne

---

1. L. Castelli (sous la direction de), *La scuola bene di tutti,* Il Mulino, Bologne, 2009. Les contributions des différents auteurs focalisent l'attention sur certains nœuds centraux du système éducatif comme l'équité, la citoyenneté, l'interculturalité, qu'il faut affronter avec les écoles et pour les écoles, à travers la pleine implication des différents protagonistes institutionnels, appelés à fournir leur propre contribution à la réalisation d'une école de qualité pour tous.

perçoit pas non plus la nécessité absolue de la changer avec de graves conséquences pour l'Italie dans son ensemble. Pourtant, si on veut enclencher le changement, il faut justement partir de la sensibilisation de l'opinion publique, l'investir, la mettre au courant et l'impliquer dans le processus d'innovation. Il serait largement souhaitable que les chargés de communication et les autorités éducatives véhiculent les théories et les recherches des experts et des scientifiques – avec lesquelles on ne sera pas toujours d'accord, bien sûr – qui représentent les points de repère de la doctrine éducative la plus avancée et sont donc évoqués dans ce livre. Qu'ils diffusent les résultats des expérimentations et des expériences dans de nombreuses écoles de l'Italie et du monde entier, qui contribuent concrètement au renouveau de l'école. Qu'ils entendent l'alerte sur l'avenir culturel des jeunes générations, confiées à un système éducatif qui risque d'«anesthésier» nos jeunes avant même de les former. Tant que la majorité de la société ignorera les termes du problème, il sera même difficile d'interpeller les responsables institutionnels et politiques, de les appeler à se mesurer à l'urgence de gouverner les nouveaux cours de manière à régler la situation. Mais ne devons-nous nous en prendre qu'à l'insensibilité d'autrui? Le monde de l'école a-t-il réussi à transmettre la nécessité du changement? Que doit-on changer, et comment? Construire une nouvelle culture éducative dépend aussi beaucoup de nous.

Il me semble qu'on ne perçoit pas encore assez les nouveautés de la mondialisation, de l'expansion des savoirs, de l'irruption des langages informatiques, de l'énorme demande d'instruction et de qualification personnelle des professeurs et des métiers. On ne voit pas dans quelle mesure ceux-ci ont bouleversé et bouleversent des paradigmes ancrés et donc le modèle de l'école, créé il y a des siècles par des ordres monastiques méritants, dont l'État unitaire a hérité et qu'il a organisés. On ne sait pas se détacher de la vieille photo floue d'une salle de classe du XIXe siècle. En quoi l'image d'une salle de classe aujourd'hui a-t-elle changé depuis lors? Il en est ainsi: le monde a changé, mais pas l'école. Même les nouveautés introduites dans les dernières décennies, importantes ou anecdotiques, ont atténué mais pas modifié la nature, la finalité et l'organisation du système scolaire, qui a conservé des cursus hiérarchisés, socialement et culturellement.

Telle qu'elle a été préservée, l'instruction n'assume plus son rôle : elle n'assure ni assez de qualité ni assez d'équité. C'est pour cela qu'elle doit être radicalement transformée. Pour commencer, il faut repenser sa structure conceptuelle et évaluative, de la modulation des espaces et des temps de l'apprentissage à l'implication d'un plus grand nombre d'acteurs, y compris extérieurs à la réalité scolaire traditionnelle, outre ceux dédiés à l'action formative, et à la confrontation avec les expectatives de l'université et du monde du travail. Je me dois de l'affirmer clairement : un renouveau profond est nécessaire, une re-création qui sera l'aboutissement d'un processus complexe et articulé, dont l'approche ne peut être que le dépassement d'une école désormais désuète. Je crois que cette exigence n'a pas encore été affirmée ni projetée de façon aussi drastique. Mais c'est ainsi. Il faut se mesurer à cet objectif. Il n'y a pas de demi-mesures. Politiquement, je prends la responsabilité d'une telle position, qui pourra ne pas être partagée ; mais moi, je ne connais pas d'autre chemin.

Dans les pages qui suivent, on tentera de répondre à l'hypothèse d'innovation de l'éducation, à la lumière des apports récents de la pensée sur le sujet, en comparaison à d'autres réalités éducatives européennes et aux expériences italiennes de didactique nouvelle. Ces dernières sont menées depuis plusieurs années dans de nombreuses écoles, ainsi que collèges et lycées italiens. On en parlera ici de façon partielle, avec la conscience que beaucoup d'autres se concrétisent grâce au travail précieux de ceux qui opèrent dans et pour l'école. Le problème est que jusqu'ici de telles initiatives, malgré la reconnaissance de la valeur scientifique et du succès éducatif, n'ont que très peu d'incidence sur la structure organisationnelle et fonctionnelle de notre système éducatif, car elles restent en marge du projet ou de la bonne pratique. Aussi nous proposons d'en légitimer la pertinence et d'en tirer la substance pour lancer le changement.

On voit ainsi se dessiner le cadre d'une autre école, une école de qualité pour tous et pour chacun.

2

Innover pour apprendre, apprendre pour innover

C'est l'art suprême du professeur que de réveiller
la joie dans le savoir et l'expression créative.
Albert Einstein

1. L'éducation centrée sur l'apprentissage

L'école de qualité pour tous et pour chacun repose sur un plan d'enseignement complexe et composite, qui n'a rien à voir avec celui de l'école pour une minorité, ou pour l'élite. D'un côté, l'expansion et l'hétérogénéité du monde des élèves – y compris du fait de l'élévation à 16 ans de l'âge de scolarisation obligatoire – assignent une valeur objective et unique à chaque élève[1]. De l'autre, l'efficacité de l'action éducative exigée par la société de l'apprentissage qui la considère comme une garantie d'obtention des meilleures qualifications et perspectives professionnelles, requiert beaucoup plus qu'auparavant de tenir compte des capacités singulières et subjectives de tous dans l'apprentissage[2]. Aussi, la proposition avancée

1. C'est ce que prévoit le Décret du 22 août 2007, n° 39, «Regolamento recante norme in materia di adempimento dell'obbligo di istruzione», par lequel le ministre de l'Instruction publique a porté à dix ans minimum la durée de la période d'instruction obligatoire, à partir de l'année scolaire 2007-2008, pour garantir, comme l'énonce l'article 1, «l'obtention d'un diplôme de l'enseignement supérieur ou d'une qualification professionnelle d'au moins trois ans avant l'âge de 18 ans», mettant en œuvre la disposition de l'article 1, alinéa 622, de la Loi du 27 décembre 2006, n° 296.

2. Je me réfère à l'importance que revêt dans la société du XXIe siècle la relation étroite entre apprentissage et innovation pour influer sur le nouveau

ici de renouveler le système éducatif, tout en maintenant la diversité et la singularité, trouve son fondement théorique dans la doctrine de la centralité de l'apprentissage, *Learning centred education,* selon l'expression anglaise consacrée.

Elle prévoit une instruction qui se concentre sur les besoins de l'élève, considéré comme véritable protagoniste de la construction de ses propres connaissances, capacités et compétences, dans un contexte d'interaction avec d'autres acteurs tels que des enseignants, des parents, des camarades, un territoire ou des médias didactiques. La théorie de la réception passive de notions est dépassée en faveur d'une acquisition active de schémas mentaux et comportementaux, à travers lesquels l'enseignant forme et transforme des notions et des informations sur la base de ses propres convictions et d'un contexte donné. Selon cette conception, l'instruction est considérée comme le résultat d'un processus mêlant enseignement et environnement, qui sait identifier et différencier les styles cognitifs et les centres d'intérêt de l'élève. Ainsi stimulé pour améliorer sa motivation, celui-ci est en mesure d'évaluer sa préparation et d'atteindre les objectifs fixés : son engagement dans l'activité éducative et la conscience qu'il a de son apprentissage, lui garantissent une croissance autonome et responsable.

Au siècle dernier, Maria Montessori défendait déjà l'importance de l'investissement des enfants au même titre que celui des enseignants dans l'action éducative. La pédagogue, « dans une direction obstinée et contraire » par rapport à une société empreinte d'autoritarisme, propose une théorie visant à valoriser l'autonomie de l'enfant et à stigmatiser le comportement normatif des adultes, considéré comme inutile et dangereux. Elle s'est battue pour l'autopromotion de l'enfant : « l'homme qui agit *proprio motu*, qui utilise sa force dans ses propres actions, se conquiert lui-même, augmente ses facultés et se perfectionne »[1]. En y regardant bien, l'enseignement de la chercheuse, si énergiquement opposé à toute conception

---

scénario mondial en termes à la fois de croissance économique, sociale et culturelle et de démocratie participative, comme il est mis en évidence dans le volume collectif publié par l'OCDE, *Innovating to Lear, Learning to Innovate*, OCDE, Paris, 2008, dont s'inspire le titre du présent chapitre.

1. M. Montessori, *La scoperta del bambino*, Garzanti, Milan, 1950.

hiérarchique de l'école, perçue comme négation de l'efficacité éducative, vaut encore plus aujourd'hui. Notre société est celle de la liberté et de l'égalité, par rapport à celle dans laquelle elle vivait, où l'émancipation était encore bien fragile en comparaison avec les conquêtes successives. La première femme après l'unification italienne terminant des études de médecine en 1896, connue dans le monde entier et aujourd'hui encore citée par les principaux théoriciens de l'instruction du XXe siècle, a longtemps été ignorée en Italie à cause de notre étroitesse intellectuelle, pas uniquement néo-idéaliste et cléricale. Peut-on passer sous silence un tel ostracisme culturel et politique? On n'est peut-être pas totalement conscients des effets sur la culture éducative et sur la pratique scolaire du fait d'avoir occulté la valeur de son œuvre et de beaucoup d'autres en termes d'innovation pédagogique. Ainsi a-t-il été, ainsi est-il[1].

Depuis, un long chemin a été parcouru sur la centralité de l'élève de la part des chercheurs en pédagogie, psychologie, épistémologie, linguistique, sciences cognitives et neurosciences. Aujourd'hui, on le sait, la recherche la plus avancée propose la théorie de l'apprentissage en termes d'« individualisation » et de « personnalisation », et cette théorie s'est affirmée dans le monde américain et anglo-saxon. Ces locutions ne sont généralement pas superposables du fait de leurs implications pédagogiques distinctes, ainsi que cela s'est révélé, y compris dans le débat italien[2].

1. Dans le récent article paru dans le Supplément culturel du dimanche du *Corriere della Sera* de C. Vulpio, « Montessori, il metodo della Gioia », in *La lettura* n° 59 du 30 décembre 2012, pp. 32-33, figurent des données intéressantes qui confirment la méconnaissance italienne des œuvres de la chercheuse. Les pays européens et autres qui ont adopté sa méthode et pratiquent son enseignement sont : l'Allemagne (l'État avec le plus grand nombre d'écoles Montessori : 1 140, dont 249 élémentaires et 60 secondaires), suivie par la Grande-Bretagne (800 écoles) et les Pays-Bas (220, dont 163 élémentaires et 22 secondaires). L'Italie en a seulement 136 (27 élémentaires, les autres maternelles et crèches) ; ce chiffre, rapporté à la population, place notre pays en dernier rang du monde (une école pour 440 000 habitants, contre une pour 68 000 aux États-Unis). Le dicton « Nul n'est prophète en son pays » n'a jamais été aussi valable !

2. Je me réfère en particulier aux contributions de chercheurs qui interprètent les concepts d'« individualisation » et de « personnalisation » de façon différente : parfois ils sont synonymes, dans le cas de C. Montedoro (sous la direction de), « La personalizzazione dei percorsi di apprendimento e di

Toutefois, le dénominateur commun à ces deux formes d'apprentissage est la directive d'adapter les environnements, les processus, les parcours et les approches didactiques des potentialités et attentes des individus. Ceci implique la reconnaissance des différentes façons d'apprendre et d'élaborer des notions et des informations. Parmi les nombreux apports qui ont contribué à construire cette orientation éducative, je rappelle celui d'Howard Gardner qui, dans ses multiples essais, souligne la pluralité de l'intelligence, en distinguant sept formes (linguistique, logico-mathématique, spatiale, kinesthésique, musicale, interpersonnelle, intrapersonnelle) relativement indépendantes les unes des autres. Selon le psychologue américain, elles doivent toutes être stimulées à travers des modalités d'enseignement et d'évaluation largement individualisées, de sorte que les différentes *formae mentis* puissent exprimer tout leur potentiel et assurer à chacun le succès de savoir pour comprendre[1].

---

insegnamento. Modelli, metodi e strategie didattiche», *Quaderni di formazione ISFOL*, FrancoAngeli, Milan, 2001. Ou bien ils sont dans la continuité l'un de l'autre, comme dans les textes de M. Baldacci, «Individualizazzione» et de G. Chiosso, «Personalizzazione», tous deux dans l'ouvrage collectif de G. Cerini, M. Spinosi (sous la direction de), *Voci della scuola*, Tecnodid, Naples, 2003. Ou bien elles s'opposent, comme dans B. Vertecchi, «Insuccessi personnalizzati», in *Insegnare*, n° 5, 2003, et M. Martinelli, *La personnalizzazione didattica*, La Scuola, Brescia, 2004. Dans l'ouvrage *Personnalizzazione o individualizzazione?*, Éditions Erickson, Trento, 2006, M. Baldacci règle la question du rapport entre les deux termes à travers la thèse de la priorité de l'individualisation, fondamentale pour garantir à tous les élèves l'acquisition solide des compétences de base, essentielles pour l'accès à une citoyenneté active; théorie étayée dans l'Appendice, où l'auteur présente deux modèles opérationnels pour l'individualisation et la personnalisation des parcours éducatifs. Pour un approfondissement dans le contexte international du concept d'«apprentissage personnalisé», je renvoie au volume CERI-OCDE, *Personalizzare l'insegnamento*, Il Mulino, Bologne, 2008, qui rassemble les textes présentés lors du séminaire qui s'est tenu à Londres au printemps 2004 à l'initiative du ministre de l'Instruction publique du Royaume-Uni, durant lequel le secrétaire à l'Instruction David Miliband, dans son essai «L'apprentissage personnalisé: choisir et avoir voix au chapitre», soutient la nécessité que l'organisation scolaire s'articule autour des besoins, des intérêts et des aptitudes de l'élève, dans une sorte de «troisième voie» de l'*éducation.*

1. H. Gardner, Formae mentis. Saggio Sulla pluralità dell'intelligenza, Feltrinelli, Milan, 1987; id., Educazione e sviluppo della mente. Intelligenze multiple e apprendimento, Éditions Erickson, Trento, 2005.

D'autre part, remarquons que l'individualisation et la personnalisation de l'apprentissage sont également sollicitées par des chercheurs «apparentés» au monde de l'éducation, qui partent de différentes perspectives pour arriver aux mêmes considérations. C'est le cas du sociologue Alain Touraine qui, dans son essai *Libertà, eguaglianza e diversità* (Liberté, égalité et diversité), invite à repenser les catégories d'État, de nation et de société à la lumière de la construction d'un «sujet individuel»[1]. Le nouvel acteur social, loin des concepts d'individu ou de classes élaborés par la modernité, sera capable d'offrir une nouvelle sève à la démocratie et de garantir une coexistence pacifique, exempte de dangereux nationalismes ou extrémismes, à travers l'ouverture à l'autre et à la différence. L'analyse du grand penseur français indique justement que l'«école du sujet» – qui reconnaît et valorise la pluralité et la multiplicité des enseignants, favorise et soutient une participation individuelle efficace et fructueuse au processus éducatif – offre la possibilité concrète de relever le défi fondamental de la réalité postindustrielle: celui de vivre ensemble, libres et différents mais pas inégaux.

Il faut ajouter que, dans la société contemporaine, l'importance de l'individualisation et de la personnalisation ne concerne pas seulement l'action éducative, mais est perçue en outre comme une exigence qui conditionne de nombreux aspects de la vie quotidienne. Je voudrais citer ici deux exemples pour illustrer une tendance diffuse, qui gagne imperceptiblement de l'importance.

Aujourd'hui, la médecine semble se détacher de plus en plus d'un passé où l'évaluation diagnostique était fondée sur la traditionnelle homogénéisation de l'examen clinique, de ses valeurs et donc du traitement de la maladie. Les progrès de la recherche génétique et médicale des dernières décennies permettent d'identifier, au sein d'une pathologie, les différents comportements des phénotypes de chaque patient, qui caractérisent de façon spécifique l'évolution clinique de la maladie, avec des facteurs génétiques, environnementaux ou autres. Les différentes manifestations de la même pathologie

1. A. Touraine, *Libertà, eguaglianza e diversità,* Il Saggiatore, Milan, 1998.

impliquent d'adopter différentes stratégies de thérapie : on passe ainsi du soin de la maladie selon une approche générale pour tous à un soin personnalisé de la maladie, avec des parcours diagnostiques entrepris sur la base de la sensibilité spécifique du patient et de sa propre capacité de réaction. En particulier dans le domaine de l'oncologie ou du traitement du VIH, les nouvelles acquisitions scientifiques et les expériences permettent des thérapies individualisées ou l'administration de médicaments à la composition différenciée.

L'autre exemple concerne l'économie, en particulier l'intérêt porté à la culture entrepreneuriale et industrielle au titre de ce qu'on appelle la *mass personalization*, ainsi qu'aux approches de la recherche sur l'« économie du bonheur ». Je me réfère notamment aux études du psychologue israélien, prix Nobel d'économie en 2002, Daniel Kahneman qui, à travers une brillante intégration entre science économique et psychologie cognitive, soutient que les comportements décisionnels humains, même dans le cadre économique, ne sont pas uniquement dictés par la rationalité abstraitement définis. Ils ne visent pas non plus exclusivement à la réalisation de leur utilité au sens strict, mais sont également déterminés par des processus cognitifs spécifiques qui dirigent et influencent la majeure partie de leurs choix quotidiens, de façon tout à fait personnelle. De cette façon, la théorie néoclassique d'une raison économique fondée sur des axiomes généraux est remise en cause à travers l'analyse des « incohérences logiques des préférences humaines » qui propose une conception de la raison plus réaliste, qui prend plus en considération les capacités individuelles de l'esprit, ou de formes de rationalité différentes et déjà spécifiées[1]. Mais revenons au discours sur l'éducation.

2. Le « guide » intellectuel

L'attention portée au sujet qui apprend, ainsi qu'au sujet qui enseigne, implique de fait une mutation de la fonction de l'enseignant. Traditionnellement, dans la relation d'éducation

1. D. Kahneman, *Economia della félicita*, Il Sole 24 Ore Libri, Milan, 2007.

basée sur la transmission, c'est l'enseignant qui dirige l'activité, en tant que source primaire de connaissance, tandis que l'élève a un rôle plus réceptif. Au contraire, l'apprentissage centré sur l'élève redimensionne l'influence de la chaire et propose une organisation didactique plus complexe, où le rôle de l'enseignement nécessite plus d'implication par rapport au simple transfert de notions. Les définitions de ce rôle fournies par la culture éducative au fil du temps, bien que n'étant pas toutes convaincantes, accentuent la nature de la profession d'enseignant comme guide dans le processus d'instruction et de formation. J'en rappelle ici certaines des plus pertinentes : la réflexion de Maria Montessori, qui parle du maître en termes de soutien, d'incitateur, d'organisateur d'environnement ; ou celle de Lev Vygotski, qui définit l'enseignant comme un médiateur et non un transmetteur[1]. Évoquons également les considérations plus récentes sur le « professionnel réflexif » élaborées par Donald Alan Schön, Professeur émérite au Massachusetts Institute of Technology (MIT) de Boston, qui s'intéresse à l'apprentissage individuel et collectif, en particulier dans le milieu de la formation professionnelle. Celui-ci propose un nouveau modèle de professionnel en mesure d'affronter et de résoudre des situations complexes, à travers une épistémologie de la pratique basée sur la « réflexion en action », c'est-à-dire sur la capacité de penser pendant qu'on agit, adaptant au cas par cas, dans le rôle de l'éducateur, la théorie pédagogique à l'activité didactique[2]. Regardons encore la proposition de Henry Jenkins, ex-directeur du Comparative Media Studies Program du MIT, pour qui l'enseignant est un « facilitateur » de connaissance entre la quantité d'informations provenant des outils informatiques et la capacité cognitive de l'élève : cette doctrine connaît aujourd'hui son heure de gloire, surtout par rapport à l'apprentissage des *digital natives*[3]. Les témoignages professionnels de ceux qui ont laissé la trace indélébile de l'idéal-type du

1. L.S. Vygotski, *Pensée et langage*, La Dispute, Paris, 2003.

2. D.A. Schön, Le praticien réflexif. À la recherche du savoir caché dans l'agir professionnel, Éditions logiques, Paris, 1994.

3. H. Jenkins, « Culture partecipative e competenze digitali. Media education per il XXI secolo », introduction de P. Ferri et A. Marinelli, Guerini e Associati, Milan, 2010.

« maître de route » sont tout aussi significatifs, voire plus : de don Lorenzo Milani dans sa célèbre *Lettera a una professoressa (lettre à une professeure)*[1] à Mario Lodi, à la fois enseignant et chercheur « avec » les élèves et toute la communauté scolaire et sociale[2] ; d'Albino Bernardini[3] à Marco Rossi-Doria[4], Carla Melazzini[5] et tant d'autres, qui ont narré et continuent de narrer avec passion le difficile quotidien scolaire, surtout dans le contexte de grandes difficultés sociales. De même que les récits ironiques, mais tout aussi passionnés, de Domenico Starnone[6], Vittorio Vandelli[7] ou Marco Lodoli[8] qui décrivent, sur un ton léger mais empreint d'empathie, la dure tâche de

---

1. L. Milani, *Lettera a una professoressa*, Libreria Editrice Fiorentina, Florence, 2007, publiée en 1971 par la même maison d'édition.

2. Parmi les nombreux écrits du maître d'Italie sur le monde de l'école et des enfants, qui témoignent de son engagement professionnel et civil concret et quotidien, je rappelle *Il paese sbagliato. Diario di un'esperienza didattica*, Einaudi, Turin, 1970, et *Insieme. Giornale di una quinta elementare*, Einaudi, Turin, 1974. Je renvoie au récent ouvrage de C. I. Salviati (sous la direction de), *Mario Laudi maestro*, Giunti Scuola, Milan, 2011, qui contient des pages tirées de son fameux livre de 1963 *C'è speranza se questo accade a Vho* – aujourd'hui encore un portrait scolaire d'actualité – et une interview inédite de Mario Lodi, accompagnée de photos.

3. A. Bernardini, *Un anno a Pietralata. La scuola nemica*, préface de Tullio De Mauro, Ilisso, Nuoro, 2004. Le texte et la préface avaient été publiés pour la Nuova Italia de Florence respectivement en 1968 et en 1973.

4. M. Rossi-Doria, *Di mestiere faccio il maestro*, L'Ancora del Mediterraneo, Naples, 2009 : l'auteur traite la relation problématique entre enfant et adulte, nœud central du travail pédagogique, à travers une expérience murie en plus de vingt ans d'enseignement dans des écoles italiennes et étrangères.

5. C. Melazzini, *Insegnare al principe di Danimarca*, Sellerio, Palerme, 2011, où l'auteure relate l'expérience du « Projet Chance » menée depuis 1998 à Naples dans des milieux scolaires défavorisés.

6. D. Starnone, *Ex cattedra e altre storie di scuola*, Feltrinelli, Milan, 2006, nouvelle édition rallongée et enrichie de récits scolaires, vingt ans après la publication de la première.

7. V. Vandelli, *Questa scuola non è un'azienda. I racconti del prof. Bingo*, Pendragon, Bologne, 2006, où un enseignant excentrique est à la recherche du sens de sa profession, et de l'école en général.

8. M. Lodoli, *Il rosso e il blu. Cuori e errori nella scuola italiana*, Einaudi, Turin, 2009, où le professeur et écrivain raconte avec les yeux du cœur le monde des adolescents, aux prises avec les problèmes de pouvoir, drogue et avenir. Je me rappelle parmi les plus récents D. Missaglia, *Educo ergo sum*, Ediesse, Rome, 2010 ; M. Spicola, *La scuola s'è rotta. Lettere di una professoressa,* Einaudi, Turin, 2010 ; G. Corà, *« Ti voglio bene maestro »*, Angelo Colla, Vicence, 2011. Pour une approche tout à fait singulière, voir P. Mastrocola, *Togliamo il disturbo. Saggio sulla libertà di non studiare,* Guanda, Parme, 2011.

l'enseignant au sein d'une école qui rencontre encore de nombreux problèmes aujourd'hui, entre le mal-être des jeunes et la désorientation des adultes, dans un équilibre instable entre « cœurs et erreurs ».

Dans tous les cas, recherche éducative et pratique didactique convergent sur l'idée que les « bons maîtres » exercent leur influence quand ils savent écouter leurs élèves et qu'ils apprennent à dialoguer avec eux durant le processus complexe de croissance existentielle et culturelle[1]. Aussi, à plus forte raison, dans l'école de l'apprentissage s'impose la torsion imminente du rôle de l'enseignant, que l'on peut résumer comme le passage de « *sage on the stage* » à « *guide on the side* » : l'enseignant comme guide intellectuel qui communique, participe et subjugue avec une autorité et un professionnalisme reconnus au quotidien[2].

Toutefois, ce changement ne doit pas être compris comme un renversement de la relation enseignant-élève à l'avantage de ce dernier, mais plutôt comme une interaction continue entre celui qui enseigne et celui qui apprend. Du reste, on a récemment parlé, tout à fait à propos, de *learner centred teaching*, pour signifier cette rencontre paritaire entre les deux acteurs du processus éducatif. Personnellement, je suis convaincu que l'importance de la fonction enseignante n'est pas affaiblie par la théorie de la centralité de l'apprentissage, bien au contraire, c'est grâce à elle qu'elle prend plus de relief pour l'école et pour la société. J'en parlerai à la fin de ce livre, pour souligner que dans la relation entre l'enseignant et l'élève, il n'y a pas un avant et un après, un premier et un deuxième, un protagoniste et un deutéragoniste. Ainsi, le discours sur la qualité de l'éducation pour tous et pour chacun commence par l'apprentissage

1. Je renvoie, parmi les nombreux articles consacrés par l'écrivaine et théologienne Mariapia Veladiano à l'analyse et à la compréhension de la complexité de l'école, d'un point de vue civique et moral, à « Quanti piccoli masestri fanno grande la scuola », in *La Repubblica*, 16 mars 2011.

2. Pour un portrait général de l'école italienne d'aujourd'hui, je renvoie à deux volumes écrits par des personnes vivantes et travaillant à l'école, qui présentent, à l'aide de témoignages directs issus de toute la péninsule, tous les stéréotypes sur la démotivation et la frustration des enseignants et des directeurs d'établissements : T. De Mauro, D. Ianes (sous la direction de), *Giorni di scuola. Pagine di diario di chi ci crede ancora,* Erickson, Trento, 2011 ; D. Chiesa, C. Trucco Zagrebelski, *La mia scuola. chi insegna si racconta,* Einaudi, Turin, 2005.

et se conclut par l'enseignement, dans une circularité de vue et d'intention.

On peut supposer que, pour concrétiser un modèle d'enseignement fondé sur l'*éducation centrée sur l'apprentissage*, il faut créer un climat adapté où chacun est mis dans les conditions de définir lui-même son voyage dans la connaissance, à travers des transformations significatives de l'organisation de toute l'activité didactique: des environnements d'apprentissage aux sujets impliqués, des cursus et des programmes aux méthodes et aux contenus, de l'élaboration de compétences aux stratégies d'évaluation et au *feedback* formatif[1]. La nouveauté éducative tient à la considération portée à la demande provenant des requêtes des élèves et de leur univers, en plus de l'offre basée sur les nécessités de l'organisation scolaire et de la fonction enseignante: le changement suggéré est donc attribuable à la conciliation, à mesures égales, des besoins de l'apprentissage (liés à la formation) et des exigences de l'enseignement (liés à l'éducation)[2].

En vérité, la théorie de la centralité de l'élève peut éveiller les soupçons sur un laxisme ou des privilèges présumés, qui sont pourtant totalement inacceptables dans une organisation exempte de démagogie. En revanche, la motivation à la base de l'implication active de l'élève est induite aussi bien par le phénomène contemporain d'assurer à tous et à chacun une instruction de qualité, que par des raisons scientifiques et théoriques fondées.

Maintenant, il ne s'agit pas de retracer l'histoire de l'apprentissage dans les cent dernières années, des élaborations du début du XXe siècle à l'activisme de la deuxième moitié, des différentes formes de comportementalisme aux doctrines du cognitivisme et du constructivisme dans les formulations plus récentes. Il ne s'agit pas non plus d'analyser les processus

1. Pour un cadre général de référence, je rappelle le volume publié en 2010 par l'OCDE, *The nature of Learning. Using research to inspire practice*, OCDE, Paris, 2010 : un ensemble d'essais où les différents auteurs affrontent, à la lumière de la recherche scientifique contemporaine, la nécessité d'opérer des changements dans l'organisation de l'*éducation* et des environnements d'apprentissage, de sorte que la théorie de la centralité de l'apprentissage puisse se traduire en réalité.

2. Je renvoie au volume de F. Frabboni, *La sfida della didattica. Insegnare di meno, apprenderer di più*, Sellerio, Palerme, 2011, où la question de l'instruction est abordée à travers le défi d'apprendre plus et à travers une didactique en mesure de construire une école démocratique, cultivée et solidaire.

d'acquisition, d'organisation, d'intégration des connaissances ; ni d'étudier les mécanismes d'élaboration des informations ou les interactions entre les notions préexistantes et les styles cognitifs. J'imagine que les résultats scientifiques dans les différents environnements disciplinaires sont connus du monde scolaire et universitaire. Mon intention est plutôt d'esquisser la description d'une école qui traduise la théorie en pratique : en effet, il est vrai que dans les dernières décennies, la recherche sur l'apprentissage présente des idées nouvelles, mais qui ne parviennent pas à imprégner ni à modifier en substance notre système scolaire, qui n'est donc toujours pas adapté pour relever les défis d'aujourd'hui, à la différence d'autres systèmes scolaires dans le monde[1]. Ces réflexions s'interprètent dans le sens où elles veulent questionner le lecteur sur ce point que je considère fondamental : montrer qu'entre les deux contextes, la doctrine spéculative et la solution concrète, il est nécessaire de créer un pont, pour que l'école change en profondeur. Un pont qui est déjà en partie en train de se construire, comme en témoignent les nombreuses expériences innovantes.

3. Apprendre par compétences

Aujourd'hui, le devoir premier de l'école et le but qualifiant de l'apprentissage sont orientés vers la construction et le développement des compétences de l'élève, et considérés dans la société de la connaissance comme des éléments fondamentaux pour la construction du futur citoyen[2]. L'élaboration du

1. Cf. le volume CERI-OCDE, *Apprendere e innovare*, Il Mulino, Bologne, 2011, où sont indiquées, sur la base des récentes acquisitions dans le domaine des sciences de l'apprentissage, les modalités pour la constitution de « contextes novateurs d'apprentissage », à travers le renouvellement de l'organisation de l'enseignement et de la structuration de la didactique, en mesure de rendre l'école protagoniste dans l'interaction avec les transformations en cours.

2. Parmi la vaste production scientifique qui a traité la question dans les dernières années, je renvoie aux plus récents : « M. Pellery, *Competenze, abilità, apprendimenti*, Tecnodid, Naples, 2010 ; G. Malizia, S. Cicatelli, *Verso la scula delle competenze*, Armando, Roma, 2010, ; M. Castoldi, *Verso le competenze : una bussola per la scuola. Un percorso di ricerca*, FrancoAngeli, Milan, 2011 ; M. Martelli (sous la direction de), *Le competenze nella scuola dell'autonomia*, Actes du congrès (Arezzo, 30 septembre 2011), Éditions Montag, Tolentino, 2012.

concept de compétences dans les études sur l'éducation faisant autorité et l'introduction qui s'en est suivie dans les systèmes scolaires des pays les plus évolués, dont le nôtre, représentent la nouveauté liée à l'*éducation centrée sur l'apprentissage.* C'est de ce présupposé que naît la demande d'une école du résultat – pour utiliser une expression peu familière dans le langage scolaire habituel, à tel point que, mal utilisée, elle peut susciter une timidité tout à fait compréhensible – visant à traduire des savoirs, des méthodologies, des moyens, dans la réalisation de compétences pour la promotion de la personnalité de l'élève en termes de croissance culturelle et sociale[1]. En bref, les conséquences sont les résultats d'apprentissage que l'instruction du XXIe siècle doit poursuivre.

On sait qu'une école sans connaissance ni notions est une école de l'ignorance ; mais avec uniquement des connaissances et des notions, ce n'est ni une école de culture, ni une école de formation. Dans le fond, c'est la différence – consolidée dans le vocabulaire et dans le sens commun – entre érudition et culture dont Montaigne proposait déjà une représentation lucide quand il écrivait : « Nous conservons dans un réservoir les opinions et la science des autres, et c'est tout. Il faut les faire nôtres. À quoi sert d'avoir le ventre rempli de nourriture, si nous ne la digérons pas ? Si elle ne se transforme pas en nous ? Si elle ne nous fait pas grandir et ne nous rend pas plus forts ? »[2]. On sait également qu'un apprentissage dense et rigoureux est toujours en mesure de produire des énergies, certes liées à l'information ou aux notions, mais pas seulement, de même que l'étude assidue et intelligente de n'importe quelle matière est nécessairement formatrice. Le nouveau dispositif éducatif ne remet pas en cause ces présupposés, qui ont permis à des générations entières de s'instruire malgré les défaillances et les problèmes de la réalité scolaire italienne.

La didactique par compétences propose un degré de plus par rapport à la culture et à l'éducation dans leur acception traditionnelle : c'est justement parce que cette didactique tient compte de l'engagement actif de l'élève dans le processus

1. A. Vigilante, *Competenze e successo formativo*, Anicia, Rome, 2009.
2. M. de Montaigne, *Essais*, « De la pédagogie », livre I, chap. XXV.

éducatif, qu'elle considère la connaissance et le savoir comme des éléments vivants, qui doivent être déclinés en fonction de l'élève, de ses capacités et de son vécu[1]. De ce point de vue, le bagage nécessaire de contenus, de méthodes et d'instruments doit converger – selon la formulation usuelle de résultat d'apprentissage – de telle sorte qu'à la fin du parcours éducatif «l'élève soit en mesure de...».

C'est pour cela que l'école des compétences est bien plus ambitieuse et engageante – aussi bien pour l'élève que pour l'enseignant – que l'école basée sur la transmission. Précisément parce que c'est l'école de la maturation de la personnalité et de la promotion intellectuelle de chacun, elle exige de l'élève bien plus que la simple reproduction de la connaissance; elle exige de l'enseignant, de redéfinir toute l'activité didactique selon de nouvelles stratégies, en plus, comme on le disait, de repenser son propre rôle[2].

Il est peut-être superflu de reporter les nombreuses définitions du concept de compétence, élaboré au fil du temps dans de nombreux ouvrages et adopté dans les différents textes de loi internationaux ou nationaux. J'en évoquerai quelques-unes, par commodité de présentation. Par exemple, pour Jérôme Bruner, c'est l'intégration efficiente et productive de la personne avec l'environnement; pour Michel Pellerey, c'est la capacité de faire face à une tâche ou à une série de tâches en activant ses propres ressources internes de nature cognitive, affective, volontaire, et en utilisant les ressources externes de façon cohérente et féconde. Selon P. Giovanni Bresciani, la compétence est le résultat positif, «observable» et donc reconnu par d'autres de la prestation d'un individu; pour Norberto Bottani, elle comporte

---

1. L. Guasti, *Didattica per competenze. Orientamenti e indicazioni pratiche*, Erickson, Trento, 2012 : l'auteur soutient que le concept de compétence, désormais clair au plan théorique et utilisé dans la législation européenne et italienne, doit se traduire dans la pratique didactique quotidienne à travers des instruments méthodologiques avérés pour la conception des activités d'apprentissage.

2. D. Maccario, *Insegnare per competenze,* SEI, Turin, 2006; B. Bordignon, *Certificazione delle competenze. Premesse teoriche*, Rubettino, Soveria Mannelli (Catanzaro), 2006; M. Castoldi, *Valutare le competenze. Percorsi e strumenti,* Carocci, Rome, 2009; id., *Progettare per competenze. Percorsi e strumenti,* Carocci, Rome, 2011.

des dimensions cognitives et non cognitives et est à même de répondre avec succès à des exigences spécifiques. Dans le récent débat, apparu notamment dans la revue *Education 2.0*, différents auteurs soutiennent que la didactique par compétences offre aux jeunes l'opportunité de transformer les contenus de savoir et de connaissance en expérience de formation et d'identité, de projet individuel ou d'adaptation à de nouvelles situations. Pour finir, les notions de compétences qui émergent dans les documents internationaux, auxquelles je ferai une brève allusion, s'accordent sur la nature individuelle et sociale de cette didactique et sur le fait que toute compétence comporte des dimensions cognitives, d'habileté, d'aptitudes, de valeurs, d'émotions et d'autres facteurs sociaux et comportementaux. Enfin, la compétence s'acquiert dans des contextes éducatifs formels (l'école), non formels (la famille, le lieu de travail, les médias, les organisations culturelles et associatives) et informels (la vie sociale dans son ensemble).

On constate alors que la proposition éducative d'une didactique par compétences dépasse l'altérité substantielle entre activités éducatives et réalité effective, si clairement exprimée par Lauren B. Risnick, dans son essai au titre éloquent *Imparare dentro et fuori le mura (Apprendre à l'intérieur et à l'extérieur des murs)*, quand elle écrit : « J'ai identifié quatre types généraux de discontinuité entre l'apprentissage à l'école et la nature de l'activité cognitive hors de l'école. En bref, l'école se concentre sur la prestation individuelle, tandis que le travail mental à l'extérieur est souvent partagé socialement. L'école vise à encourager la pensée privée de support, tandis que le travail mental à l'extérieur de l'école inclut habituellement des instruments cognitifs. L'école cultive la pensée symbolique, là où l'activité mentale à l'extérieur est en interaction directe avec des objets et des situations. Enfin, l'école a pour but d'enseigner la capacité et les connaissances générales, tandis qu'à l'extérieur les compétences spécifiques par situation dominent »[1]. Dans ce sens, l'*éducation* du XXIe siècle est incitée à sortir des salles de classe, à la fois physiquement et mentalement, pour pouvoir

1. L. B. Resnick, « Imparare dentro e fuori le mura », in C. Pontecorvo, A.M., Ajello, C. Zucchermaglio (sous la direction de), *I contesti sociali dell'apprendimento*, LED, Milan, 1995, pp. 70-81.

interpréter les exigences formatives de chaque élève et les traduire en une instruction capable de le projeter du milieu scolaire vers un contexte culturel, social et économique plus large. De ce point de vue, l'apprentissage par compétences augmente l'intérêt, l'engagement et donc le succès personnel. Réussir à entrevoir dans ce qu'on étudie – qui a toujours une valeur intrinsèque de facteur de civilité – une richesse formatrice et un patrimoine intellectuel en tant qu'enrichissement de ce que sera le profil personnel et social de chacun, voici le summum de la motivation, ne serait-ce que parce qu'elle est déclinée selon les vocations spécifiques de chacun.

Dans le moment difficile que traversent l'Europe et l'Italie, la satisfaction du besoin de compétences, en plus d'être une nécessité liée à l'économie et au développement général d'un pays – argument que je traiterai dans le chapitre suivant consacré au rapport entre le travail et le savoir dans la société de la connaissance –, est une exigence perçue avec tout autant de diligence par ceux qui, en apprenant, construisent leur avenir en tant que personnes et citoyens. Une instruction efficace pour tous est nécessaire pour tout le système d'un État et encore plus pour l'individu, à la fois en termes de qualification métacognitive et d'équité sociale. Chacun doit être mis en condition de s'élever culturellement, de façon à ce que le travail devienne un aliment essentiel pour la croissance d'une personnalité autonome et responsable, insérée dans le contexte social et civil d'une démocratie. Telle est la fonction essentielle de l'instruction. Mais une autre fonction tout aussi importante de cette dernière est d'harmoniser les finalités éducatives avec les exigences imposées par un monde en transformation permanente. Aujourd'hui, dans l'école pour tous, il devient nécessaire de garantir à chacun de pouvoir acquérir avec engagement des connaissances, des habiletés et des compétences, y compris en vue de sa vie professionnelle future. En effet, depuis toujours, ceci constitue l'appréhension des élèves. Ceci est encore plus le cas aujourd'hui, face à la grave crise économique et sociale que traverse l'Occident.

Précisons, toutefois, qu'on ne défend pas ici l'idée que l'élève en tant que personne, aux dimensions sensible, rationnelle, affective, spirituelle ou liée à la valeur, se réduit à un pur sujet cognitivo-opérationnel. De telles accusations, déjà formulées dans le passé mais injustifiées, sont aujourd'hui inexistantes. Face à la situation actuelle du travail des jeunes, et ce afin de leur garantir une pleine réalisation aussi bien en tant qu'individus libres et responsables qu'en tant que futurs citoyens démocrates, il est nécessaire que l'éducation prenne en charge ces préoccupations et assume la fonction d'offre de qualification et d'insertion sociale. De ce point de vue, l'apprentissage visant à la construction de compétences pour l'élève représente la condition indispensable pour une école d'élèves cultivés, préparés et qualifiés pour affronter les changements profonds et rapides de la société actuelle.

Au niveau international, les différentes organisations ont depuis longtemps accueilli les innovations élaborées par les théories éducatives. Je rappelle les principaux documents : le célèbre rapport de l'Unesco de 1996, dirigé par Jacques Delors, intitulé *L'éducation : un trésor caché dedans*[1], où étaient présentés les quatre piliers de l'avenir de l'instruction : apprendre à connaître, à faire, à vivre avec les autres, à être. Le projet OCDE DeSeCo (*Definition and Selection of Competencies : Theoretical and Conceptual Foundations*), lancé fin 1997, définissait la notion de compétence et présentait la structure conceptuelle pour l'identification des compétences clés nécessaires dans le monde d'aujourd'hui. Le programme OCDE PISA (*Program for International Student Assessment*), initié en 1997 et lancé en 2000, visait à évaluer tous les trois ans en termes de « compétences » le niveau d'instruction des élèves des principaux États industrialisés, à l'issue de la période de scolarisation obligatoire, en lecture, mathématiques et sciences. Le rapport OCDE *Key Competences for a Successful Life and a Well-Functionning Society* de novembre 2003, prévoyait neuf compétences essentielles regroupées en trois catégories : agir de façon autonome ; se servir d'instruments de façon interactive ; œuvrer dans des groupes socialement hétérogènes. D'un certain point de vue, le scénario de référence éducative des pays les plus évolués tend à favoriser des solutions communes et partagées, tout

1. J. Delors, *L'éducation : un trésor est caché dedans*. Rapport à l'Unesco de la Commission Internationale sur l'Éducation pour le XXIe siècle, Paris, 1996.

en respectant la diversité et la spécificité de chaque système éducatif, qui reflète toujours le patrimoine civilisationnel d'un peuple ou d'une nation déterminés.

De son côté, l'Union Européenne a également vivement incité les États membres à adopter les nouvelles stratégies éducatives pour un changement de cap significatif par rapport à l'instruction traditionnelle. Je rappelle ici les deux derniers documents sur le sujet. Le premier, né de la Recommandation du Parlement européen et du Conseil du 18 décembre 2006, intitulé *The Key Competences for a Lifelong Learning. A European Frameword* (EFKC), daté de 2007, pose le cadre de référence des huit compétences clés que les citoyens européens doivent posséder pour la réalisation de la personne, l'inclusion sociale, la citoyenneté active et l'employabilité. Elles sont : la communication dans la langue maternelle ; la communication dans les langues étrangères ; les compétences mathématiques et les compétences de base en sciences et technologie ; les compétences numériques ; apprendre à apprendre ; les compétences sociales et civiques ; l'esprit d'initiative et d'entreprise ; la conscience et l'expression culturelle. L'importance de l'apprentissage tout au long de la vie est fortement affirmée, non seulement comme nécessité individuelle liée à la satisfaction personnelle de l'individu de participer activement à la société, mais aussi en tant qu'exigence économique et sociale pour pouvoir affronter avec succès un monde du travail en constante évolution[1].

Le second document, élaboré suite à la Recommandation du Parlement européen et du Conseil du 23 avril 2008, intitulé *The European Qualifications Framework for Lifelong Learning* (EQF), présente un cadre commun de référence pour relier les qualifications et les titres (diplômes et attestations) des différents systèmes éducatifs des pays membres, selon un code commun basé sur les compétences, qui sont ainsi définies : « capacité avérée à utiliser connaissances, habileté et capacités personnelles, sociales et/ou méthodologiques, dans des situations de travail, ou d'études, ou dans le développement personnel et

1. European Commission, The Key Competences for Lifelong Learning. A European Framework, Luxembourg, 2007.

professionnel. Dans le contexte du Cadre européen des qualifications, les compétences sont décrites en termes de responsabilité et d'autonomie»[1]. L'objectif du document est double: d'un côté, promouvoir la mobilité transfrontalière des citoyens en termes d'accès aux parcours d'étude et au marché du travail des autres nations; de l'autre, faciliter la formation continue d'une population qui vit de plus en plus longtemps.

Inutile d'ajouter que je considère ces deux dispositifs comme déterminants pour persévérer, à travers le partage d'un espace de formation et d'éducation commun, sur le chemin engageant de la construction d'une réelle intégration et d'une citoyenneté concrète, dont l'Europe a extrêmement besoin, aujourd'hui plus qu'auparavant, pour se reconnaître et se faire reconnaître comme une réalité en voie d'accomplissement, y compris du point de vue de l'instruction et de la culture.

Il faut constater que les résolutions de l'OCDE et de l'Union Européenne ont trouvé écho dans de nombreux États, qui ont adopté les objectifs de compétences dans leurs propres systèmes éducatifs. Cela s'est produit en Italie où, depuis quelques années, le système scolaire utilise, avec plusieurs niveaux d'incidence, «la compétence» comme mot clé de la législation.

Il faut pourtant signaler un bémol: l'approche et la méthode suivies par les organisations internationales et par les gouvernements dans la mise en place de ces innovations n'ont pas été des plus réussies. En particulier en Italie, on a manqué d'une clarification suffisante sur la nature, la valeur et la finalité de la didactique par compétences, qui en eût facilité la compréhension et la diffusion dans la sphère de l'école. L'introduction de la nouveauté éducative est apparue dans plusieurs cas comme une mesure bureaucratique imposée d'en haut et exprimée en langage technique et spécialisé. Face à la modification radicale de l'axe éducatif, qui est passé de l'enseignement par matières à l'apprentissage par compétences, il eût fallu mettre en place un gros programme d'approfondissement sur les enjeux, en impliquant largement l'école et la société, pour sensibiliser et responsabiliser les différentes forces devant une tâche si

1. European Commission, The Key Competences for Lifelong Learning. A European Framework, Luxembourg, 2008.

considérable. Mais il n'en a pas été ainsi. Il en résulte que des belles théories de renouveau éducatif sont restées enfermées à l'intérieur de l'académie, tandis que dans l'opinion publique, scolaire ou non, elles se sont heurtées à de la froideur et de la méfiance. Dans certains cas, on a même vu naître une opposition abusive et tendancieuse entre connaissance et compétences, considérées comme s'excluant l'une l'autre.

De telles réactions, bien que non épousables, méritent toutefois attention et compréhension. Comme on le verra plus loin, on ne peut demander aux enseignants de changer du jour au lendemain une façon d'enseigner enracinée depuis des années sans une préparation théorique, pratique et expérimentale appropriée. Il est vrai, en effet, que l'organisation didactique de l'école actuelle est disciplinaire, structurée en savoirs distincts et en classes de concours séparées. De même qu'il est vrai que le vécu professionnel de l'enseignant est empreint d'un lien étroit avec sa matière, qui naît durant les années de formation universitaire et se consolide ensuite à travers une série d'activités (explication, vérification, évaluation) et d'instruments (manuel, texte, médias didactiques), qui cautionne un dispositif enfermé dans les épistèmes. Aussi, même le plus volontaire des enseignants peut trouver difficile de passer d'un modèle didactique organisé par disciplines, comme cela s'est vu jusqu'ici, à un modèle par compétences, comme il est maintenant demandé, sans une réflexion sur la nature de l'enseignement, sans une formation appropriée sur les stratégies les plus efficaces pour remodeler toute l'activité didactique.

D'un autre côté, la structure organisationnelle et fonctionnelle rigide de l'école complique l'introduction d'une didactique des compétences, qui requiert au contraire des environnements d'apprentissage plus interactifs et flexibles avec des cursus, des espaces, des temps adaptés pour acquérir les compétences nécessaires. Il semble difficile de changer des conceptions et des structures si profondément ancrées dans les nombreux sujets et aspects de l'instruction. Toutefois, le changement du système éducatif s'impose en Italie, en référence aux récentes mesures nationales, du point de vue des directives européennes, et au scénario international, social et économique.

4. Créativité et innovation

L'école de l'apprentissage a le devoir non seulement d'accroître les compétences des élèves, mais aussi de stimuler leur créativité. Depuis longtemps, la communauté scientifique affirme que la capacité créative est la caractéristique fondamentale de l'espèce *Homo sapiens*: elle n'est pas la prérogative d'une minorité mais nous concerne tous; elle n'appartient pas seulement aux artistes ou aux savants, elle existe en chaque individu et se manifeste dans différents environnements, dans les relations familiales et sociales, dans le travail et dans la communauté, tant qu'elle est stimulée par des conditions favorables[1].

Déjà, dans son article de 1950 intitulé *Creativity,* le psychologue américain Joy Paul Guilford affrontait le thème de la créativité dans les phases d'apprentissage en proposant d'introduire, parallèlement à la pensée logique ou «convergente», la pensée créative ou «divergente», capable de faire émerger des façons alternatives pour résoudre un même problème[2]. Depuis, au fil des ans, des chercheurs de plusieurs disciplines se sont penchés sur le sujet. J'en rappelle certains des plus importants, dont les théories sont désormais familières dans la doctrine éducative. Par exemple, Ellis Paul Torrance, le fondateur des «*Torrance Tests of Creative Thinking*» (TTCT), traite la question de l'identification de la créativité selon quatre critères (originalité, fluidité, flexibilité, élaboration) et indique les conditions pour augmenter le potentiel des sujets et ce, pas seulement durant la période scolaire.[3] Le chercheur américain Jérôme Bruner, de son côté, critique un aspect emblématique de l'instruction, celui de privilégier des réponses codifiées et

1. D. Goleman,
M. Ray, P. Kaufman, *Lo spirito creativo,* Rizzoli, Milan, 1999.

2. J. P. Guilford, «Creativity», in *The American Psychologist*, 5 (9), pp. 444-454,

3. E. P. Torrance, *Education and creative potential,* University of Minnesota Press, Minneapolis, 1983; id., *Torrance Tests of Creative Thinking*, Scholastic Testing Service, Inc. 1974. Ce test est encore utilisé aujourd'hui dans le monde entier pour mesurer la capacité créative des enfants, adolescents et adultes.

conventionnelles plutôt que des solutions nouvelles et créatives. On demande aux élèves d'interpréter selon des schémas préconstitués leurs connaissances et expériences, au lieu de solliciter des points de vue libres et originaux. Cette position prévoit une culture de l'éducation destinée à favoriser l'acte créatif de l'élève – tout en vérifiant la cohérence logique et en évaluant le résultat – pour produire de la connaissance et non pas re-produire des savoirs de façon uniforme et standardisée[1]. Dans cette optique, l'erreur est également importante dans le processus d'apprentissage, dans le but d'inciter l'élève non seulement à la pulsion créative, mais aussi au sentiment d'estime de soi. Ce dernier s'alimente d'autant plus que l'éducateur ne considère pas le succès scolaire sur la base d'un modèle « idéal » et prédéfini, mais manifeste sa confiance dans l'expression créative[2].

Ces acquisitions scientifiques semblaient avoir inspiré les enseignants du primaire de la circonscription Collodi de Turin, qui ont réalisé l'expérience *De l'erreur à la personnalisation de l'apprentissage*, visant à donner à l'enfant la capacité d'exprimer un jugement sur les tâches accomplies, avant d'être évalué par le maître. L'autocorrection s'est révélée être un instrument hautement formateur pour récupérer et consolider l'orthographe en utilisant une table d'erreurs, une liste de mots classés par degrés de difficultés et de règles orthographiques, en plus d'un logiciel appelé *Lavoro da solo (Je travaille seul)*, utilisés de façon individualisée en classe et à la maison.

Sur la distinction de Guilford entre convergence et divergence, je renvoie à la recherche d'Edward de Bono, expert maltais en mécanismes de formation de la pensée : il formule

---

1. J.-S. Bruner, *La mente a più dimensioni*, Laterza, Rome-Bari, 1993 ; id., *La cultura dell'educazione*, Feltrinelli, Milan, 1997.

2. Cf. également les livres d'A.J. Cropley, *La creatività nella scuola e nella società*, Armando, Rome, 1983, où l'auteur soutient l'importance de l'éducation à la créativité comme ouverture et flexibilité mentales pour affronter les défis contemporains. Et de R. Florida, *La classe creativa spica il volo. La fuga dei cervelli : chi vince e chi perde*, Mondadori, Milan, 2006, où est formulée l'idée d'une formation différente, en mesure de développer la créativité de l'individu et de la collectivité, correspondant au passage de l'ère fordiste à l'ère créative. Je renvoie aussi au document de 2004 élaboré par R. Florida et I. Tinagli, *Europe in the Creative Age*, consultable en ligne.

la théorie de la distinction entre pensée «verticale» et pensée «latérale». La première est basée sur une approche rationnelle et séquentielle, dont on obtient des résultats logiquement corrects mais dénués d'innovation; la seconde est basée sur une recherche exploratoire et générative, qui affronte le problème sous de multiples angles, recherchant des conclusions au-delà des modèles habituels ou attendus, et donc créatives[1].

L'Italie fournit également une contribution culturelle à la réflexion, en particulier grâce à Gianni Rodari, pour qui le développement de la créativité favorise la construction de l'homme complet, indépendant et libre, capable de changer la société, parce qu'il applique la force de l'imagination à l'inertie de la réalité. Sa confiance en la personne créative et dans le droit à la joie de créer est en soi une valeur éducative extraordinaire, quand il écrit: «Ce que je fais, c'est chercher les «constantes» des mécanismes fantastiques, les lois pas encore approfondies de l'invention, pour en rendre l'usage accessible à tous. [...] le processus créatif est inhérent à la nature humaine et il est donc, avec tout ce qui s'ensuit, à la portée de tous d'accéder à la joie de s'exprimer et de jouer avec l'imagination»[2]. La créativité entendue comme activité cognitive de l'homme pousse le grand écrivain à la diffusion et à la démocratisation de la poétique de l'imagination. Son projet, d'après le pédagogue Franco Cambi, offre deux implications précises: «D'un côté, l'abandon de toute idéologie romantique autour de la figure de l'artiste, isolé et inaccessible, radicalement différent de l'homme commun et caractérisé par le génie et sa transcription en une technique, expert d'un savoir qui peut devenir patrimoine commun, en tant qu'il est connaissable et formulable dans sa «grammaire». De l'autre, l'introduction de l'utopie (étroitement liée au moment ludico-créatif) dans un parcours qui en permet (ou tend à en permettre) la réalisation. L'école agit comme un *trait d'union* pour mettre en œuvre ce passage»[3].

1. E. de Bono, *Creatività e pensiero laterale,* Rizzoli, Milan, 1998.
2. G. Rodari, *Grammatica della fantasia. Introduzione all'arte di inventare storie*, Einaudi, Turin, 1973, p. 195.
3. F. Cambi, Collodi, De Amicis, Rodari. *Tre immagini d'infanzia*, Dedalo, Bari, 1985, p. 147.

Les théories éducatives élaborées en plus d'un demi-siècle sur la créativité, auxquelles on a fait une rapide allusion, convergent sur un point. Il ne s'agit pas d'opposer, dans le processus éducatif, pensée divergente ou latérale à pensée convergente ou verticale, imagination à raison, fantaisie à logique (anarchie à règle), selon la vision unilatérale de l'apprentissage et de l'élève, qui a jusqu'ici considéré la rationalité comme la seule forme de savoir et de manière d'être de la personne. Il s'agit, en revanche, d'éduquer à la créativité pour augmenter les potentialités cérébrales et les facultés cognitives de ceux qui apprennent, à différentes phases de leur vie, pour dépasser le codifié, relire l'habituel, projeter le nouveau. Pour le dire avec Proust : « Le véritable voyage de découverte ne consiste pas à créer de nouvelles terres, mais à avoir de nouveaux yeux ».

D'autre part, les découvertes scientifiques dans le domaine des neurosciences et de la neurophysiologie, qui concernent la structure physiologique complexe du cerveau, le fonctionnement des neurones et des réseaux neuronaux, le rapport entre l'hémisphère gauche (pratique/scientifique, fonction rationnelle) et le droit (magique/artistique, fonction imaginative et émotionnelle), soutiennent que l'activité créative dépend de la plasticité neuronale et de l'interaction entre les deux hémisphères, selon une vision unitaire de l'organe. En particulier, il est acquis que la capacité du cerveau humain à produire des cellules souches lui permet de construire et de développer de nouvelles cartes cérébrales quand le sujet, à n'importe quel âge, apprend quelque chose de nouveau, par exemple une langue étrangère ou à jouer d'un instrument de musique. Nous sommes d'autant plus créatifs que notre cerveau se maintient actif au bénéfice de tout l'organisme. On apprend plus et on vit mieux[1].

---

1. Pour un approfondissement de la thématique du rapport entre neurosciences et apprentissage, aujourd'hui très débattue dans le milieu scientifique, je renvoie au récent ouvrage de P.C. Rivoltella, *Neurodidattica. Insegnare al cervello di chi apprende*, Raffaello Cortina, 2012, où l'auteur aborde le sujet en analysant les processus à travers lesquels nous connaissons (mémoire, émotions, attention, motivation), le cerveau visuel (la fonction de l'image pour l'apprentissage), les neurones miroir, le rapport entre technologies de la connaissance et plasticité cérébrale.

Dans une étude datant de quelques années, le médecin et biologiste Alberto Oliverio décrit d'un côté les racines biologiques et culturelles, de l'autre les dynamiques perceptives et neuronales, à travers lesquelles le cerveau élabore des idées innovantes[1]. À la question « naît-on ou devient-on créatif ? », il répond que le génie est principalement inné. Pour autant, la créativité est entretenue par la technique et l'exercice, aussi on peut garder à l'âge adulte un regard curieux permettant de lire et d'interpréter la réalité. En bref, une façon de répondre à la question soulevée par Picasso en ces termes : « Chaque enfant est un artiste. Le problème est de rester un artiste en grandissant ».

Les analyses plus récentes dans de nombreux domaines du savoir mettent en lumière l'importance de la créativité non seulement comme expression individuelle, mais aussi comme cadre d'action humaine qui, en tant que tel, implique aussi l'aspect collectif[2]. Dans ce contexte, on peut saluer la décision du Parlement et du Conseil européen de déclarer l'année 2009 « Année européenne de la créativité et de l'innovation ». Ils ont lancé un *Manifest for creativity and innovation in Europe*, où sont mis en évidence les avantages que celles-ci apportent à l'Europe dans un monde en si rapide évolution[3]. Dans le document, est affirmée l'importance de l'activité créative surtout pour l'individu en tant que sens critique, autonomie de jugement, curiosité intellectuelle, pour en favoriser la faculté d'adaptation dans des situations inédites (évoquant le précepte de Charles Darwin pour qui « *It is not the strongest of the species that survives nor the most intelligent, it is the most responsive to change* », « Ce n'est pas l'espèce la plus forte qui survit, ni la plus intelligente, c'est la plus réactive au changement »), autant que la croissance éducative et culturelle. Dans le « triangle de la connaissance » – instruction, recherche, innovation –, l'accent est mis sur la centralité de la pensée créative en tant que condition nécessaire

1. A. Oliverio, *Come nasce un'idea. Intelligenza, creatività, genio nell'era della distruzione*, Rizzoli, Milan, 2006.

2. Entre autres, je rappelle le généticien Edoardo Boncinelli, *Come nascono le idée*, Laterza, Rome-Bari, 2008.

3. Le manifeste est consultable sur le site Internet http://www.create2009.europe.eu. Je renvoie également au document : European Commission, *Creativity in Schools in Europe. A Survey of Teachers*, Luxembourg, 2009.

de l'innovation dans plusieurs domaines. La créativité entendue comme capacité de projeter et produire le nouveau, comme énergie de la promotion culturelle et civile, comme moteur du développement économique et social pour le citoyen et pour la communauté dans son ensemble, représente le noyau autour duquel tourne la qualité de la démocratie en Europe. Dans le chapitre sur le travail, je reprendrai le rôle de la créativité comme facteur déterminant pour la croissance productive dans la société de l'innovation. Aussi, l'attention portée à l'imagination sort des limites de l'école pour se projeter dans une dimension plus large : toutefois, comme un jeu de miroirs, elle se reflète dans l'école, le lieu naturel où l'élève apprend à stimuler son imagination.

Selon la majorité des chercheurs, pour que la créativité puisse se réaliser, il faut tenir compte de certains éléments. Surtout, elle ne s'exerce pas dans la seule sphère individuelle, mais elle nécessite de coopérer et d'interagir avec d'autres personnes et environnements. Dans ce sens, la rencontre avec la diversité culturelle, l'ouverture à l'autre et l'hybridation des connaissances représentent des valeurs ajoutées au déploiement de l'esprit créatif. Par ailleurs, elle se développe par l'expérience : plus le vécu du sujet est riche, plus la probabilité est grande de voir l'élaboration du matériel conduire à des processus innovants. En troisième lieu, elle s'alimente par la présence d'intérêts culturels divers et dissonants : à ce sujet, l'intégration entre les savoirs est fondamentale pour augmenter la créativité.

La question de savoir si l'école favorise ou non la pensée créative de l'élève est clairement posée par Sir Ken Robinson dans une célèbre et passionnée « TED conference » de 2006, et exposée dans son dernier livre[1]. Il observe que, au fur et à mesure que les élèves progressent dans l'éducation scolaire formelle, leur intérêt pour l'exploration du monde décline, à cause d'un apprentissage uniforme et d'un enseignement transmissif, dans une école répétitive et coupée de la réalité. Il soutient donc qu'il est nécessaire d'opérer un changement radical dans l'instruction : il faut passer d'une approche

1. K. Robinson, *Out of our minds. Learning to be creative,* Capstone Publishing Ltd, Oxford, 2011.

standardisée à une approche personnalisée, pour dépasser la préoccupation suivante d'Einstein : « C'est un miracle si la curiosité parvient à survivre à une éducation traditionnelle ». En effet, il est central dans l'apprentissage que l'élève puisse, en tant que sujet entendu comme « en train de se faire » et non pas comme « fait », stimuler non seulement sa créativité, mais aussi sa sensibilité et son intelligence, ainsi qu'approfondir ses intuitions, ses émotions et ses idées, dans la conquête du savoir et de l'amélioration culturelle, civile et professionnelle.

Bien sûr, il est surprenant que nombre de recherches sur les risques sérieux du tarissement du « feu intellectuel » de la jeunesse se soient heurtées, surtout dans le passé, à la suffisance et à l'embarras de l'éducation officielle. Pourtant, heureusement, dans plusieurs pays l'élan novateur se concrétise selon le modèle éducatif évoqué ici.

Peut-on dire que la même chose se produit en Italie ? Peut-on dire que notre système éducatif actuel valorise la créativité ? Les propositions contenues dans ces pages, conscientes de la difficulté de la tâche, ont l'ambition d'indiquer le renouveau ; solliciter la coopération, problématiser l'approche du savoir, diffuser l'expérimentation, changer l'environnement éducatif, ouvrir au territoire : ce ne sont que quelques-uns des aspects que nous aborderons. Avant tout, néanmoins, il faut croire à la valeur de la créativité dans l'éducation, en tant que composante essentielle de l'apprentissage et de l'étude, qu'il faut encourager non seulement quand elle émerge de prime abord parmi les qualités de l'élève, mais aussi quand elle apparaît en chemin comme manifestation de son travail. Toutefois, pour soutenir la capacité créative de l'élève, je pense qu'il faut avant tout l'aimer, au moins un peu, pour pouvoir découvrir en lui quelque chose qu'il cache parfois à lui-même. Comme l'indique Platon, pour enseigner, il faut l'éros : l'amour de la connaissance, certes, mais aussi l'amour de la jeunesse.

5. Participation et démocratie

Enfin, je voudrais évoquer un aspect lié au rapport entre apprentissage et participation, entre école et démocratie.

Depuis longtemps, la doctrine politique et constitutionnelle souligne l'importance de l'évolution de la démocratie de représentative à participative. Le citoyen est moins enclin à déléguer à une représentation l'exercice de son propre pouvoir démocratique. Il l'exerce de plus en plus à travers des vérifications ou des actions directes. En effet, la transformation de la société interpelle la précédente tradition démocratique de la tutelle des droits pour aller vers un plus grand rôle de la personne par rapport à hier, à commencer par le droit à la participation. Et comme les droits évoluent, de même que la société dans son ensemble, il ne suffira pas de les défendre, il faudra aussi les interpréter pour ce qu'ils ont et auront de nouveau, et en permanence les conquérir. De son côté, la société de la connaissance met en évidence, par la consolidation de la démocratie participative, l'importance de la diffusion d'une culture démocratique active, qui manifeste le respect des droits et des libertés et, en même temps, assume le devoir et la responsabilité inhérents au fait d'être protagoniste.

Maintenant, à travers la théorie de la centralité de l'apprentissage, l'élève est largement encouragé à participer directement à l'action éducative, en collaboration avec d'autres sujets, pour l'acquisition de son savoir et pour le modelage de sa personnalité. Il est et se sent une composante active de la communauté éducative : progressivement, il acquiert aussi bien la conscience de ses droits et devoirs qu'un sentiment de liberté et de responsabilité, au sein d'une institution scolaire ouverte au dialogue et à la solidarité. En bref : à travers l'éducation centrée sur l'apprentissage, il s'instruit, se forme et s'éduque. En ce sens, le mot éducation doit être alors compris comme instruction, formation, éducation, rassemblant les trois finalités de l'action didactique. Il est vrai, en effet, que le but premier de l'instruction est d'apprendre, connaître et comprendre. Mais il est tout aussi vrai que de la nature de l'apprentissage et de l'enseignement, des contenus, des méthodologies et des stratégies de l'activité éducative émergent aussi des modèles de communautés et de sociétés. On va à l'école pour apprendre les principes de la démocratie, mais aussi pour les pratiquer et assumer ainsi le rôle de futur citoyen démocratique. Ceux qui travaillent dans les écoles savent bien que « Long est le chemin des préceptes enseignés, bref et efficace celui des exemples», pour se tenir à l'enseignement de Sénèque. Dans un bel essai intitulé *Apprendre la démocratie*, Gustavo Zagrebelsky écrit que la démocratie s'apprend en la pratiquant, partant justement d'une micro-société comme l'école[1]. C'est dans la classe, première forme de socialisation de tout être humain, que se définissent et se mettent en actes les règles du comportement et du vivre ensemble, selon les concepts de liberté, d'égalité et de responsabilité. Les fondements de la vie civile et démocratique ne s'apprennent ni ne s'enseignent uniquement à travers l'étude théorique de notre Constitution: il faut créer les conditions pour qu'ils se concrétisent dans l'action au quotidien. Ainsi met en garde le juriste: «De ce point de vue, l'institution scolaire de notre pays est particulièrement carencée, orientée comme elle l'est vers l'abstraction de l'apprentissage, qui génère détachement et désillusion envers le monde, qui produit du renoncement et du mépris et invite à l'individualisme renfermé sur lui-même»[2].

Une école de la citoyenneté se nourrit du respect des principes, non seulement ceux auto-définis par le comportement, résultat de l'étude individuelle et collective, mais aussi les principes généraux établis et assumés institutionnellement par la structure éducative pour son bon fonctionnement. En ce sens, l'observation des devoirs fait partie intégrante de l'esprit de citoyenneté et de la démocratie même, à la différence de la transgression et du laxisme, qui représentent une manifestation mal comprise et «anarchique» de la liberté. Naturellement, pour être respectées, les règles doivent être partagées: c'est l'implication même qui favorise le processus d'assentiment et d'acceptation des obligations et des limites. L'idée de restaurer la «conduite» avec des instruments uniquement disciplinaires ou de sanction peut se révéler inefficace pour promouvoir un climat éducatif positif empreint d'une confiance réciproque. Au contraire, c'est l'ensemble des activités éducatives qui concourt à définir les valeurs du vivre ensemble de toute la communauté éducative et à développer un sens profond des règles ainsi qu'une culture de la justice. Cela vaut pour l'école, mais aussi,

---

1. G. Zagrebelski, *Imparare la democrazia*, La Biblioteca di Repubblica, Groupe L'Espresso, Rome, 2005.
2. Ivi, p. 38.

de façon plus générale, pour la société, comme le montre de façon limpide Gherardo Colombo, quand il affirme que la justice ne peut pas fonctionner si le rapport entre les citoyens et les règles est malsain, mauvais, marqué par l'absence de communication[1].

En conséquence, l'école de l'apprentissage et de l'autopromotion est, par rapport au modèle traditionnel, l'école de la culture démocratique et de la démocratie participative, non seulement parce qu'on y apprend que le savoir est vecteur de liberté et de responsabilité, mais aussi parce qu'on y apprend à agir de façon autonome et consciente. Voilà pourquoi, dans la société des droits et de la connaissance, l'on réclame l'instruction au moins jusqu'à 18 ans, de sorte que chacun puisse participer en tant que protagoniste à la construction de sa propre citoyenneté démocratique.

1. G. Colombo, *Sulle regole*, Felrinelli, Milan, 2008. L'auteur développe une philosophie politique fondée sur la distinction entre société verticale et société horizontale, la première étant basée sur la sélection, la seconde sur la coopération. D'un côté il analyse la valeur de la personne humaine, des droits, de la justice, de l'autre il indique la possibilité de construire une société meilleure. Je renvoie aussi à l'ouvrage de G. Colombo et M. Morpurgo, *Le regole raccontate ai bambini*, Feltrinelli, Milan, 2010.

3.

La culture du choix

La liberté signifie responsabilité :
voilà pourquoi beaucoup la craignent.
George Bernard Shaw

1. « La vie est ailleurs »

Dans la société de la connaissance et de l'apprentissage, l'autonomie scolaire acquiert une signification plus profonde et une finalité plus évidente. Elle devient la condition institutionnelle et organisationnelle du renouveau du système éducatif et de l'éducation centrée sur l'apprentissage. L'autonomie joue un rôle dans l'individualisation de l'apprentissage, à travers la possibilité de créer des environnements personnalisés et des parcours différenciés, ou encore de rendre les cursus plus flexibles. Elle nourrit et soutient la conception de l'école comme communauté éducative, ouverte à plus de sujets ou d'environnements et visant à valoriser la participation de tous. En ce sens, l'autonomie scolaire signifie avant tout entrecroiser les autres autonomies institutionnelles, politiques et sociales ou les différentes réalités culturelles, économiques et productives. En effet, on sait qu'aujourd'hui le territoire et le Web offrent 70 % des connaissances, c'est-à-dire un vaste patrimoine de notions et d'informations – doté de structures scientifiques et artistiques, de centres de recherches et d'universités, d'entreprises et du réseau même – que l'école doit faire en sorte d'intercepter et de mettre en œuvre à des fins éducatives. Apprendre signifie étudier dans les livres mais aussi observer, expérimenter, explorer le monde extérieur, qui représente une ressource précieuse pour l'instruction, quand il peut solliciter et enrichir l'activité éducative avec une offre culturelle qualifiée.

Avec l'ouverture des environnements d'apprentissage à des situations informelles et non formelles, selon la terminologie anglaise *lifewide learning*, grâce à l'autonomie, l'école rencontre toute la société, aussi bien pour l'approfondissement des disciplines faisant partie des cursus scolaires que pour l'ouverture à des savoirs extrascolaires préservés et promus par une multiplicité d'organisations et d'activités. De cette façon, le risque d'isolement stérile de la connaissance est évité au profit d'une contamination sociale vivifiante du savoir. Devant la proposition intellectuelle provenant de plusieurs instances il revient, dans tous les cas, au système éducatif de la filtrer et de l'ordonner, de la rendre culturellement exploitable et de lui conférer une valeur éducative.

De ce point de vue, l'autonomie introduit la vie à l'école. Sans autonomie, la vie resterait hors du cadre scolaire, selon une phrase qu'on lit souvent dans les manuels, «la vie est ailleurs»: opinion longtemps partagée par les élèves – peut-être trop – et objet de réflexion depuis quelques années chez les enseignants et directeurs d'établissements scolaires les plus sensibles aux problématiques éducatives des jeunes. Justement parce que l'école de l'autonomie favorise la rencontre entre les nouveaux besoins culturels et professionnels de la société d'un côté et les prérogatives et finalités de l'instruction de l'autre, elle devient espace, temps, façon de vivre et de grandir. Elle se distingue ainsi de l'école bureaucratique et centralisée. Par exemple, l'autonomie scolaire – attentive autant à l'utilisation des ressources offertes par le territoire qu'à l'indépendance du savoir, qui a pourtant la prégnance de se confronter à la vérification du réel – s'avère très efficace pour le lien entre les études et le travail, thème important dans le secondaire et, du point de vue de la pratique et de l'expérience, à tous les niveaux.

En bref, dans l'organisation scolaire autonome l'élève apprend à apprendre et à choisir: se sentir à la fois libre et responsable signifie s'imposer, se proposer un résultat positif, croire à son propre succès et à la culture entendue comme conquête continue, dans une école en innovation permanente, instrument d'ascension sociale, de promotion des capacités personnelles et de valorisation du talent.

Mais ce n'est pas tout : la transformation de la fonction éducative, causée par la société et par l'économie de la connaissance, enjoint à l'autonomie de ne pas se confiner aux seules demandes de l'école, mais de se confronter aux exigences réelles et de répondre aux requêtes d'aujourd'hui. Dans la mesure où le savoir est de plus en plus important pour l'émancipation sociale et économique du citoyen du XXIe siècle – comme on le disait au début de ces réflexions et comme on le montrera dans le chapitre sur le travail – l'autonomie a un rôle décisif en tant que support valide d'organisation du *lifelong Learning.* L'éducation permanente est très peu pratiquée en Italie, malgré la nécessité d'un travail de plus en plus qualifié et mis à jour pour trouver un emploi, y compris en cas de licenciement. Elle doit être mise en œuvre en partant de l'autonomie de l'école et de la fonction éducative. Si l'on veut que le monde du travail rencontre la société de la connaissance y compris après l'école et l'université, il faut changer le système scolaire en profondeur, pour éviter de perpétuer les habitudes notamment des plus de 45 ans, en commençant par la résistance à la pleine mise en œuvre de la loi sur l'autonomie. De cette façon, on peut couvrir le besoin d'apprentissage continu, puisqu'un système éducatif pour adultes géré uniquement par l'État n'est pas pensable. Pour sûr, l'État se tient à son rôle d'assurer la nature publique de la fonction éducative et d'en gérer directement une partie. C'est pour cela qu'on a défini notre système par des « normes générales d'instruction » et qu'on a prévu un système scolaire national, pour éviter les risques de parcellisation. Toutefois, dans la mesure où aujourd'hui cette fonction s'exprime dans toutes les articulations sociales et dans les différentes formes avancées de la société de la connaissance durant toute la vie, il faut prendre acte qu'elle devient une prérogative de la société entière. La Constitution va donc dans ce sens quand elle prévoit que la fonction éducative, prioritairement confiée à l'État-personne, s'étend aussi à l'État-système et à la société dans son ensemble.

En ce sens l'autonomie des institutions scolaires, inscrite dans l'article 117 de la loi modificative, interprète et favorise la subsidiarité, élément fondamental de la citoyenneté active, selon le dernier alinéa de l'article 118, toujours dans la nouvelle version: «État, Régions, Villes, Provinces et Communes favorisent l'initiative autonome des citoyens, individus et associations, pour organiser des activités d'intérêt général, sur la base du principe de subsidiarité». Aussi, au-delà des suggestions idéologiques ou propagandistes liées au concept de «fédéralisme», aujourd'hui abusivement utilisé, je considère qu'il est préférable de se référer à ce cadre législatif, en rappelant que dans le mot «autonomie» on trouve la racine *nomos,* la loi, qui souligne la dimension prescriptive de la constitutionnalisation. Si ensuite l'autonomie scolaire est imposée selon l'éducation centrée sur l'apprentissage, et donc que l'action de l'élève lui-même est sollicitée, on renforce la nature participative de la démocratie, qui s'exprime dans la synthèse entre l'unité culturelle et de cursus assurée par l'État et l'articulation autonomiste promue par les instances venant du bas. Ainsi va l'école: à travers un système éducatif qui «implique», on construit des citoyens libres et responsables.

Sur ce plan, les économistes ont contribué à enrichir l'autonomie, en soulignant l'amélioration de la qualité de la vie à l'école et dans la société. Les effets positifs produits par la relation entre organisation scolaire et environnement extérieur doivent être lus selon la théorie des «intelligences distribuées», c'est-à-dire le modèle de l'«adhocratie» qui, basé sur la flexibilité et les projets, dépasse le modèle délicieusement bureaucratique[1]. Le thème des différents sujets de la communauté éducative, c'est-à-dire la famille, le territoire, la culture, la réalité économique et productive, de leur rôle et de leur apport à l'action éducative, sera abordé dans le dernier chapitre, comme une invitation à tous prendre en charge l'importance de l'école, entendue dans son acception la plus large, c'est-à-dire en tant que bien commun.

---

1. E. Rullani, «Lavoro e impresa: dalla quantità alla qualità», in *Rivista bimestrale di cultura e di politica*, n° 2, mars-avril 2003, pp. 239-253.

2. L'autonomie inachevée

Ainsi, l'autonomie scolaire ne peut être entendue comme une prérogative sub-ministérielle inspirée par des règles formelles issues de la culture bureaucratique dominante, substantiellement étrangère à l'éducation ; elle est une façon d'être de la structure éducative et, en même temps, de la démocratie républicaine. Avoir introduit et constitutionnalisé l'autonomie scolaire a représenté une contribution qualifiante, une étape importante pour la construction institutionnelle d'un État en tant que démocratie participative fondée sur les autonomies sociales et territoriales, auxquelles concourt l'école aujourd'hui[1].

L'autonomie scolaire est née de l'article n° 59 de la loi du 15 mars 1997, « Délégation au Gouvernement pour l'attribution de fonctions et de missions aux régions et aux collectivités locales, pour la réforme de l'Administration Publique et pour la simplification administrative », renforcé ensuite par la Loi constitutionnelle du 18 octobre 2001, n° 3, « Modification du titre V de la deuxième partie de la Constitution » dont on vient de mentionner les articles 117 et 118. Il faut dire que cette opération politique n'a pas rencontré de compréhension ni d'enthousiasme suffisants, ni dans le parti de centre-gauche au pouvoir, ni dans le monde de l'école. Ni non plus au sein de l'Administration, fer de lance de l'étatisme, en opposition à l'esprit d'autonomie pour des raisons historiques évidentes. Cependant, même les extrêmes ont contesté l'autonomie, considérée comme l'outil de la privatisation, en appelant à une vision réductive de la démocratie, accusée de maintenir l'État-providence et la bureaucratie corporatiste. Cette dernière serait même taxée de réduire le corps enseignant à un groupe d'employés et de conserver le système scolaire basé sur la transmission. Il est néanmoins exagéré, ou du moins signe de vide idéologique, de soutenir que l'autonomie, notamment au niveau des Communes, ouvre la porte à la privatisation. Bien que conscients de la résistance à la mise en œuvre de

1. Pour une reconstruction détaillée du service scolaire italien de l'unification à la mise en œuvre de l'autonomie, je renvoie à la publication d'A. Catelani et M. Falanga, *La scuola pubblica in Italia*, La Scuola, Brescia, 2011.

l'autonomie scolaire, nous avons avancé de façon décidée, proposant et défendant l'insertion dans la loi générale de cet unique article que, à l'inverse, Parlement et Gouvernement voulaient retirer pour le confier à une autre *sedes materiae:* ainsi est né l'article 21. J'ai remarqué que ces administratifs semblent ignorer cette marche arrière quand ils parlent de la loi, peut-être par manque d'information.

Dans ce contexte, un instrument normatif, organisationnel, éducatif et culturel a été mis en place par le ministère de l'Instruction pour le mettre en œuvre. Il s'agissait d'abord du Regolamento, le DPR 275 de 1999, peut-être le texte le plus achevé, le plus dense et le plus significatif, dont la qualité est prouvée par le fait qu'il reste valide, dans la mesure où il anticipe le processus sans se perdre en détails. En second lieu, à la place du directeur d'établissement fut instaurée la figure du dirigeant, conçu comme un guide doté de compétences éducatives et pas seulement administratives, en mesure de capter la complexité de la fonction éducative et de gouverner l'école d'aujourd'hui, dont la direction ne peut se limiter à l'application des circulaires. Le troisième élément fut l'attribution financière de ressources directes pour rendre le système autonome et indépendant, instituée par la Loi 440 de 1997. Une campagne d'explication a suivi dans tout le pays pour expliquer les conséquences de ce changement sur les cursus, notamment dans les banlieues. Ensuite, une autre étape a été la substitution des «Programmes ministériels», qui détaillaient les cursus selon la structure culturelle et hiérarchique de l'ancien État ministériel, par les *Indications nationales pour le cursus*. Celles-ci exigeaient de s'assurer une unité nationale du système éducatif avec la possibilité de solliciter l'autonomie, la créativité et la responsabilité enseignante dans le déroulement de l'activité didactique. Dans cette optique, il a été prévu que chaque école se crée son propre «Plan de l'offre éducative». Enfin, on a encouragé et renouvelé l'engagement dans l'évaluation en ouvrant le chantier autonomie/évaluation et en soumettant les projets à l'expertise internationale de l'OCDE. Un groupe d'experts a formulé des recommandations comme: un système indépendant pour la définition de paramètres d'évaluation, à partir desquels les écoles pourraient éventuellement s'auto-évaluer; un organe autonome chargé de mener des recherches en matière d'instruction (du CEDE, le Centre Européen de l'Éducation, à l'INVALSI, l'Institut National pour l'évaluation du système éducatif d'instruction et de formation) ; la révision du système d'inspection, à inclure dans le programme d'amélioration des écoles (traduit aujourd'hui par : un Inspectorat pour la qualité) ; l'utilisation de systèmes de *testing* pour évaluer les élèves à des moments déterminés de leur cursus scolaire ou dans des classes déterminées, en particulier au terme de l'obligation scolaire, par échantillons ou cohortes entières, pour fournir à l'élève et à sa famille des informations réelles sur le niveau de rendement de l'école fréquentée ; la mise à disposition des résultats des relevés pour les parents et la communauté, sous la forme de moyennes des écoles, pour pousser les institutions scolaires individuelles à s'améliorer et à répandre de bonnes pratiques, surtout chez les enseignants.

Que dire ? Au fil des ans, rien de tout cela n'a été suffisamment implanté !

En effet, il faut garder à l'esprit que jusqu'ici la mise en œuvre de l'autonomie a eu lieu sous une impulsion politique et sous la pression des familles et des besoins des élèves, plutôt que sur décision du système administratif, dont les résistances se retrouvent encore dans les formes d'omission et de manque d'attention. La difficulté principale a été culturelle, en particulier éducative, c'est-à-dire liée à la façon de concevoir l'instruction de la part de la politique, de l'administration, des médias, et même de l'opinion publique, comme une école aujourd'hui encore centralisée. Cette représentation peut être considérée comme la première raison de la froideur face à l'autonomie et comme une des causes de la place de l'Italie en queue des classements internationaux. Les autres obstacles sont à chercher dans la mise en œuvre ratée des grandes opportunités offertes par l'ensemble des dispositions évoquées ci-dessus. À l'exception de quelques éléments de discipline normative formelle, il y a eu : un faible encouragement dans l'institution scolaire à prendre de nouveaux chemins ; une réduction ou une réattribution des fonds de la loi 440 ; des freins structurels et organisationnels. Mais la réticence envers la nouvelle réglementation s'est également manifestée contre tout le système d'évaluation qui, lancé en même temps que l'autonomie, a été paralysé par l'influence directe de Moratti sur l'INVALSI. Les *Indications pour le cursus* ont connu le même sort.

Toutefois, les freins les plus graves qui ont entravé l'autonomie scolaire sont liés, surtout, à l'implication manquée des écoles, qui n'ont pas discuté et ne se sont pas confrontées à l'énorme tâche de redéfinir dans leur ensemble aussi bien l'organisation que l'activité éducative. En second lieu, à la faible mobilisation de l'intelligentsia qui, devant les chances de repenser à travers de nouveaux concepts le rôle de l'*éducation* au XXIe siècle, a souvent montré une certaine indifférence pour les problématiques du monde scolaire. Enfin, à l'adhésion limitée de notre politique qui, coincée dans la méfiance anti-autonomie et dans l'héritage conservateur, n'a pas su cueillir la possibilité d'affronter les questions posées par la société de la connaissance comme le développement de la scolarisation, l'avènement des nouvelles technologies ou le phénomène de l'intégration, pour n'en citer que quelques-unes.

Aujourd'hui encore le conservatisme de droite et de gauche continue d'ignorer aussi bien l'article de loi sur l'autonomie que le règlement, par exemple en repoussant les normes qui limitent les fonctions du ministère à la répartition des subventions, à la vérification des résultats ou aux indications nationales ; en évitant le transfert du reste de l'activité éducative directement au territoire, aux écoles, aux réseaux et pour la partie qui leur revient, aux Régions. Je ne m'arrête pas sur l'obstacle organisationnel, particulièrement présent dans le débat parlementaire et syndical, que je considère certes important, mais difficile à dépasser tant qu'on conservera notre vieux système éducatif basé sur la transmission et notre ministère « Picsou ».

3. Flexibilité et optionalité

L'autonomie scolaire ne peut être réduite à sa dimension institutionnelle et organisationnelle, parce qu'elle est avant tout une question de culture et de conception de l'éducation.

Elle investit le projet pédagogique en termes de cursus, de programmes, de méthodes, de moyens d'apprentissage et d'enseignement ; elle invite les protagonistes à envisager les disciplines à travers une modulation conceptuelle, épistémologique et méthodologique de l'action formative, en référence à la doctrine la plus avancée. C'est sur ces convictions que se fonde un aspect du Règlement 275, jusqu'ici mal compris et donc peu considéré : il concerne la recherche didactique qui, rappelons-le, n'est pas l'apanage exclusif de l'université. Elle appartient aussi à l'école, quand enseignants et directeurs d'établissements œuvrent pour transformer le résultat des connaissances scientifiques en bagage éducatif, à travers la programmation de nouveautés théoriques et pratiques. Le rôle de porteur de projet de l'institution scolaire se concrétise dans l'élaboration d'un dispositif culturel propre et d'une motivation éducative spécifique ; dans la manière d'envisager aussi bien l'apprentissage que l'organisation de l'enseignement et d'effectuer des choix de formation, évidemment, aussi bien dans le cadre des valeurs constitutionnelles et des *Indications nationales pour les cursus* que dans le partage des finalités pédagogiques avec les différents acteurs.

C'est dans ce sens qu'il faut interpréter l'autonomie des cursus, c'est-à-dire la possibilité donnée à l'école de renforcer certaines matières ou d'introduire de nouveaux contenus disciplinaires en plus de ceux qui existent déjà. Les quotas de flexibilité sont de 15-20 %, voire de 30 %, à horaire global égal. Le but de cette mesure est de développer une culture du projet et du résultat global. Il ne s'agit pas seulement d'introduire des moments de souplesse dans le système scolaire et des marges effectives d'approfondissement dans l'enseignement de chaque discipline, mais aussi – surtout – d'encourager les vocations culturelles spécifiques d'une école, d'un territoire ou d'un patrimoine intellectuel. De ce point de vue la flexibilité des cursus, expliquée par l'assemblée des professeurs dans le « Plan de l'offre de formation » d'une école en particulier ou d'un réseau d'écoles, représente une requête très importante pour l'efficacité de la didactique qui atteste, entre autres, de la professionnalité de l'enseignant et du directeur d'établissement dans le choix de stratégies et de plans pour obtenir le meilleur rendement possible de l'action éducative et de la réussite de l'élève[1].

Pourtant, jusqu'ici l'expérience de la flexibilité des cursus a été très maigre et peu significative: d'un côté elle n'est pas encore pleinement mobilisée par le corps enseignant, de l'autre elle est rendue pour ainsi dire impossible par le manque d'effectifs et de support de la part des institutions ministérielles et politiques. Toutefois, au sein du cadre institutionnel de l'autonomie scolaire, on peut envisager d'utiliser le quota de flexibilité pour affirmer le principe des cursus à options, c'est-à-dire pour créer des parcours facultatifs qui permettent aux étudiants de cultiver leurs propres centres d'intérêt au lycée. Dans les pays développés, comme par exemple le Royaume Uni ou la Finlande, le modèle rigide du cursus unique, totalement autosuffisant et ne communiquant pas avec les autres orientations, est depuis longtemps dépassé. En effet, au lieu de s'épuiser dans une séquence de matières obligatoires qui définissent son identité, le cursus prévoit dès le départ plusieurs blocs alternatifs de disciplines, chaque élève en choisissant un. Dans notre système, l'introduction de flexibilité et d'optionalité adoucit la rigidité en faveur d'une structure éducative dynamique basée sur une didactique capable, en réponse à l'approfondissement de la structure théorique des disciplines et de leur langage formel, de sélectionner contenus, méthodes et moyens d'apprentissage. Le renforcement du cursus dans certaines directions est toujours compatible au niveau culturel et éducatif avec la spécificité de l'orientation choisie, il est cohérent avec les exigences des établissements et il répond aux intérêts des élèves et de leurs familles. Par ailleurs, il soutient

1. En ce qui concerne l'analyse des différents éléments qui constituent l'instrumentation adéquate (programme annuel, POF ou Plan de l'Offre de Formation, communication avec les usagers, bilan social) pour donner forme à l'autonomie des institutions scolaires, je renvoie notamment à l'ouvrage de F. De Anna, *Autonomia scolastica e rendicontazione sociale. Dal POF al Bilancio sociale*, FrancoAngeli, Milan, 2005. Sur la question de l'adaptation de l'école à la réforme de 2009 sur la responsabilité de la fonction publique administrative, je renvoie au récent essai de A. Paletta, *Scuole responsabili dei risultati. Accountability e management scolastico*, Il Mulino, Bologne, 2011, où l'auteur fournit tous les instruments pour la compilation du bilan social dans toutes ses problématiques (du projet didactique à l'évaluation des élèves et de l'efficacité des enseignants au plan annuel d'utilisation des fonds et à l'évaluation INVALSI).

un modèle d'école qui développe la capacité des élèves à choisir, selon les vocations individuelles, le parcours facultatif qui leur convient au sein de leur établissement scolaire.

Il ne s'agit pas, évidemment, d'une simple opération d'ingénierie du cursus, mais d'une organisation de la formation profondément différente de celle du système scolaire traditionnel, où la fonction éducative sollicite la recherche didactique selon une vision unitaire du savoir et une conception méthodologique transversale, en ligne avec l'idée d'éducation centrée sur l'apprentissage. En ce sens, les principes de flexibilité et d'optionalité permettent à l'élève de participer et de mûrir : à travers une plus grande conscience de lui-même, il a la possibilité de choisir et de décider son avenir de façon autonome, notamment grâce à un véritable lien entre école, université et monde du travail. On véhicule et valorise ainsi la culture du choix, c'est-à-dire l'idée d'une école où tout le monde – élèves, enseignants et directeurs d'établissements – se sent protagoniste, libre et responsable de ses actes.

Il est vrai que ces dernières années, en l'absence d'une gestion unitaire du processus d'autonomisation, l'école italienne n'a pas acquis la capacité effective de programmer sa didactique de façon autonome. La plupart du temps, elle reste ancrée au système traditionnel centralisé. Les établissements qui ont concrètement opté pour l'autonomie ont adopté des pratiques hétérogènes : dans certains le contenu culturel des études s'est appauvri ; dans d'autres on a choisi la voie des projets, souvent intéressants mais singuliers et partiaux, majoritairement destinés à disparaître une fois achevés et n'instaurant pas de changement stable et durable. Pourtant, il y a eu d'excellents exemples, comme en témoignent les expériences innovantes menées dans de nombreuses écoles italiennes.

La capacité des directeurs d'établissements et des enseignants à mettre en œuvre des projets s'est également manifestée au lendemain de la réorganisation du secondaire (équivalent des collèges à partir de la 4e et des lycées français), entrée en vigueur l'année 2010-2011. L'objectif prioritaire était de pousser les élèves à effectuer des choix. Ainsi des parcours optionnels ont été mis en place dès les deux premières années du collège. Il faut rappeler que ces deux années constituent un nœud important, qui mérite une attention particulière, surtout dans l'optique d'une réduction de la dispersion scolaire. Pourtant, si d'un côté il constitue la conclusion naturelle du parcours scolaire obligatoire, avec certification finale des compétences, de l'autre il est organisé et perçu, surtout dans les lycées généraux, sans caractère final mais comme faisant partie d'études qui se poursuivent ensuite. Aussi, pour remédier à cette ambiguïté, la proposition d'optionalité offre depuis le début la possibilité aux jeunes de choisir et donc de mieux définir leur voyage dans la connaissance.

Le Lycée Classique (c'est-à-dire correspondant à la filière littéraire française) Aristophane de Rome, pour ses deux premières années (équivalents de la 3e et de la 2nde), réalise des parcours didactiques en agissant sur le nombre d'heures annuel des matières intégrées ; en établissant une répartition entre « horaire de la discipline spécifique » et « horaire des disciplines intégrées » ; enfin, en construisant au sein de l'horaire intégré un module périodisé (trimestriel, semestriel, annuel) fondé sur la didactique de laboratoire. Le *Jardin des sciences* en est un exemple : mis en place depuis deux ans, il éveille un grand intérêt chez les élèves et leurs familles, comme en atteste la forte participation aux conférences de vulgarisation scientifique organisées par l'école. Un plan didactique « hardi » prévoit pour la première année l'intégration de quatre disciplines avec la répartition suivante par rapport à l'horaire global annuel de chacune : 11 % pour les mathématiques, 18 % pour les sciences naturelles, 18 % pour la géographie, 2,4 % pour le latin, avec un quota annuel de 3,6 %, c'est-à-dire 33 heures annuelles. Pour la deuxième année, il y a 17 % pour les mathématiques, 27 % pour les sciences naturelles et 4 % pour le latin, avec un quota annuel de 4,4 %, c'est-à-dire 41 heures. Les pourcentages d'heures sont bas, mais le grand acte de courage pour ce lycée littéraire a été de diminuer les heures de latin en faveur du *laboratoire des sciences*, tout en garantissant les statuts disciplinaires. En effet, l'intégration des parcours disciplinaires converge vers un thème unique qui doit être envisagé et analysé d'un autre point de vue. Dans le but d'assurer la continuité du travail des enseignants et d'offrir des possibilités diversifiées aux élèves, ce lycée a également expérimenté deux parcours distincts pour la troisième et la quatrième année (équivalents de la 1re et de la Terminale, c'est-à-dire l'avant-dernière année du lycée) : *Laboratoire de sciences expérimentales* et *Laboratoire des biens culturels*, tous deux structurés sans augmentation du nombre global d'heures, mais à travers la modulation des horaires du cursus. Ainsi, dans le premier cas, les disciplines concernées ont organisé un laboratoire intégré de trois heures hebdomadaires, confiées aux professeurs de sciences naturelles et de physique, en correspondance avec la diminution des heures de latin, histoire et histoire de l'art, pour traiter le thème *Énergie et systèmes biologiques* et donc renforcer le cursus du côté scientifique. Dans le deuxième, le laboratoire intégré a investi les matières Histoire et Histoire de l'art en compensant par une baisse des heures de latin, sciences et physique, pour orienter les élèves vers des thématiques en partie nouvelles dans le monde de l'école, mais qui font depuis longtemps partie du monde de la culture et qui sont de la plus grande actualité aujourd'hui, comme la question de la tutelle et de la conservation du patrimoine artistique italien.

Suivant les mêmes objectifs, le Lycée classique Giulio Cesare de Rome a réalisé pour les classes équivalant à la 3e et à la 2nde un parcours intégré de sciences, histoire et histoire de l'art, d'une part pour affronter la nouveauté introduite par les réformes, selon lesquelles les disciplines scientifiques doivent être enseignées à partir de la 3e, bien qu'en quantité variable par rapport aux années suivantes ; de l'autre pour valoriser l'intégration disciplinaire entre secteur scientifique et secteur humanistique dans l'optique d'une méthodologie transversale. La thématique a concerné l'importance de l'application des connaissances scientifiques pour identifier les causes de la dégradation et les modalités de récupération des biens artistiques, dans le but de développer chez les jeunes la conscience et le respect pour la valeur du patrimoine. L'étude des différentes matières a été déclinée sur ce programme, avec une attention particulière à l'approfondissement des arguments suivants : pour les sciences, la géologie, le climat et le microclimat de la ville de Rome ; pour l'histoire, le contexte politique, économique, social et culturel relatif à l'objet artistique identifié comme objet de recherches ; pour l'histoire de l'art,

– enseignement non prévu dans le cursus réorganisé des deux premières années, mais démarré de façon expérimentale grâce au quota de flexibilité et en utilisant des ressources internes – des éléments de peinture, sculpture, architecture, des informations sur les techniques de restauration des monuments et urbanistique, ainsi que des notions sur les lois relatives au patrimoine artistique.

Dans le Groupe scolaire Telesi@ de Telese Terme, dans la province de Benevento, un parcours expérimental intitulé *Apprendre à apprendre. Mathématique et sémiotique* a été mis en place au Lycée des Sciences appliquées. Il est centré sur l'intégration des mathématiques à d'autres disciplines, dans le respect des *Indications nationales.* Les deux premières années l'intégration, déclinée sur le thème des *Processus de la communication*, a concerné les sciences, en utilisant les espaces de la flexibilité interne devant être de 20 % maximum de l'horaire annuel. Les trois années suivantes (équivalentes du lycée français), l'intégration a été organisée de façon à satisfaire les différentes vocations des étudiants, de plus en plus évidentes au terme des cinq ans du lycée. Il y avait deux options : la première, *Du réel à l'imaginaire : option physico-mathématique,* centrée sur les mathématiques et la physique, impliquait aussi des disciplines comme l'italien, la philosophie, la physique, les mathématiques et l'histoire de l'art. L'autre, *Du réel à l'imaginaire : option historico-philosophique*, mettait l'accent sur les sciences et la philosophie, tout en impliquant des matières comme l'italien, la philosophie et la physique. L'innovation de ces expériences tient au fait que le cadre horaire des trois ans est modifié suite aux choix des élèves à la sortie des deux premières années, c'est-à-dire de celles de la scolarité obligatoire.

4. La structure de l'autonomie

Ces exemples, comme tant d'autres dans de nombreuses écoles, et aussi la pratique quotidienne des enseignants et des élèves, confirment la nécessité de l'autonomie scolaire comme condition pour rencontrer les besoins des jeunes et pour interpréter les problématiques de la société contemporaine, tous deux en évolution rapide. Une instruction qui respecte les aptitudes et la croissance physiologique et intellectuelle de ceux qui apprennent peut prendre deux chemins : éviter la rigidité et les contraintes dans des cadres fixes et préconstruits, ou bien favoriser la flexibilité de l'organisation scolaire, des filières, des cursus. Aussi, l'autonomie didactique doit être plus fortement soutenue en encourageant avant tout la participation des enseignants à la gestion de l'école avec l'apport de toutes les autres composantes scolaires ; en améliorant l'organisation des filières et des différentes formes d'articulation organisationnelle ; en organisant le travail enseignant dans une optique de coordination par équipes ; enfin, en programmant une augmentation des ressources humaines et financières.

Pour rendre l'autonomie efficace et praticable, on a besoin d'une « structure fonctionnelle », plus récemment appelée « structure de l'autonomie », déjà présente dans le Règlement 275 et mise en œuvre par la loi n° 35/2012 (Section III « Dispositions pour l'instruction », art. 50 « Mise en œuvre de l'autonomie »). L'article de loi prévoit, pour chaque établissement scolaire, l'augmentation du personnel, adapté non seulement à l'activité didactique, éducative, administrative, technique et auxiliaire habituelle, mais aussi aux « exigences de développement des excellences, de récupération, d'intégration et de soutien aux élèves ayant des besoins éducatifs spécifiques et de programmation des besoins en personnel scolaire, y compris dans le but d'une extension du temps scolaire ».

En effet, la loi interprète l'autonomie scolaire comme la nécessité, d'un côté d'en renforcer la gestion selon des critères de flexibilité et d'optionalité, de l'autre d'en valoriser la professionnalité et la responsabilité de tout le personnel scolaire. D'autre part, une didactique centrée sur l'apprentissage individuel et en groupe, basée sur de nouvelles approches et méthodes d'enseignement, qui décompose ou recompose le groupe classe, qui prévoit le recours permanent à l'expérimentation et aux nouvelles technologies, ouverte à la richesse culturelle de la société et à bien d'autres choses, comme on la présentera par la suite, a besoin d'une organisation élastique et de l'apport d'un plus grand nombre de sujets revêtant des fonctions différentes, dans un cadre beaucoup plus articulé que le simple va-et-vient entre les bancs des élèves et le bureau du professeur. La structure de l'autonomie est le facteur prégnant en mesure non seulement d'élargir ou d'étendre l'offre formative en termes quantitatifs, mais aussi d'enrichir et d'améliorer le système formatif du point de vue qualitatif, selon la conception d'une fonction éducative qui envisage la complexité.

Alors, on peut légitimement soutenir que l'autonomie scolaire est l'oxygène permettant de répondre au besoin de changement du système éducatif, en vue de garantir à tous et à chacun une *éducation* de qualité et équitable, en ligne avec la centralité de l'apprentissage, dans le respect de la diversité des élèves, dans la perspective de l'engagement, du rendement et de la satisfaction de toutes les parties, selon les priorités posées par la société de la connaissance et de l'apprentissage. En substance, résister à l'autonomie veut dire conserver une école bureaucratique et étatique qui reproduit en son sein les hiérarchies de la société ou, pire, favorise des formes de dispersion et d'exclusion.

5. Liberté et responsabilité

En dernier lieu, je voudrais m'arrêter sur la signification de l'évaluation, thématique sensible, en partant du lien entre les concepts de liberté et de responsabilité, puisqu'il est tacite que l'un appelle l'autre[1]. Et il est tout aussi tacite que l'équilibre entre ces deux principes est souvent le résultat d'un long chemin éreintant, puisque l'agir, qui a son fondement dans la liberté de choix, concerne aussi la responsabilité des autres.

1. Sur la question complexe de l'évaluation scolaire, pour une analyse de ses nombreux aspects, je renvoie aux textes suivants : B. Vertecchi, *Manuale della valutazione. Analisi degli apprendimenti e dei contesti*, FrancoAngeli, Milan, 2003 ; E. Lastrucci, *Progettare, programmare e valutare l'attività formativa*, Anicia, Rome, 2006 ; G. Dominici, *Manuale della valutazione scolastica,* Laterza, Rome-Bari, 2007 ; B. Vertecchi, G. Agresti, *Laboratorio di valutazione*, Laterza, Rome-Bari, 2008 ; P. Breadfoot, P. Weeden, J. Winter, *Valutare per l'apprendimento nella scuola. Strategie per incentivare la qualità dell'offertà formativa*, Erickson, Trento, 2009 ; I. Vannini, *La qualità nella didattica. Metodologia e strumenti di progettazione e valutazione,* Erickson, Trente, 2009 ; D. Capperucci (sous la direction de), *La valutazione degli apprendimenti in ambito scolastico. Promuovere il successo formativo a partire dalla valutazione*, Franco Angeli, Milan, 2011.

Maintenant, la faculté de décider et d'œuvrer de façon autonome a besoin de contrôle, pour éviter que la liberté dégénère en arbitraire ou en excès, à travers deux facteurs, l'un intrinsèque et l'autre extrinsèque. Le premier concerne le sens de responsabilité ou la charge intérieure du sujet – individu ou groupe social ou institutionnel – qui canalise au mieux l'extraordinaire potentiel de l'être libre. Le second concerne le cadre de responsabilité défini par le contexte auquel l'action autonome s'adresse. Celui-ci exerce son propre rôle de façon non pas autoritaire – ce qui constituerait une limitation ou un conditionnement de l'autorité même – mais légitime comme forme de contrôle, en vérifiant si l'activité s'est déroulée, si elle est de qualité, si elle produit les bénéfices attendus. De cette manière l'apport de ces deux éléments détermine les contrepoids nécessaires et utiles pour éviter des chutes corporatives ou des abus d'autre nature.

Ainsi l'*éducation,* en tant qu'expression de culture et de créativité, de croissance de la personne et de construction du futur citoyen, est une manifestation à la fois de la liberté et de la responsabilité. Les élèves, les enseignants, les directeurs d'établissements, les *stakeholders*, seront donc appelés par la société à répondre des résultats de leur action – en tant que parcours personnel, intellectuel, professionnel et organisationnel – selon la culture du résultat et de la preuve, comme cela arrive pour toutes les professions, en particulier les plus qualifiées. Il est juste, donc, que l'activité scolaire soit encadrée et évaluée, pour en établir l'efficacité pour l'apprentissage de l'élève, l'enseignement du professeur, la gestion du directeur, parce que même dans le cas de l'instruction, l'autonomie sans évaluation peut risquer de se transformer en liberté irresponsable.

L'instrument valable entre tous est sans aucun doute l'autoévaluation – indispensable pour soumettre à un contrôle constant la qualité du travail de tous et, à plus forte raison, de ceux qui assument des fonctions publiques dans les organisations institutionnelles et sociales – en tant qu'elle élève la conscience de son propre rôle, améliore le rendement de l'exercice et augmente le degré de confiance. Dans les structures complexes comme les structures éducatives, il est souhaitable qu'un système d'autoévaluation soit organisé, de préférence à travers un réseau d'écoles, avec des indicateurs adaptés et partagés pour la révélation d'éléments et d'informations[1].

Toutefois, l'autoévaluation ne pallie pas la nécessité d'une évaluation extérieure, sous la forme d'un tiers, c'est-à-dire neutre et indépendant par rapport à la situation à encadrer, vérifier, contrôler. Dans l'instruction, elle doit être assurée pour chaque école, pour le système scolaire dans ses différentes articulations et pour l'activité éducative dans son ensemble : pas tant à cause de l'existence abstraite des individualités, mais plutôt grâce à la dynamique du résultat, dont les progrès seront plus efficacement évaluables s'ils sont rendus intelligibles par un paramétrage objectif de données vérifiables sur la base d'objectifs définis et programmés. Que doit-on ou veut-on atteindre ? Par exemple : quels aspects personnels, quelles connaissances disciplinaires, quelles compétences transversales ? Il sera opportun que les indications soient claires aussi bien pour les programmes nationaux que pour ceux de chaque réalité scolaire ou de chaque enseignant. Et il sera également opportun de prédisposer des indicateurs évaluatifs qui tiennent compte des nombreuses variables et aspects de l'activité éducative, à commencer par l'attention portée aux potentialités de l'élève, à son chemin entre le début et la fin du parcours éducatif, à l'adéquation du système et des instruments didactiques, à la finalité éducative et à bien d'autres choses encore, présentes à l'esprit de ceux qui opèrent dans l'école. De ce point de vue, l'évaluation prend une acception relative et dynamique : pour autant, la construction de paramètres valides s'avère être une tâche complexe, qui présuppose en plus de la

---

1. Je renvoie à deux ouvrages : l'un de J. MacBeath, A. McGlynn, V. Scalera (sous la direction de), *Autovalutazione nella scuola. Strategie per incrementare la qualità dell'offertà formativa*, Erickson, Trento, 2006 ; accompagné de nombreux exemples utiles, il examine les différentes formes d'autoévaluation adoptables par les écoles pour améliorer la qualité de l'enseignement et de l'apprentissage. L'autre est de E. Berger, G. Ostinelli, *Autovalutazione d'istituto. Istruzioni per l'uso*, Carocci, Rome, 2006 : sous la forme d'un guide pratique, il indique une méthodologie cohérente fondée sur les processus et critères d'évaluation pour les établissements scolaires, en partie déjà expérimentés avec succès dans plusieurs contextes européens. Dans ces deux textes émerge la conception d'une école protagoniste de sa propre qualité formative à travers la participation des différents acteurs intéressés.

rigueur professionnelle une bonne dose de bon sens, qualité de plus en plus rare.

À ce sujet, Norberto Bottani, dans son récent essai *Perché valutare? Valutare o perire? (Pourquoi évaluer? Évaluer ou périr?)* met en lumière d'un côté la nature polysémique du concept d'évaluation, et donc de ses nombreuses approches (à grande échelle, empirique, mathématique, statistique et bien d'autres, y compris la réputation de l'institut et des enseignants) ; de l'autre, la marge d'erreur présente dans n'importe quelle évaluation, qui peut rendre les résultats peu fiables. Il écrit: «Puisque les évaluations peuvent induire de graves conséquences pour les sujets évalués, il est bon d'être prudents et attentifs quand on a en main les résultats de n'importe quelle évaluation. Toute la procédure suivie pour évaluer doit être l'objet d'un examen rigoureux. On ne plaisante pas avec l'évaluation, chaque évaluation fait appel à de nombreux outils: tests, questionnaires, comptes-rendus, statistiques, interviews. Pour bien évaluer, il est indispensable de maîtriser ces outils, de savoir les construire. La grosse majorité des enseignants ne possède pas ces compétences»[1].

En Italie, nous sommes en retard dans la culture de l'évaluation, qui hésite aujourd'hui à s'affirmer dans tous les secteurs d'activités, publics et autres[2]. Il est utile ici de rappeler, pour comprendre l'ampleur du sujet, ce qui se passe pour le gouvernement italien, aussi bien pour l'exécutif que pour le parlementaire: on prend des décisions sans avoir évalué la faisabilité ou l'impact, et sans en examiner ensuite l'efficacité et l'utilité. Nos assemblées sont particulièrement rompues à l'élaboration de normes, mais en substance elles ne pratiquent aucun contrôle véritable et systématique, par manque de capacité, de volonté ou de pratique. Surtout, elles ne semblent pas conscientes que

1. N. Bottani, «Perché valutare? Valutare o perire?», in N. Bottani, D. Checchi, *La sfida della valutazione,* Il Mulino, Bologne, 2012, p. 19. Ce volume collectif rassemble différentes contributions de chercheurs italiens et étrangers.

2. Voir l'essai de M. Castoldi, *Si possono valutare le scuole. Il caso italiano e le esperienze europee,* SEI, Turin, 2008, qui reconstruit à travers la comparaison avec la réalité scolaire de six des principaux pays européens, le cadre normatif, institutionnel et culturel dans lequel a mûri en Italie l'importance d'introduire un système d'évaluation dans le monde de l'école.

l'action moderne de gouverner s'exerce avant tout en utilisant l'outil évaluatif : d'abord on analyse la situation et on relève les points critiques ; ensuite on prévoit des solutions et on fait des choix ; enfin on contrôle les résultats et on évalue les bilans. C'est un procédé quasi évident qui garantit que l'action sera concrète, incisive, efficace, innovante et, j'ajoute, stratégique.

Ceci vaut aussi pour l'instruction et la formation. La connaissance des élèves est à la base de l'action didactique, de même que le contrôle du processus éducatif, la vérification des effets partiels et l'évaluation des produits de l'apprentissage, sur lesquels organiser à nouveau la programmation didactique. Évaluer veut dire élargir l'habituelle docimologie[1] (la note, passer en classe supérieure ou redoubler) ; affirmer la culture du résultat ; et aussi renforcer la motivation et la participation des élèves, des enseignants et des directeurs d'établissements. En Italie des structures évaluatives ont été instaurées pour l'école et l'université ; toutefois, leur étude détaillée n'est pas du ressort de ce livre. Ce qu'on remarquera, c'est l'exigence urgente de faire de la place et de donner un rôle à l'évaluation, non seulement pour garantir la responsabilisation de tous et de chacun, mais aussi pour attribuer au processus la transparence nécessaire. Il faut faire en sorte que l'école aussi contribue à la pleine mise en œuvre de la démocratie dans sa nature participative et dans son articulation autonomiste la plus prégnante, c'est-à-dire dans sa dimension socio institutionnelle et pas seulement politico représentative. Le citoyen est celui qui vote, mais aussi celui qui participe. L'étudiant est celui qui étudie et – comme disait Maria Montessori – celui qui apprend à faire seul. Ceci, au fond, est la signification la plus authentique de l'autonomie.

1. G. Benvenuto, Mettere i voti a scuola. Introduzione alla docimologia, Carocci, Rome, 2003.

4.

Verticalité et horizontalité

Il faudrait s'intéresser à qui sait le mieux, pas à qui sait le plus.
Michel de Montaigne

1. Cycles ouverts et cursus flexibles

Pour proposer un réel changement de l'école, répondant d'un côté aux exigences de la société de la connaissance et de l'apprentissage, de l'autre à la mutation de la nature et du rôle de la formation, on ne peut se cantonner à l'autonomie de l'organisation scolaire, comme cela a été étayé au chapitre précédent. Il faut également procéder à une révision profonde de tous les cursus, pour mettre en œuvre l'éducation centrée sur l'apprentissage. Cela doit se projeter aussi bien dans l'ouverture et la verticalité de la structure globale du cursus, que dans l'interdisciplinarité et l'horizontalité des contenus et méthodes. C'est-à-dire qu'il s'agit d'innovations qui permettront de répondre concrètement à la demande de formation des élèves et de garantir le plein développement cognitif et culturel de tous et de chacun. En effet, les changements sont dus non seulement à l'expansion scolaire et à l'émergence de nouveaux sujets sociaux, comme on l'a dit, mais aussi d'une part à la multiplication des savoirs et à leur impact sur la vie quotidienne; d'autre part à l'influence des outils informatiques sur la façon de repérer et gérer les notions. Tout ceci transforme les comportements sociaux, les codes linguistiques, les modes de communication, l'expression artistique et culturelle ainsi que la production scientifique et technologique. Dans ce scénario, il est difficile d'organiser la complexité de la fonction éducative, à cause de l'hétérogénéité des élèves et de l'ampleur des épistèmes, si on veut conserver la configuration des cursus, la structure méthodologique et la division traditionnelle en disciplines. De tels changements quantitatifs et qualitatifs appellent donc urgemment à renouveler les cursus, en commençant par moduler les cycles scolaires.

Dans le passé l'instruction (élémentaire, secondaire, supérieure) était fondée sur l'idée de cursus uniques et fermés, où la préparation des classes dirigeantes était différenciée de celle de la majorité et la culture des élites séparée de celle du peuple. Seule une partie restreinte et homogène d'élèves, rigoureusement sélectionnée (environ 10-20 % d'une classe d'âge) accédait à la plus haute marche scolaire, destinée à occuper les emplois de cadres dirigeants. Aujourd'hui, on le sait, le nombre d'élèves d'origine économique, sociale, culturelle et ethnique variée s'est clairement accru. François Dubet, célèbre sociologue français et directeur d'études à l'EHESS, raconte le phénomène de la massification du lycée en France. Il décrit un cadre qui rappelle beaucoup l'Italie, surtout en ce qui concerne la crise du modèle éducatif du lycée qui, en effet, n'est plus considéré comme un « sanctuaire » laïc ou religieux à l'autorité indiscutée et à la forte légitimation, par certains aspects, expression d'une société élitiste et inégale. À l'inverse, le lycée est de plus en plus perçu comme un lieu où construire le rôle et la motivation aussi bien des élèves que des enseignants[1].

Depuis longtemps déjà, cette conception du cursus, basée sur la rigidité du système scolaire, sur l'opposition entre les savoirs et sur la séparation des matières, ne satisfait plus le besoin culturel de masse ni la valorisation de précocités intellectuelles. Si on veut concilier quantité et qualité en évitant

1. Cf. F. Dubet, *Les lycéens*, Seuil, Paris, 1991, pour l'analyse des changements advenus au lycée et le plus récent id., *Les sociétés et leurs écoles. Emprise du diplôme et cohésion sociale*, avec Marie Duru-Bellat et Antoine Vérétout, Seuil, Paris, 2010, où les auteurs soulignent l'importance de la relation complexe entre société et système scolaire, mettant en évidence le rôle de la fonction éducative non seulement comme créatrice de capital humain et de compétences, mais aussi en tant qu'elle est capable de transformer la société, de la rendre plus juste et solidaire à travers la mobilité et la cohésion sociales.

l'élitisme et la démagogie, c'est-à-dire garantir le succès de chacun et élever pour tous – lents ou talentueux – le niveau de l'éducation, actuellement les cycles ouverts et continus semblent plus incisifs. Donc, pour des raisons aussi bien d'efficacité et de fonctionnalité que d'équité et d'inclusion, le processus doit être conçu et structuré non plus avec des interruptions sèches mais par étapes, distinctes et graduelles, dans un crescendo progressif de difficulté. La continuité possible entre un niveau scolaire et le suivant tend à enrichir et à projeter *in progress* l'instruction, à la différence de la discontinuité, qui génère à l'inverse abandon ou dispersion. On peut donc se demander si l'affirmation « ceux qui n'ont pas les bases ne grandissent pas » est encore valide.

D'autre part, une vaste littérature et différents exemples dans le monde confirment que la formation doit être soigneusement planifiée en accentuant la progressivité, en cohérence par rapport aux objectifs fixés, pour les *undergraduate* comme pour les *graduate students.* Le but est de moduler les programmes et les méthodes pour approfondir petit à petit en évitant la répétitivité. Cette conception est basée sur des références théoriques comme le principe de *l'apprentissage par l'expérience* et l'interrelation entre *l'attente* et *l'expérience ;* l'élaboration par niveaux de l'expérience immédiate à l'expérience réflexive, jusqu'à l'abstraction ; et encore le développement croissant d'aptitudes et compétences de plus en plus complexes. Sans oublier l'idée du processus d'apprentissage comme passage du sens commun au langage scientifique et de l'expérimentation à la formulation d'hypothèses ; la conviction d'« opérationnaliser » la connaissance et de dépasser la dichotomie entre théorie et pratique ou la distinction entre vécu et pensé (ce dernier aspect est difficile à partager, au moins parce que le savoir s'ancre dans l'action, surtout chez les jeunes).

Mais ce n'est pas tout. Dans la perspective de l'éducation centrée sur l'apprentissage, on ne peut plus proposer de cursus rigides et unidirectionnels, basés sur l'organisation traditionnelle des savoirs parallèles et des disciplines non communicantes, selon des hiérarchies ou des canons standardisés. Au contraire, il faut prédisposer des cursus intégrés ou intégrables pour soutenir la diversité des intelligences, des temps d'apprentissage et des rythmes de croissance de l'élève[1]. Dans cette optique, aucune matière ne peut être centrale, parce qu'au centre il y a la personne qui apprend, son désir de connaître et de comprendre, d'acquérir de l'habileté et des compétences, de développer sa pensée créative et son sens critique, de construire sa propre existence culturelle et professionnelle, et de devenir un citoyen libre et responsable. Ainsi, si l'élève est acteur, alors l'organisation des savoirs et le choix des méthodes ne peuvent pas nourrir seuls son besoin intellectuel. L'organisation de l'établissement et les besoins des enseignants ne peuvent prendre le pas sur le développement propre de l'élève. Parce que le risque est le détachement progressif des jeunes et donc l'échec éducatif de l'instruction et de la société. De ce fait, la conception de cursus flexibles et dynamiques est également fondée sur la vision unitaire du savoir qui, bien que respectant totalement la spécificité épistémologique des disciplines singulières, favorise le dialogue et la relation entre contenus et méthodes à travers un critère interdisciplinaire d'hybridations fécondes et de contaminations continues entre milieux culturels et contextes méthodologiques différents. Ainsi, dans la construction d'un cursus innovant[2], l'approche transversale de la connaissance devient non seulement une garantie de l'unité des savoirs, mais aussi une condition aussi bien de la concrétisation de la didactique par compétences (disciplinaires, interdisciplinaires, cognitives, métacognitives et de citoyenneté) que du développement de la créativité et des aspects cognitifs et socio-affectifs de l'élève. Plus loin, on abordera les méthodes d'enseignement et les contenus didactiques qui permettent ces innovations.

---

1. Je renvoie à l'ouvrage collectif de G. Domenici, F. Frabboni (sous la direction de), *Indicazioni per il curriculo*, Erickson, Trento, 2007, dans lequel les différents chercheurs analysent les *Nouvelles indications pour le cursus, de l'école maternelle au premier cycle d'instruction*, élaborées par le Ministère de l'Instruction publique en 2007 pour l'organisation et la compilation du cursus de l'école maternelle, primaire et du collège. En particulier, ils proposent une interprétation culturelle, pédagogique et didactique de l'accent mis dans les *Indications* sur la centralité de la personne (élève et enseignant) et sur la nécessité de former des futurs citoyens en mesure de participer en tant que protagonistes à la construction de collectivités de plus en plus grandes et complexes.

2. F. Cambi (sous la direction de), *Progettazione curricolare nella scuola contemporanea*, Carocci, Rome, 2002.

En bref : pour fournir une réponse adaptée à la nouvelle physionomie des élèves et à la nouvelle exigence éducative, des cycles ouverts et des cursus flexibles sont mis en place sous le signe de la verticalité des études et de l'horizontalité de l'articulation épistémologique et méthodologique. Dans cette perspective, l'éducation centrée sur l'apprentissage accentue les mécanismes d'implication du corps enseignant, favorisant la mobilité non plus seulement de quelques élus mais de tous, et garantissant de cette façon la croissance sociale et la démocratie participative.

Il est certain qu'une telle nouveauté dans la structure et l'organisation du cursus sollicite en Italie un renouveau de la culture en général et de la culture éducative en particulier : si en effet l'intelligentsia continue de se complaire dans l'adage nostalgique de Cicéron *mala tempora currunt (les temps sont durs)*, tout en se confrontant à la mutation sociale et culturelle actuelle, comment peut-elle indiquer un horizon sensé où projeter la société et l'instruction de l'avenir ? Il faut donc que *l'establishment* intellectuel italien s'approprie les paradigmes interprétatifs de la contemporanéité non seulement socio-économique, mais aussi épistémolo-méthodologique pour que puisse s'affirmer la centralité de l'apprentissage, et donc un nouveau système scolaire et un nouveau mode d'enseignement.

Jusqu'ici la recherche pédagogique italienne a affirmé l'exigence de construire des opportunités de formation visant à la cohésion et à l'unité sociale, selon la leçon du sociologue Émile Durkheim. De même, elle a soutenu – par rapport à la théorie classique libérale – que la défense de la liberté individuelle, au moyen du contrôle démocratique sur les facteurs de conditionnement et d'exclusion sociale, s'affirme aussi à travers l'action équilibrante des processus éducatifs, comme le suggère le fondateur de la sociologie de la connaissance Karl Mannheim. Ainsi, les paroles d'Alberto Asor Rosa : « La société est devenue de masse sans avoir encore en Italie une (grande et haute) culture de masse », sont très efficaces pour dresser le portrait de notre situation.

Ainsi, dans le système actuel d'instruction, ce sont les facteurs externes d'organisation, comme les savoirs et les enseignants, qui décident de la priorité. Ils dessinent la structure qui modèle et conditionne les cursus ou – comme on verra par la suite – les solutions spatiales et temporelles, soumises à la nécessité de l'apprentissage et souvent justifiées par l'idée de qualité de l'éducation, ne répondant pas toujours à des résultats flatteurs. Comme plus d'un chercheur le révèle, l'école italienne ne tient pas compte de la diversité des rythmes de croissance physiologique et de développement cognitif, qui ne sont en rien égaux et simultanés d'un élève à l'autre. Par exemple, la composition des classes est uniquement basée sur l'âge, c'est-à-dire sur un présupposé peu justifié d'un point de vue biologique qui, en effet, semble aujourd'hui inadapté pour promouvoir le succès éducatif de chacun. Et le peu d'attention portée aux élèves montre bien comment notre système scolaire aborde le passage délicat de l'enfance à la préadolescence : le saut inutile, et dans certains cas dommageable, de l'école primaire au collège, est marqué par le passage de l'enseignant unique polyvalent à la multiplicité d'enseignants et à l'accroissement de la fragmentation disciplinaire. Ainsi écrivait récemment Dario Missaglia : « Après le CM2, l'élève de 11 ans rencontre soudain neuf disciplines avec neuf enseignants. Voilà la fracture avec l'école élémentaire ; voilà l'absurdité d'un modèle qui présuppose, de la part de l'élève, des capacités et des aptitudes psychologiques possibles, avec un bon entraînement, uniquement à partir de la Seconde. Nous autres enseignants présupposons qu'à 11 ans un enfant est capable d'interagir avec neuf personnalités, styles de communication et langages sectoriels, neuf exigences personnelles, choix méthodologiques et didactiques différents »[1]. De fait, sa réflexion réitère le fondement de la révolution qui se profile : la nécessité de déplacer l'axe de la structuration de l'école de la centralité de l'enseignement des disciplines à la centralité de l'apprentissage des élèves. Mais sa recension contribue aussi à expliquer les causes de l'état actuel du collège, où on constate des retards et des écarts, comme présenté dans le rapport déjà cité de la Fondation Agnelli, dont les données ont été traitées au début de ce livre. Pourtant l'institution du Collège Unique,

---

1. D. Missaglia, *La crisi della scuola al microscopio*, in www.educationduepuntozero.it, publié le 6 février 2012.

à cinquante ans de sa mise en place, a figuré parmi les réformes scolaires les plus pertinentes de l'Italie républicaine[1] : en même temps, elle a contribué à l'expansion scolaire et à l'acculturation de la population, parallèlement au développement économique et social de notre démocratie. Toutefois, elle n'a pas été reconnue comme telle par la majorité ; elle n'a pas non plus été accompagnée des mesures éducatives – structurelles et liées aux cursus – nécessaires pour soutenir sa mission, c'est-à-dire de jouer un rôle de pont entre le premier et le dernier niveau du système scolaire.

D'autre part, la constitution récente des Groupes scolaires a été plus dictée par des problèmes de rationalisation des dépenses que par des choix de nature pédagogique[2]. Quoi qu'il en soit, elle pourrait favoriser un développement positif de la verticalisation du cursus de 3 à 14 ans, dans la mesure où l'agrégation en une unique structure fonctionnelle ne donne pas lieu à une structure vide d'écoles maternelles, élémentaires et collèges, de maîtres et professeurs, tous « séparés ». À condition que les passages aient lieu de façon graduelle dans le respect des phases de l'âge évolutif ; à condition de renforcer l'orientation, fonction décisive – surtout en vue du choix délicat de la part de l'élève de poursuivre au lycée – qui ne doit pas être réduite à une activité de pure sélection vers telle ou telle filière[3].

1. Loi du 31 décembre 1962, n° 1859 : le texte unifia tous les collèges, à commencer par les établissements professionnalisants, en un unique modèle, garantissant la possibilité à tous les élèves de poursuivre leurs études dans n'importe quel lycée.

2. Le Décret-Loi du 6 juillet 2011, n° 98, « Dispositions urgentes pour la stabilisation financière », converti, avec modification de la Loi du 15 juillet 2011, n° 111, à l'art. 19 « Rationalisation de la dépense relative à l'organisation scolaire », alinéa 4, prévoit à partir de l'année scolaire 2011-2012 l'agrégation de l'école maternelle, de l'école primaire et du collège en des groupes scolaires. La Note Ministérielle n° 8220 du 7 octobre 2011 « Constitution Groupes scolaires » oriente les établissements scolaires vers la mise en œuvre de la loi.

3. Pour approfondir, je renvoie au livre de G. Gambula (sous la direction de), *Il curriculo verticale dai 3 ai 14 anni. Competenze, saperi, modelli e metodologie*, FrancoAngeli, Milan 2010, qui présente un modèle innovant de verticalisation du cursus, réalisé et expérimenté sur le terrain.

Il est temps de reprendre l'expérience qui a conduit à la Loi n° 30 sur la réforme des cycles scolaires[1], qui lançait la création d'un cycle primaire unique à défilement vertical permettant de soutenir la croissance physiologique et intellectuelle de l'élève – à ce sujet, il répondait aux recherches les plus innovantes en culture éducative. Plusieurs États l'ont déjà instauré, avec articulations internes mineures (la Suède, par exemple) ; d'autres, comme la France, étudient les meilleures solutions pour le mettre en place. Mais cette loi avait également réduit le premier cycle de 8 à 7 ans, permettant aux jeunes Italiens de terminer l'école et d'obtenir l'équivalent du bac à 18 ans au lieu de 19, comme dans presque tous les pays européens, les États-Unis, la Russie, la Chine, le Japon, la Corée, le Brésil et d'autres encore. Nous, qui nous considérons comme les meilleurs, nous abrogeons les normes qui mettent l'Italie en position d'avant-garde ou au pas avec le monde, portant de durs coups à l'innovation pour ensuite nous condamner à purger les peines qui s'ensuivent. Aujourd'hui, certains prônent de réduire d'une année le second cycle au lieu du premier : personnellement, je ne partage pas cet avis. Quoi qu'il en soit, une mesure étayée aux plans scientifique et éducatif s'impose afin que l'école prenne fin à 18 ans.

Pour éviter une véritable épreuve de Sisyphe, plusieurs écoles ont institué de façon autonome des départements et laboratoires disciplinaires pour la recherche didactique et l'élaboration d'une documentation sur le cursus progressif par compétences de la maternelle au collège. Je rappelle l'exemple du Groupe Scolaire de Marina di Ginosa (Taranto), l'un des premiers (dès 2001-2002) à se munir d'une structure départementale verticale dans de nombreux domaines (humanistique, anthropologique, linguistique, scientifique, langages non verbaux), pour identifier les noyaux fondateurs et les compétences relatives de chaque discipline, aussi bien dans les classes de passage (Grande section de maternelle, CM2, 4e, c'est-à-dire dernière année du collège) que dans les classes de fin de cycle

1. Loi du 10 février 2000, n° 30, « Loi Cadre en matière de Réorganisation des Cycles de l'Instruction », abrogée – *damnatio memoriae* – par le ministre Moratti par la loi du 28 mars 2003, n° 53, « Délégation au gouvernement pour la définition des normes générales sur l'instruction et des niveaux essentiels des prestations en matière d'instruction et de formation professionnelle ».

(CE2, 5e), avec pour but de faire correspondre les évaluations dans toutes les matières. Je rapporte aussi l'expérience menée par le Cercle Didactique de Vinci (Florence) qui a activé, pour la formation professionnelle des enseignants, des projets transversaux entre les disciplines (en particulier géographie, histoire, sciences sociales, mathématiques), dans l'optique d'assurer la continuité de l'apprentissage au sein du premier cycle d'instruction. De cette façon, du matériel de travail expérimental a été produit successivement dans les classes puis mis à disposition pour approfondissement sous le signe de l'innovation méthodologique. Dans le groupe scolaire d'Ulignano à Sienne, l'expérimentation sur le cursus vertical est née de l'exigence concrète d'un groupe d'enseignants de maternelle et primaire de requalifier une réalité locale, caractérisée par un manque général de structures (salles, laboratoires, ordinateurs...) et par une alternance continue d'enseignants à durée déterminée. L'organisation des départements (langue, histoire et activités expressives, sciences et technologies, mathématiques, géographie et éducation motrice) non seulement a favorisé le passage progressif entre les niveaux, mais a également renforcé les liens entre les enseignants, surtout en relation au thème de l'évaluation des élèves, transversal dans tous les contextes disciplinaires. En décembre 2011 l'école a obtenu le « Prix d'école de qualité » pour son initiative *Couleurs, signes, continuité.*

Tout ceci témoigne que l'innovation de qualité naît du bas, des besoins réels de ceux qui vivent l'école au quotidien, et est en mesure de s'exprimer à des niveaux élevés.

2. Tripartition

En vue d'une instruction de qualité pour tous et pour chacun la proposition de révision concerne, outre les cycles et la verticalisation du cursus, l'articulation des filières de l'enseignement secondaire supérieur. La division en lycées généraux, lycées techniques, lycées professionnels et instituts de formation dépendant des Régions, qui correspond à une partition des savoirs et des débouchés professionnels, représente une richesse de l'offre du système scolaire italien, mais en même temps cela peut constituer un piège culturel. Depuis quelque temps, on débat de la façon dont est structuré le second cycle d'instruction. Toutefois on ne met pas en doute l'existence ou la fonctionnalité d'une préparation, qui à cette étape doit laisser de la place à l'approfondissement et à la spécialisation de connaissances et de compétences; il s'agit plutôt de remarquer la persistance en Italie d'une véritable hiérarchie culturelle entre les filières, qui remonte au siècle dernier. C'est-à-dire à la réforme mise en place en 1923 par Giovanni Gentile, qui prévoyait la séparation entre le lycée général, destiné à former la classe dirigeante du pays dotée de culture classique, et les établissements techniques et professionnels, destinés aux classes populaires riches en compétences pratiques valorisables dans le monde du travail. Les fondements théoriques et pédagogiques de cette réforme étaient d'ordre philosophique. Giovanni Gentile les avait énoncés dans son essai de 1902, *L'unità della scuola media e la libertà degli studi (L'unité de l'école moyenne et la liberté des études)*, où il soutenait que l'école, en tant que siège de la formation de l'esprit, était libre au même titre que l'essence même de l'esprit. Selon Gentile, puisque l'universalité de l'esprit ne se disperse pas dans la multiplicité des individus, hormis le risque d'arbitraire et d'anarchie, l'individu est libre en tant qu'esprit, c'est-à-dire en tant qu'il met en œuvre cette raison concrète et historique qu'est la spécificité humaine. La liberté de participer à la dimension politique n'est réservée qu'à des hommes semblables. Aussi, il affirme que seuls l'école élémentaire et le collège concourent à «former l'esprit pris dans son intégrité, la première pour une formation initiale, le second pour une formation achevée»; tandis que les autres ne sont que des établissements spéciaux qui développent «une partie, un moment singulier de l'esprit». En cohérence avec sa conception théorique de l'éducation, il défend une formation classique et humanistique pour ceux qui sont appelés à guider la société et l'État. Il écrit: «Les études secondaires sont par nature aristocratiques, dans le bon sens du terme; des études pour quelques-uns, pour les meilleurs, τ ο ν α ρ ι σ τ ο ν *(le mieux)*; qui préparent aux études scientifiques désintéressées; qui ne peuvent revenir qu'à ces quelques-uns, dont l'esprit les destine de fait, ou le patrimoine et l'affection des familles prétendent destiner, au culte des plus hauts idéaux humains»[1]. Pour la majorité des élèves, masse variée, diversifiée et excessive – dira-t-il dans son discours de 1905 à la section napolitaine de la Fédération Nationale des Enseignants du Collège (FNISM) – il faut prévoir des écoles commerciales, industrielles, professionnelles, agricoles et techniques, c'est-à-dire une instruction pratique et utilitaire, visant à l'exercice d'une profession ou d'un métier. Pour résumer, l'État offre aux quelques élèves méritants des écoles modèles qui doivent être «peu nombreuses, mais bonnes, et je pourrais dire: peu nombreuses, mais des écoles». Qui en plus ne sont pas envahies «par les femmes qui désormais s'entassent dans nos universités et qui, il faut le dire, n'ont pas et n'auront jamais ni cette originalité audacieuse de la pensée ni cette vigueur d'esprit fervente qui sont les forces supérieures, intellectuelles et morales de l'humanité, et doivent être les gonds de l'école qui forme l'esprit supérieur du Pays»[2].

Une autre époque? Bien sûr, mais pas uniquement. Ces thèses qui défendent la «culture» des «destinés» et des «élus» sont récurrentes. Je pense à Pietro Citati, qui s'est plusieurs fois exprimé en résonance avec ces principes sacrés, parlant de quelques élèves qui «auraient pu être menuisiers, plombiers, encadreurs, électriciens [...]. Qu'ensuite il existe quelque chose qui s'appelle "pensée", cultivé pendant des siècles par Platon, Spinoza ou Musil, ça, ils ne l'avaient jamais su»[3]. Donc, la culture est Platon; les autres peuvent bêcher ou, tout au plus, s'adonner à une exécrable technique manuelle. Qu'on puisse apprendre à penser à un encadreur, ce n'est pas de ce monde.

Malheureusement, la graine semée par Gentile non seulement a poussé et pousse encore, mais en plus elle a introduit le

1. G. Gentile, «L'unità della scuola media e la libertà degli studi» (1902), in *Opere complete di Giovanni Gentile*, Fondation Giovanni Gentile pour les Études philosophiques, vol. XL, pp. 1-39. Pour un approfondissement sur le débat de l'école italienne avant et après la réforme Gentile, cf. J. Charnitzsky, «Fascismo e scuola. La riforma scolastica del régime (1922-1943)», *La Nuova Italia*, Florence, 1996.

2. Cit. in P. Genovesi, *La riforma Gentile tra educazione e politica. Le discussioni parlamentari*, Corso, Ferrara, 1996, p. 58.

3. P. Citati, «Da Berlinguer alla Moratti: il grande disastro dell'università», in *La Republica*, 8 juin 2004.

germe de la disparité et de la discrimination : ce modèle social d'école n'a pas totalement cessé d'exister ; cette fonction éducative d'instruction a du mal à être dépassée. N'est-il pas vrai qu'en fin de 4e on suggère aux plus doués de choisir une filière générale, tandis qu'on oriente ceux qui le sont un peu moins vers le secteur technique, ceux qui ont du mal à apprendre vers la filière professionnelle ? La *communis opinio* (qui correspond en partie à la réalité) que les lycées généraux sont plus difficiles mais plus qualifiés pour garantir une meilleure réussite dans les études universitaires et les futures activités professionnelles n'est-elle pas diffuse ? Que ces lycées sont mieux placés pour façonner l'élite du pays, par rapport à la formation technique et professionnelle, plus simple, réservée à des élèves moins capables, qui auront plus tard des rôles intermédiaires ou subalternes ? Il suffit d'analyser les inscriptions au lycée : ceux qui choisissent les filières générales ont terminé le collège avec une bonne évaluation ; les élèves des lycées techniques avaient des notes moyennes ; enfin, ceux qui s'orientent vers un apprentissage professionnel sont péniblement passés en classe supérieure. Heureusement, les exemples de réussites universitaires et professionnelles d'élèves n'ayant pas suivi une filière générale ne manquent pas.

Ainsi, avec l'intention légitime de garantir à chacun des chances égales en termes de savoir et de formation, à gauche quelqu'un a formulé l'hypothèse d'un cursus unique pour les deux premières années du lycée (équivalents de la 3e et la 2nde), désormais obligatoire. Cette initiative ne m'a pas semblée convaincante, parce que peu raisonnable et difficile à mettre en pratique. Par exemple, dans le cas de la filière littéraire, l'enseignement du latin et du grec, prévu dès la première année, s'étendrait en cas d'uniformisation à toutes les autres filières ou serait exclu pour tout le monde en faveur d'autres matières, toujours obligatoirement communes. La faiblesse théorique de la proposition est qu'elle confond d'un côté l'égalité culturelle du cursus, la dignité du plan d'études et de la préparation de l'élève, de l'autre l'unicité du cursus, c'est-à-dire des matières identiques pour l'instruction générale, technique et professionnelle. Or dans l'école de la centralité de l'apprentissage, l'objectif à poursuivre n'est pas inspiré par une velléité égalitaire préconstituée, qui nie les nécessaires différences propres aux différentes filières ou ne saisit pas la prégnance culturelle de chacune. Il s'agit plutôt de garantir la même qualité de l'éducation, dans l'hétérogénéité disciplinaire et dans la diversité des cursus.

Bien sûr, la question de la valeur culturelle et sociale de l'école est ardue. Toutefois, elle peut être réglée par un réexamen prudent des cursus, qui d'un côté maintienne l'articulation des filières, de l'autre tempère les facteurs de déséquilibre de cette distinction. En effet, la hiérarchisation est non seulement inique pour la dispersion du capital humain, mais aussi peu fonctionnelle à cause de la dépense économique qu'elle engendre. Le vrai problème est alors de réélaborer le concept de culture, au-delà de la dichotomie anachronique entre études humanistiques et études scientifico-technologiques ; ensuite, il faut reformuler des approches cognitives qui dépassent l'opposition rigide entre savoir et faire, corps et esprit, méthodes abstracto déductive et empirico inductive, sur laquelle l'école socialement sélective s'est construite ; enfin, il faut réorganiser toute l'action didactique. Tous les savoirs ont la même valeur dans la construction du patrimoine de connaissances et de compétences de l'élève en termes de réflexion conceptuelle ou d'opérativité pratique. Aussi, la solution présentée pour que les filières aient toutes la même épaisseur intellectuelle ne consiste pas à ajouter telle ou telle matière, ne consiste pas à contaminer toutes les classes de tous les établissements avec l'œuvre d'Homère ou la philosophie de Socrate, avec le risque que cette inclusion soit perçue comme un corps étranger ou une pédanterie formelle. Il s'agit de reconnaître aux multiples savoirs la même configuration intellectuelle et formative ; de pénétrer théoriquement les différentes disciplines ; de fertiliser à travers une dimension opérationnelle tous les parcours scolaires ; de contaminer d'un point de vue épistémologique et méthodologique tout le système disciplinaire. De cette manière chaque matière, de façon progressive et à différents degrés selon le type d'établissement, sera l'objet d'étude intellectuelle et d'expérience pratique de l'apprentissage de l'élève.

Face à des problématiques analogues, dans de nombreux pays européens, les difficultés sont dépassées grâce à des solutions équilibrées pour toutes les études secondaires. Dans certains cas l'organisation de la formation technique et professionnelle est attentive non seulement au profil pratique mais aussi au profil théorique, avec une osmose fructueuse avec d'autres filières, et même la possibilité de passer d'un genre d'instruction à un autre ; ou bien l'attention est portée sur la verticalité de choix successifs à opportunités égales, ce qui prouve leur compatibilité éducative réciproque. En d'autres termes, s'il existe une volonté politique disposée à garantir ce résultat, les recherches qualifiées et les expériences significatives ne manquent pas.

En Italie aussi il existe des initiatives qui montrent la possibilité de tels itinéraires, surtout dans le cadre institutionnel de l'autonomie scolaire ou dans le cadre de la flexibilité des cursus. Ainsi, les 20 % assignés aux écoles et l'optionalité consentie aux élèves des trois dernières années (de l'équivalent de la 1re à l'année du bac, qui se passe à 19 ans), de même que l'attention portée au rapport entre le fait que le bac représente une fin et la continuation des études, représentent des opportunités significatives pour mettre en œuvre le cursus de base et élargir l'éventail de l'offre culturelle, dans l'optique d'un juste équilibre entre préparation générale et spécificité de la filière.

Par exemple, à l'Institut Technique Agricole Emilio Sereni de Rome, en 2011-2012 la troisième année (équivalent de la 1re) de la filière œnologique a participé au projet d'Italia Nostra « Le paysage raconté par les jeunes », en travaillant sur *Les transformations du Paysage viticole des Monts Prenestini dans la deuxième moitié du* XXe *siècle*. Le choix du sujet répondait à la double exigence de favoriser chez les élèves une connaissance plus consciente du territoire où ils vivent, et en même temps d'approfondir des aspects spécifiques de leur spécialisation. Il a permis de réfléchir sur la complexité du concept de « paysage » et sur les différentes approches pour le définir. L'étude a concerné l'évolution de la conception esthétique du « beau dans la nature », contenue dans la loi n° 1497 de 1939, jusqu'à la conception du paysage comme patrimoine culturel de la nation, présent dans l'art. 9 de la Constitution italienne, jusqu'à la reconnaissance de sa pertinence dans la Charte Européenne du Paysage de 2000. L'action didactique, organisée à travers des cours magistraux, des sessions en laboratoire, du travail individuel et de groupe, a eu lieu durant et en dehors des horaires de cours propres à la filière. Elle prévoyait des moments d'interdisciplinarité en sciences, chimie, agronomie, entreprise agricole, des rencontres avec des professionnels du monde de l'œnologie, une visite d'une entreprise du secteur, filmée par une troupe de la RAI[1]. Au terme des activités, les élèves ont acquis une conscience de la valeur historique, artistique et économique du territoire étudié, mais aussi de l'importance de la tutelle et de la sauvegarde du patrimoine comme bien commun. Enfin, d'un point de vue méthodologique, ils ont compris les difficultés du travail de recherche et d'expérimentation, ainsi que la rigueur nécessaire pour le mener à bien.

3. Orientation

Dans ce contexte, l'orientation fait partie intégrante à la fois du cursus des 6 à 16 ans et de celui des trois dernières années du lycée : en effet, elle est déterminante pour accompagner les différentes phases de l'enfance, de la préadolescence et de l'adolescence. Elle reconnaît les véritables aptitudes de l'élève et accompagne ses choix successifs. Elle favorise un meilleur rendement global de l'école. Une orientation attentive permet à l'élève d'acquérir des compétences de citoyenneté et la conscience de sa propre autonomie et de ses responsabilités ; dans les faits, elle est déclinée selon différentes exigences. Pour le premier cycle, l'orientation vise à éviter des retards ou de mauvaises décisions ; la première année du secondaire (équivalent de la 3e), elle vise à récupérer ou réaligner les compétences de base, tandis que la deuxième la réorientation se fait en vue du deuxième cycle de deux ans (1re-Terminale), durant lequel elle aura pour but de mettre en évidence les particularités de

1. La réalisation du sujet RAI, diffusé le 19 avril 2012, est visible en ligne sur le site http://www.raiscuola.it/articoli/scuola-eco-una-scuola-green-listituto-technico-agrario-emilio-sereni/14195/default.aspx

l'élève en vue de son ouverture future au monde de l'université ou du travail[1].

Dans tous les cas, on peut espérer que l'orientation valorise aussi le mérite et l'excellence, catégories constitutives de l'activité éducative, de façon à ce que les élèves particulièrement impliqués ou doués soient reconnus et appréciés, aussi bien au moment de l'évaluation qu'à travers une stratégie spécifique, qui ne se contente pas de récompenser. Cela serait très gratifiant pour eux et profitable pour l'Italie de prévoir une organisation didactique personnalisée avec des parcours accélérés, des programmes individualisés, un soutien didactique et, au besoin, économique. Toutefois, il faut préciser que la question du mérite et de la valorisation de l'excellence est parfois présentée dans le cadre d'une politique de restauration, dans des termes non pas de sélection de la qualité mais d'exclusion des faibles, avec une connotation discriminatoire, qu'on peut résumer dans l'expression « Inutile de perdre du temps avec ceux qui ne le méritent pas ! ». L'éducation vise avant tout à favoriser la prédisposition naturelle de l'être humain à connaître et apprendre ; une bonne formation scolaire créera les meilleures conditions pour faire émerger le talent de tous les élèves qui, dans des circonstances moins favorables, resterait enfoui. À travers l'orientation, la *learning centred éducation* se propose donc de promouvoir la croissance intellectuelle et le mérite pour tous (*unicuique suum*), sans pour autant tomber dans le risque du slogan ou de l'utopie, mais dans l'optique d'atteindre l'équilibre entre qualité et équité.

Ici, la centralité de l'apprentissage va dans le sens du Piano Lauree Scientifche (Plan Diplômes Universitaires Scientifiques,

---

1. Pour approfondir le thème de l'orientation à l'école et au travail, central en ce moment pour la croissance de l'Italie et pour le développement professionnel des individus, je renvoie à la documentation de l'Institut pour le développement de la formation professionnelle des travailleurs (ISFOL). En particulier, le projet de recherche sur l'orientation en Italie a donné vie à trois Rapports en 2009, 2010 et 2011. Ils informent de façon complète et détaillée de la nécessité du lien entre système scolaire, monde de l'université, de l'apprentissage et de l'alternance pour saisir les défis et les opportunités du marché du travail dans un contexte politico-institutionnel national et européen. La sortie de chaque volume a été accompagnée de la publication en ligne des Archives Nationales de l'Orientation, qui contiennent l'annuaire des structures offrant des services d'orientation en Italie, mis à jour chaque année et consultable sur le site du projet : www.rapporto-orientamento.it

dit PLS), formalisé par le Ministère de l'Instruction, de l'Université et de la Recherche pour 2009-2012, à la suite des résultats positifs et encourageants obtenus avec l'expérimentation du précédent Progetto Lauree Scientifiche (Projet Diplômes Universitaires Scientifiques)[1]. S'adressant aux élèves des trois dernières années du lycée, le PLS actuel entend également augmenter le nombre d'étudiants motivés et compétents s'inscrivant dans les facultés scientifiques. Pour cela, il s'agit de systématiser les pratiques qui se vérifient déjà ; introduire des actions d'innovation des cursus visant les programmes et les méthodologies d'enseignement/apprentissage des disciplines scientifiques, y compris par rapport aux nouvelles *Indications nationales* pour les Lycées généraux et aux *Lignes directrices* des lycées techniques et professionnels ; enfin, renforcer les confrontations entre école et université d'un côté, université et monde du travail de l'autre. L'objectif stratégique du PLS sous-tend une double intention : d'orientation des élèves, de façon à leur offrir l'opportunité d'approfondir des connaissances et compétences spécifiques en vue de leur permettre d'opérer des choix conscients, universitaires et professionnels ; de formation des enseignants, dans le but de perfectionner leur savoir disciplinaire et interdisciplinaire ou de mettre à jour leur capacité à motiver les élèves pour l'apprentissage des matières scientifiques. Pour poursuivre ces finalités, le PLS maintient les idées qui l'ont porté, et qui se sont montrées très efficaces dès

1. Le Progetto Lauree Scientifiche, né en 2004 de la collaboration entre le Ministère de l'Université et de l'Instruction, la Conférence Nationale des Doyens de Sciences et Technologies et Confindustria (Confédération nationale de l'industrie italienne), avait pour motivation initiale d'augmenter les inscriptions en facultés de Chimie, Physique, Mathématiques et Sciences des matériaux pour 2005-2008. Il a réalisé des actions d'orientation pour les élèves et de formation pour les enseignants à travers 100 sous-projets. Les activités, réparties sur tout le territoire national, ont impliqué environ 3000 établissements, 38 universités, 4000 professeurs de lycée, 1800 professeurs d'université et des référents locaux. Il faut rappeler que les inscriptions dans les facultés concernées ont augmenté de façon significative : + 70 % en Sciences Mathématiques (L-35) ; + 14 % en Sciences et Technologies physiques (L-30) ; +33 % en Sciences et Technologies chimiques (L-27). Même si ce phénomène ne peut être entièrement attribué au Projet, il s'agit d'un fait positif auquel il a sans aucun doute contribué. Pour plus d'informations sur le Plan national des Diplômes Universitaires Scientifiques ou pour la consultation des Lignes directrices du PLS, voir le site : www.laureescientifiche.miur.it

l'expérimentation 2005-2008. Elles sont donc reportées, telles qu'elles figurent dans les *Lignes directrices*, soit :

– concevoir l'*orientation* non pas comme quelque chose *qui est fait aux élèves* mais comme une action *que fait l'élève*, à partir d'une activité significative qui lui permet de se confronter aux thèmes, problèmes et idées des disciplines scientifiques ;

– concevoir la *formation des enseignants* non pas comme quelque chose *qui est fait aux enseignants* mais comme une activité propre des enseignants qui part de problèmes concrets, se développe à travers le projet et la réalisation d'activités didactiques et à travers la confrontation avec des collègues et des experts, et se complète par des modules spécifiques de leçons théoriques et par l'élaboration de critique individuelle ;

– poursuivre en même temps l'orientation des élèves et la formation des enseignants, à travers le projet et la réalisation conjointe par des enseignants des écoles et des universités de laboratoires pour élèves, développant ainsi les relations entre les systèmes scolaire et universitaire.

Parmi tous les projets et expériences, je reporte ici quelques exemples où le rôle clé joué par les élèves et enseignants, la coopération entre écoles, universités et territoires, ainsi que la promotion de l'activité en laboratoire, illustrent ce qui a été identifié par le PLS. Les élèves du Lycée Classique Torquato Tasso de Rome ont lancé avec l'Université Tor Vergata un travail de récupération, catalogage et valorisation de la grande collection historique d'instruments de physique qui a été donnée à l'établissement mais est longtemps restée inaccessible et inutilisée. Ils ont établi un catalogue photographique des instruments, accompagné d'une documentation synthétique sous forme de fiche historique et fonctionnelle pour identifier leur champ d'application. La restauration de la fonctionnalité d'une partie des instruments a permis la réalisation d'expériences simples pour montrer certains principes fondamentaux de la physique. Cette activité a été immortalisée dans deux films courts où les élèves ont tour à tour illustré les aspects de la physique à travers l'utilisation directe des instruments et la contamination en laboratoire entre aspects théoriques et pratiques du savoir. Au Lycée Scientifique Galileo Galilei de Dolo à Venise, un projet visant la communication scientifique *peer to peer* et l'apprentissage de la science en laboratoire a été mené en collaboration avec la Faculté des Sciences des matériaux de l'Université de Venise : *Mettre en scène un scénario scientifique*. Les élèves ont rédigé un rapport à partir d'une expérience proposée par les enseignants du lycée et de l'université, qui consistait à reproduire en laboratoire une superficie artificielle hydrofuge, semblable à celle des feuilles de lotus, à travers la création d'un miroir d'argent à caractéristiques hydrophobiques. Le texte, simple et direct, mais scientifiquement correct, a été présenté sous forme de nouvelle dans un journal télévisé – tourné au sein de la direction du lycée et accompagné de sigles et vidéos se déroulant dans le lycée – durant lequel deux jeunes filles interviewées ont expliqué les différentes opérations à accomplir pour fabriquer le miroir d'argent hydrophobique. Ces deux expériences attestent que la participation directe au parcours didactique peut faire mûrir chez l'élève le choix conscient d'une filière scientifique.

Le Lycée Scientifique Pitagora de Rende, dans la province de Cosenza, a réalisé avec l'Université de Calabre le projet *Comment la chimie et la physique se renforcent mutuellement sans s'ennuyer*. Il consistait en deux séries d'activité : dans la première, l'expérimentation visait à analyser la présence de quinine dans une boisson courante, révélée en utilisant une lampe de Wood, c'est-à-dire une source lumineuse qui émet des radiations électromagnétiques, surtout dans la gamme des ultraviolets et non visibles à l'œil nu. Utilisée pour éclairer des matériaux sur lesquels une radiation ultraviolette induit des effets de fluorescence et de phosphorescence, la lampe de Wood explique, par exemple, le fonctionnement de la machine qui valide les billets de banque ou les permis de conduire, en émettant des phénomènes lumineux si ces derniers ne sont pas contrefaits. L'expérience intitulée *La chimie et la physique au service du citoyen*, accompagnée d'une recherche scientifique soignée, a été documentée par les élèves qui ont choisi la technique du *slides-show*. Dans la seconde série d'activités, les élèves sont partis de la question « les cristaux liquides font-ils partie de notre monde ? ». Guidés par des professeurs et chercheurs de l'université, ils ont appliqué un protocole de recherche sur la nature des cristaux liquides et sur leurs applications dans la vie quotidienne. Sachant que les composés, dissous dans un solvant approprié et dans un certain intervalle de concentration, sont appelés cristaux liquides et qu'ils existent entre la phase solide cristalline et la phase liquide isotrope, dite « phase de transition », les élèves ont affronté d'autres thématiques comme la polarisation de la lumière, les polarisateurs et les filtres polarisateurs, jusqu'à arriver à expliquer le principe de fonctionnement des écrans télé ou des PC à cristaux liquides ou des lunettes de soleil à verres polarisés. Le parcours, qui s'est conclu par une expérimentation sur la « synthèse d'un cristal liquide », a approfondi des notions importantes et complexes de la physique et de la chimie avec un double objectif : d'un côté améliorer la connaissance de concepts et méthodes d'enquête scientifiques ; de l'autre comprendre les lois physiques et chimiques qui sont au fondement de notre monde.

La collaboration et le partage de ressources et d'outillage didactique entre le Lycée Classique Giacomo Leopardi de Recanati, le Lycée Scientifique Galileo Galilei de Macerata et l'Institut d'Instruction Supérieure Francesco Filelfo de Tolentino, avec l'Université de Camerino et la Police scientifique, ont conduit à la réalisation dans le lycée de Recanati d'un *Laboratoire de didactique de la physique* où se sont déroulées les activités suivantes : élaboration de parcours de didactique de la physique pour élèves et professeurs des lycées ; leçons universitaires par la Faculté de Physique ; cours de perfectionnement pour professeurs des lycées ; mémoires pour les étudiants universitaires en physique. À travers ce projet, les relations école-université, qui se réduisaient auparavant à la seule activité d'orientation des élèves durant une semaine en février au sein de l'université, se sont prolongées, impliquant de nombreux professeurs de l'université de différentes matières scientifiques, réellement intéressés par les problèmes des lycées, de la didactique et de la diffusion de la recherche. Les séminaires disciplinaires et interdisciplinaires sur les récentes recherches en physique, avec démonstrations expérimentales, ont donné du sens à la rencontre des mondes scolaire et universitaire, alimenté de nouvelles réflexions sur l'enseignement et débouché sur des solutions efficaces pour l'apprentissage, en plus de concrétiser une forme authentique d'orientation pour et avec les élèves.

5.

De l'école transmission à l'école laboratoire

La transmission aujourd'hui utilisée
par les connaissances concerne de belles chevelures d'arbres sans racines,
bonnes pour les menuisiers, pas pour les jardiniers.
Francis Bacon

1. Didactique par problèmes

Dans les chapitres précédents, on a vu que l'affirmation de l'éducation centrée sur l'apprentissage passe par l'autonomie scolaire et la flexibilité des cursus. En particulier pour cette dernière, renforcer la verticalité des cycles scolaires et l'horizontalité de l'organisation des programmes et des méthodes présuppose une réflexion sur la complexité et l'ampleur des savoirs dans la situation actuelle.

Quelle culture est à la fois en mesure aujourd'hui de répondre à la demande de connaissance provenant de la société contemporaine et de faire face à la rapide expansion de notions et d'informations pour comprendre le présent et envisager le futur? En d'autres termes: qu'est-ce qui est vivant et qu'est-ce qui est mort dans l'univers disciplinaire transmis et codifié du système éducatif en vigueur? Jusqu'à quel point faut-il déconstruire et reconstruire les matières étudiées, pour écouter et accompagner les aspirations des jeunes générations?

Il est désormais acquis que le phénomène de la mondialisation a changé le cadre du savoir et de l'accès au savoir: le développement des connaissances est global, l'interprétation de la réalité est globale, pas seulement dans les domaines économique et de la communication, mais aussi dans celui de la formation, qui doit être conçue, réexaminée et par de nombreux aspects réorganisée à la lumière de cette nouvelle perspective[1]. Et il faudra savoir s'adapter, si l'on veut créer une école de qualité, puisque la vitesse et l'hétérogénéité des changements requièrent un processus continu de vérification et de modification épistémologique : au XXIe siècle, les analphabètes ne seront pas ceux qui ne sauront ni lire ni écrire, mais ceux qui ne pourront pas apprendre, désapprendre et réapprendre. Pour le dire comme Zygmunt Bauman, « D'après moi aujourd'hui nous sommes projetés dans une condition perpétuellement "révolutionnaire". Notre connaissance est dans un état de "révolution permanente" »[2].

Nous sommes face à une société des connaissances, plutôt que de la connaissance, caractérisée par un risque de parcellisation et de séparation des savoirs. L'idée qu'il faudrait réformer la pensée avant même de réformer l'éducation semble cruciale pour de nombreux chercheurs, à commencer par Edgar Morin. Il a consacré une grande partie de son œuvre à chercher la « méthode » en mesure de saisir les nœuds et les relations de la complexité de la pensée, mais aussi à élaborer une théorie de la connaissance capable d'expliquer concrètement et avec « pertinence » les problèmes fondamentaux de l'individu, du citoyen et de l'être humain[3]. En effet, dans la

1. Cf. l'ouvrage de G. Bocchi et M. Ceruti, *Educazione e globalizzazione*, Raffaello Cortina, Milan, 2004, où les deux auteurs, à partir des concepts de « complexité » et d'« ère planétaire » d'Edgar Morin, traitent la question de l'éducation aux temps de la mondialisation à travers les trois clés de lecture de l'interdépendance, l'imprévisibilité des mutations et la conscience.

2. Z. Bauman, *Conversazioni sull'educazione*, en collaboration avec R. Mazzeo, Erickson, Trento, 2012, p. 31. L'intellectuel passe de la réflexion philosophique et épistémologique à la réflexion économique et sociologique, aussi bien pour s'interroger et nous interroger de façon « globale » sur le rôle de l'éducation et des éducateurs au troisième millénaire, que pour répondre aux besoins des nouvelles générations aux prises avec les incertitudes de l'avenir dans une société « liquide ».

3. Cf. l'ouvrage d'E. Morin, *Les sept savoirs nécessaires à l'éducation du futur*, Le Seuil, Paris, 2000, où, rappelant une partie des thèses exposées dans ses précédents travaux, en particulier *La tête bien faite*, Le Seuil, Paris, 1999, l'auteur identifie sept approches fondamentales pour redessiner la structure

société de l'apprentissage, il faut savoir, bien sûr, mais avant tout il faut comprendre : pour concevoir global et local, pour s'ouvrir aux autres et vivre ensemble, pour affronter la vie et faire des choix, un renouvellement culturel et éducatif est nécessaire, qui dépasse l'excès de notions, le manque de communication entre les disciplines et la fragmentation des contenus. En ce sens, la réforme de l'éducation présuppose une réforme de la pensée : l'école éduque si elle a été éduquée, forme si elle a été formée. Dans le fond, Marx se posait déjà la question : « Qui éduquera les éducateurs ? ».

D'autre part, pour développer les mécanismes de participation des élèves, il ne suffit pas d'individualiser et de personnaliser l'éducation, il faut aussi motiver et passionner pour le savoir. Il est certain que les élèves apprennent plus et mieux quand ils ont en tête les questions fondamentales pour lire le passé, les thématiques pertinentes pour décoder le présent et les arguments convaincants pour se projeter dans le futur. Et il est tout aussi certain qu'ils apprennent encore mieux quand ils trouvent une façon d'apprendre plus engageante et stimulante pour satisfaire leur besoin de curiosité et de connaissance. Pour former, éduquer, il est décisif d'inclure, en plus de l'effort et de la rigueur, une composante attractive dans la proposition des thèmes et des méthodes. On le sait depuis l'Antiquité et cela a été répété, entre autres, par Antonio Gramsci lui-même : sans application ni effort, il ne peut y avoir de succès dans l'apprentissage scolaire. Mais on sait aussi que l'intérêt représente un élément constitutif du processus cognitif, parce qu'elle mobilise les ressources intérieures de l'élève et favorise son meilleur rendement, y

épistémologique et l'enseignement de toute société et culture. « Ces sept savoirs permettent d'intégrer les différentes disciplines enseignées ainsi que de stimuler les développements d'une connaissance afin que les élèves puissent développer des facultés de compréhension d'autrui et relever les défis de la vie individuelle, culturelle et sociale ». Les thématiques éducatives concernent : la limite, l'erreur et l'illusion de la connaissance ; la connaissance « pertinente » ; la condition humaine ; l'identité « terrestre » ; l'imprévu et l'incertitude ; la compréhension ; l'éthique du genre humain. Sur ce dernier argument, il dit : « L'enseignement doit amener à une « anthropo-éthique » par la considération du caractère ternaire de la condition humaine, qui est d'être à la fois individu, société et espèce » (Ivi, p. 4).

compris sur les plans neuro-physiologique, comportemental et relationnel. Une réflexion sérieuse sur la fonction éducative ne peut faire abstraction de cette considération qui, loin d'être utilisée en ne proposant que des sujets captivants, fonde en revanche sa légitimité théorique sur les recherches scientifiques les plus reconnues.

D'où la nécessité, pour mettre en œuvre l'éducation centrée sur l'apprentissage, non seulement d'une nouvelle composition disciplinaire de « quoi » apprendre, mais aussi d'un renouveau méthodologique sur « comment » apprendre : en ce sens, le rapport entre contenus et méthodes a besoin d'un examen approfondi pour identifier les liens et indiquer les moments d'« unité articulée » et de « synthèse intelligente » entre les savoirs à travers une approche récurrente entre savoirs, formation et didactique. Au chapitre précédent on a parlé de la transversalité, qui est un des moyens pour garantir la vision unitaire du savoir et la centralité de l'apprentissage. Toutefois, on peut en indiquer d'autres.

Dans ce contexte, par rapport à la nature traditionnellement transmissive de l'enseignement, aujourd'hui le savoir ne peut plus être répété statiquement par l'enseignant pour être acquis passivement par l'élève : il doit être organisé de façon dynamique et critique, pour pouvoir activer et conquérir la tête et le cœur des jeunes. Dans une école pour tous, la qualité est assurée si les élèves sont acteurs de leur parcours, pas s'ils restent de simples réceptacles de notions transmises. Il s'agit d'une innovation spécifique, parce que jusqu'ici les programmes scolaires étaient définis sur le critère d'adhésion des contenus de chaque matière à des indications standardisées ou à des manuels. Ceci a longtemps fonctionné pour l'instruction de la moitié de la planète. Toutefois, doctrine éducative et expérience didactique prennent de nouvelles voies pour éviter le double danger que l'enseignement uniquement transmissif peut générer à cause de l'ampleur et de la complexité des savoirs : d'un côté la dérive vers l'ignorance en occultant les connaissances nécessaires ; de l'autre l'inadéquation d'une instruction faite de cognitions fragmentaires déconnectées entre elles. Aujourd'hui, instruire n'est pas remplir un vase mais allumer un feu, comme la théorie pédagogique la plus éclairée le soutient depuis Plutarque. Pour concrétiser les objectifs de l'éducation centrée sur l'apprentissage, c'est-à-dire apprendre à apprendre, pour solliciter un esprit créatif et un sens critique, pour développer aptitudes et compétences, les connaissances sont nécessaires mais pas suffisantes. La manière dont elles s'apprennent, se métabolisent et font partie de la construction de nous-mêmes est également fondamentale. La manière ne peut être liée uniquement à la communication transmissive ou axiologique des contenus, elle doit aussi prévoir la présentation des disciplines à travers une didactique par problèmes. Cette méthodologie accentue chez l'élève non seulement l'attitude de recherche, visant à pénétrer le sens profond de chaque matière et à découvrir les relations avec les autres, mais aussi l'implication, dans la mesure où il est poussé à se poser des questions et à trouver des réponses selon les modalités prévues par le *problem posing, problem solving, brain storming*. Plutôt que s'arrêter à la répétition de données cognitives brutes fournies par les manuels, il peut avant tout connaître et comprendre les problèmes d'ordre épistémologique et culturel à la base des thèmes abordés. Par ailleurs, il peut imaginer des solutions en développant le recours à ses talents de curiosité et de créativité, innés en chacun de nous. Enfin l'élève, par son apport personnel et en interagissant avec les autres, construit sa connaissance, sa culture et sa profession ; il devient le protagoniste de son « être élève » et de son « devenir citoyen ». En ce sens, l'apprentissage comme découverte et conquête donne lieu à une école de citoyenneté active et démocratique.

Depuis quelque temps, diverses réalités scolaires promeuvent la didactique interdisciplinaire et la résolution de problèmes. Le parcours d'éducation environnementale du Lycée technique E. Santoni de Pise en est un exemple. Les élèves en deuxième année de la filière « Techniciens agricoles » ont affronté l'étude du sol, de son évolution et de sa composition à travers l'implication de la chimie, des sciences naturelles, des mathématiques et de l'italien. L'analyse de terrain pour évaluer la possibilité d'implanter des essences végétales dans une zone destinée à un espace vert a eu lieu aussi bien en classe, avec des enseignants de plusieurs disciplines, que lors de rencontres dans le cadre de l'éducation par les pairs adressés aux enfants de CM1 de l'école primaire du Groupe scolaire Leonardo Fibonacci, dans le cadre du projet «Écoles ouvertes» du Ministère, qui vise à ouvrir l'école au territoire. Les interventions, de même que l'encouragement à prendre la parole dans les discussions, la correction des cahiers de laboratoire, la préparation de notes ou la mise au point de présentations électroniques, visaient à maintenir l'attention des «plus petits», pour les guider dans les observations et pour les aider à comprendre. Mais tout ceci a également permis aux «plus grands» d'améliorer leurs compétences linguistiques, leurs capacités relationnelles et leur aptitude à gérer des situations ou à régler des problèmes.

Cette proposition de changement structurel et permanent de l'activité didactique présuppose une réflexion articulée sur l'ensemble des savoirs éducatifs, à l'instar des élaborations fructueuses en matière scientifique. Puisque le transfert de la portée des savoirs dans le cadre didactique n'est ni simple ni automatique, il faut également mettre à jour la mission de l'université du XXIe siècle. Construite sur l'unité entre recherche et didactique, selon la leçon du baron von Humboldt, elle a déterminé la chance et le succès de l'académie jusqu'à nos jours. D'un côté le présupposé humboldtien prévoit que les deux fonctions soient corrélées, sans toutefois qu'elles s'identifient, en préservant leur autonomie et leur spécificité. De l'autre, il se base sur la supposition que l'enseignant, formé scientifiquement en tant que chercheur ou porteur de contributions originales, continue dans le temps son activité de recherche pour pouvoir garantir aux élèves un enseignement toujours vivant.

Pourtant, aujourd'hui la situation a profondément changé par rapport au début du XIXe siècle. Dans les universités contemporaines les étudiants ne sont plus quelques dizaines par filière, mais des dizaines de milliers : actuellement, il y a environ 2 millions d'étudiants en Italie. Les exigences de la société des droits et de l'économie de la connaissance, ainsi que les objectifs fixés par l'Europe, demandent d'augmenter le nombre de diplômés de l'université de 40 % par classe d'âge en 2020. Ce mouvement, parallèle à celui de l'expansion scolaire, également stimulé par les besoins culturels et professionnels des citoyens, entame la nature même de l'université et met donc en crise le modèle humboldtien[1]. Personnellement, je pense que c'est une erreur de vouloir le «dépasser», comme soutiennent certains, mais que sans aucun doute il faut le revoir à la lumière du contexte actuel: ce n'est pas un hasard si l'on parle de «troisième mission» de l'université. Bien qu'il ne s'agisse pas d'affronter en profondeur ici un thème aussi important, on peut tout de même l'évoquer pour affirmer que la «didactique» acquiert aujourd'hui une autonomie scientifique et fonctionnelle beaucoup plus marquée que dans le passé, parce que le nombre d'étudiants et l'évolution des droits au savoir et au travail qualifié ont changé le cadre de référence. En ce sens qu'on ne peut pas interpréter l'enseignement universitaire dans le seul but, plus ou moins conscient, de préparer les élèves dont la vocation serait de devenir chercheurs dans leur discipline. En former un nombre restreint à la recherche est une chose; en former des dizaines de milliers en est une autre. Cela implique de préparer un ensemble de savoirs et de compétences utilisables par tous les étudiants au cours de leur vie professionnelle: c'est donc un projet totalement différent. Maintenant, une fois qu'on a sauvé la liberté constitutionnelle de l'enseignement et réitéré le principe que l'enseignement universitaire ne peut pas se décliner uniquement en termes de qualification professionnelle, il faut porter une grande attention à sa fonction de formation, qui a gagné en poids et en complexité. En effet, aujourd'hui elle ne peut pas se limiter à la simple transmission des habituels résultats épistémologiques consolidés par la recherche, mais elle doit choisir des contenus didactiques et des méthodes de communication en mesure d'assurer la conformité et l'efficacité à un spectre plus vaste et articulé de possibilités. Dans cette optique la «didactique» prend, en plus de sa valeur scientifique, la responsabilité sociale de l'objectif de formation, essentiel pour tous les secteurs disciplinaires, mais à plus forte raison pour les futurs enseignants. Voilà pourquoi il est important de décider d'affronter à l'université de façon constructive, cet argument si décisif. Il me semble qu'une bonne partie des universités en Europe et dans d'autres pays avancés

1. Pour une analyse récente de l'université, je renvoie à l'ouvrage collectif dirigé par G. Capano et M. Meloni, *Il costo dell'ignoranza. L'università italiana e la sfida Europa 2020*, Il Mulino, Bologne, 2013.

du monde a pris cette direction, c'est-à-dire celle de changer son organisation didactique. Ceci a eu lieu il y a longtemps, ou récemment. En Italie, les résistances sont encore majoritaires. Quoi qu'il en soit, ceci constitue désormais une nécessité claire pour construire l'université de demain, comme le mettent en évidence, entre autres, le « Processus de Bologne » et la naissance de l'« Espace européen de l'instruction supérieure ».

2. L'apprentissage coopératif

L'affirmation de l'éducation centrée sur l'apprentissage prévoit le dépassement d'une vision uniquement transmissive de l'enseignement, aussi bien à travers l'adoption de contenus disciplinaires par problèmes, on l'a vu, qu'en renforçant tout ce que l'expression « éducation coopérative » inclut dans le processus d'apprentissage : méthodes collaboratives, *éducation par les pairs, éducation renforcée par les pairs (empowered peer-education), tutorat par les pairs,* moments collectifs en plus des moments individuels. D'un côté ce nouveau modèle éducatif considère la nécessité d'élever la culture et les capacités personnelles, y compris en recourant à des modalités d'engagement existentiel (comme la pratique narrative de l'autobiographie[1]) ou d'autoformation (comme la réflexion métacognitive[2]). Ceci

1. F. Cambi, *L'autobiografia come metodo formativo*, Laterza, Rome-Bari, 2002 : l'auteur met en évidence la valeur formative de la pratique autobiographique, qui offre à la pédagogie et à la recherche éducative la possibilité d'un côté de mettre au centre du processus le protagonisme du sujet, surtout quand il s'agit de l'éducation des adultes, de l'autre d'indiquer de nouvelles approches pour les enseignants à la recherche d'une nouvelle identité, qui ne soit plus liée au modèle autoritaire, traditionnel et transmissif mais bien plus prismatique et problématique.

2. C. Cornoldi, *Metacognizione e Apprendimento*, Il Mulino, Bologne, 1995 : ce texte volumineux, fruit d'une dizaine d'années d'études, traite les aspects de la métacognition (c'est-à-dire la réflexion sur comment on connaît et ce qu'on connaît), composante fondamentale du fonctionnement psychique de l'homme et donc stratégie indispensable pour les processus d'apprentissage, du point de vue à la fois de la recherche théorique et de l'enquête expérimentale. L'auteur analyse les aspects pratiques de la métacognition de l'apprentissage, en particulier dans les activités comme la mémorisation, la compréhension du texte, le *problem solving* et en général dans l'organisation du travail. D'où l'invitation adressée par l'auteur au monde de l'école et aux enseignants d'adopter

permet d'apprendre à mieux se connaître et donc à adopter une attitude positive envers le fait d'étudier. Pour étudier efficacement, il faut parfois une concentration qu'on atteint mieux individuellement ; de sorte qu'une partie de la culture pédagogique en légitime l'adoption comme forme unique d'apprentissage de façon à éviter la distraction et la dispersion des étudiants, surtout les plus doués. De l'autre, ce modèle évalue la propension à agir avec les autres, à coopérer en groupe, à partager des connaissances, des émotions, des expériences : en effet, ceci est essentiel pour renforcer les capacités sociales et cognitives, pour s'impliquer et participer, et pour consolider le sens d'identité et de communauté. En effet, la didactique exclusivement transmissive augmente l'isolement de l'individu, affaiblit – voire rend vaine – l'aspect communautaire de la classe, oubliant que le jeune est par nature un animal social. Toutefois, le but ici n'est pas d'analyser les différentes formes d'apprentissage coopératif mais d'en accueillir les élaborations théoriques en vue d'organiser l'activité éducative et d'en vérifier la validité à travers les réalisations pratiques pour améliorer chez les élèves la motivation, le savoir, la compétence, l'estime de soi, la confiance et le comportement démocratique[1].

---

une attitude métacognitive dans l'action didactique pour promouvoir chez les élèves une plus grande conscience du fonctionnement de leurs propres facultés et une plus grande efficacité de la fonction éducative, au-delà de la pure transmission de contenus.

1. Dans les dernières décennies, une vaste littérature étrangère s'est occupée du *cooperative Learning.* Je rappelle les contributions de : W. Johnson, R.T. Johnson, E. J. Holubec, *Apprendimento cooperativo in classe. Migliorare il clima emotivo e il rendimento*, Erickson, Trento, 1996 ; R.E. Slavin, *Cooperative Learning. Theory, Research and Practice*, Allyn and Bacon, Londres, 1996 ; S. Kagan, *Apprendimento cooperativo. L'approccio strutturale*, Lavoro, Rome, 2000. Dans la bibliographie italienne pour approfondir le thème, je renvoie à des essais récents : M. Comoglio, *Educare insegnando. Apprendere ad applicare il cooperative Learning*, LAS, Rome, 2000 ; M. Martinelli, *In gruppo si impara. Apprendimento cooperativo e personalizzato dei processi didattici*, SEI, Turin, 2004 ; A. La Prova, *Apprendimento cooperativo e differenze individuali. Attività ed esperienze per la scuola primaria e secondaria di primo grado*, Erickson, Trento, 2008 ; C. Trubini, M. Pinelli, *L'apprendimento cooperativo in classe*, Vannini éditions scientifiques, Brescia, 2009. J'ajoute les résultats de l'activité menée par Giorgio Chiari, président du Laboratoire de Recherche didactique et Directeur du Centre International de Recherches sur le Cooperative Learning (CIRCLE), à la faculté de Sociologie de l'Université de Trento. Depuis les années 1990, il étudie l'application concrète des modèles du *cooperative Learning* au monde

«*Nemo solus satis sapiens*», dit le proverbe latin : seul on n'apprend pas assez, ensemble on apprend et on comprend plus, à la fois en termes quantitatifs et qualitatifs. Depuis 1916, année où John Dewey, dans son *Démocratie et éducation,* prônait le passage d'un apprentissage individualiste et compétitif à un apprentissage collaboratif et démocratique, la recherche sur l'éducation s'est intensifiée, visant à mettre en évidence le rôle indispensable de la contamination intellectiuelle entre les élèves durant les phases évolutives pour mettre au point cette «boite à outils» permettant de construire l'appartenance culturelle dans un système d'intégration positive avec les autres. Je rappelle Vygotski, pour qui le développement cognitif est un processus avant tout social, à tel point que la capacité de raisonnement augmente dans la relation entre pairs ou avec des personnes plus expertes. Ou bien Bruner, pour qui l'apprentissage est interactif non seulement quand les sujets apprennent les uns des autres à travers la narration ou le fait de montrer, mais surtout dans l'échange réciproque, parce que le fait de former une communauté est une caractéristique de l'homme.

En bref, il est de plus en plus admis que l'apprentissage isolé, de même que la compétition entre élèves, ne garantit pas toujours l'accroissement de structures cognitives et métacognitives ou l'augmentation du rendement scolaire de l'individu et du collectif. Au contraire, des «climats d'apprentissage» collaboratif et des situations d'émulation ou de compétition entre groupes sont salutaires et profitables, parce qu'ils alimentent la socialisation entre sujets différents ; ils enrichissent les relations interpersonnelles dans un esprit de respect et de tolérance ; ils responsabilisent vers le résultat individuel et collectif ; enfin ils éduquent à la reconnaissance, aussi bien du mérite des talents que de l'importance de soutenir tout le monde. En bref, ils favorisent

de l'école (cf. G. Chiari, *Climi in classe e approfondimento*, FrancoAngeli, Milan, 1994) et du travail, non seulement pour améliorer le rendement des étudiants et des travailleurs, mais aussi et surtout pour véhiculer des modèles de démocratie participative et de société globale. À ce sujet, je renvoie à son étude «Cooperative Learning in Italian Schools : Learning and Democracy», in *Quaderni del Dipartimento di Sociologia e Ricerca sociale,* Université de Trento, n° 32, 2004. Pour approfondir la bibliographie sur l'apprentissage coopératif, je renvoie au site : www. Soc. unitn. it/CIRCLE.

la croissance intellectuelle, sociale, morale et le succès scolaire de chacun en termes d'auto-efficience et d'auto-réglementation[1].

À ce propos, il est important de rappeler le long et pénible chemin de la recherche sur l'éducation, de l'action politique et de la pratique didactique sur le thème de l'intégration scolaire : de l'insertion dans les classes ordinaires d'élèves en situation de handicap certifié et de troubles spécifiques de l'apprentissage, jusqu'à la récente directive relative aux Besoins Éducatifs Spécifiques (BES), qui concernent le désavantage socioéconomique, linguistique et culturel[2]. Dans la perspective d'une inclusion de tous les élèves, le document défend le

1. Pour ces concepts, je renvoie à la doctrine élaborée par le psychologue canadien Albert Bandura dans son œuvre la plus importante et systématique, *Autoefficacia : teoria e applicazioni* et dans son dernier livre, plus facile à lire, *Adolescenti e autoefficacia. Il ruolo delle credenze personali nello sviluppo individuale*, tous deux publiés chez Erickson à Trento, respectivement en 2000 et en 2012. Parmi les fondateurs de la théorie sociocognitive, il analyse la nature et la structure du phénomène de l'auto-efficience à la lumière, entre autres, des concepts de motivation et d'apprentissage. Il démontre que les croyances en leurs propres capacités personnelles que les jeunes élaborent durant l'âge du développement influencent leur vie de façon significative, en conditionnant le comportement aux plans émotif et affectif, au niveau des relations familiales et amicales, et aussi du rendement scolaire et des choix futurs. Aussi le rôle décisif de l'éducation dans la formation de l'identité de l'adolescent doit être rappelé pour promouvoir les compétences qui le rendent créateur et non plus producteur de sa propre existence.

2. La directive ministérielle du 27 décembre 2012 concernant *L'instrument d'intervention pour élèves à besoins éducatifs spécifiques et d'organisation territoriale pour l'inclusion scolaire* mise à jour plus de trente ans après la Loi n° 517 du 4 août 1977, prévoyait des formes de soutien en faveur d'élèves porteurs de handicap. Elle redéfinit et complète l'approche traditionnelle de l'intégration scolaire, basée sur la certification du handicap, élargissant le champ d'intervention et de la responsabilité de la communauté éducative à l'ensemble des BES. Cette loi comprend « le désavantage social et culturel, les troubles spécifiques d'apprentissage et/ou les troubles spécifiques du développement, les difficultés dérivant de la non connaissance de la langue et de la culture italiennes parce que le sujet appartient à une culture différente ». Sur le très vaste thème de l'intégration scolaire, je renvoie à deux publications : G. Onger (sous la direction de), *Trente ans d'intégration scolaire. Hier, aujourd'hui, demain*, Vannini, Brescia, 2008 ; R. Meleghini, W. Fornasa (sous la direction de), *L'educazione inclusiva. Culture et pratiche nei contesti educativi e scolastici : una prospettiva psicopedagogica*, FrancoAngeli, Milan, 2011 ; D. Ianes, S. Cramerotti (sous la direction de), *Élèves avec BES – Besoins éducatifs spécifiques*, Erickson, Trento, 2013. Pour approfondir encore je renvoie à l'œuvre d'Andrea Canevaro, auteur d'études innovantes sur la diversité, le handicap, l'intégration scolaire, qui continuent d'influencer non seulement la production scientifique internationale, mais aussi la législation et l'organisation des services.

droit à la personnalisation de l'apprentissage et donc l'adoption d'une didactique individualisée, y compris à travers des mesures donnant des dispenses ou des équivalences. Pourtant, ici aussi il reste difficile de mettre en place ces dispositions au sein du modèle traditionnel d'instruction. Il faut ajouter qu'aujourd'hui encore on rencontre la réticence de certaines familles à accepter la présence des plus faibles, réputée nocive pour leurs enfants. En fait, ces familles ne perçoivent pas la valeur de la différence et de l'intégration comme enrichissement pour la formation de chacun. Des études théoriques et pratiques expérimentales montrent en effet que des groupes hétérogènes d'élèves promeuvent des dynamiques coopératives « entre pairs », qui encouragent une plus grande participation à l'action didactique, avec un avantage éducatif pour tous[1].

En Italie aussi, bien que de façon partielle, dans le cadre de l'autonomie didactique et de cursus des écoles, l'apprentissage coopératif est pratiqué. De nombreuses expérimentations en attestent, parmi lesquelles je rappelle celle du Lycée Professionnel pour les Services Hôteliers et pour la Restauration Antonio Turi de Matera, où l'activité d'apprentissage coopératif entre deux groupes d'étudiants, l'un composé d'élèves motivés et avec une bonne préparation, l'autre de jeunes gens peu intéressés et au mauvais rendement, s'est déroulée lors de plusieurs rencontres pour récupérer des connaissances et compétences en mathématiques. Au terme de cette activité, le double objectif était atteint : d'un côté, palier le phénomène de la dispersion scolaire du premier groupe, qui dans les écoles hôtelières est très inquiétant ; de l'autre, améliorer les aptitudes et compétences du second groupe. Cette expérience concluante a été étendue à d'autres classes.

1. Cf. G. Chiari, « Educazione interculturale e apprendimento cooperativo : teoria e pratica dell'educazione tra pari», in *Quaderni del Dipartimento di Sociologia e Ricerca sociale,* Université de Trento, n° 57, 2011, où il analyse la relation entre apprentissage coopératif de groupe et relations interethniques comme possibilité, entre autres, d'apprendre mieux la langue, surtout pour les étrangers, devenus désormais une réalité incontournable de nos institutions scolaires. Je renvoie aussi au volume de F. Gobbo (sous la direction de), *Il cooperative learning nelle società multiculturali. Una prospettiva critiqua*, Unicopli, Milan, 2010.

Toutefois, l'adoption de l'apprentissage coopératif comporte un autre changement, qui concerne la communication. Jusqu'ici la nature traditionnelle de l'enseignement, structurée sur le cours magistral et sur la vérification du résultat à travers des interrogations et devoirs la plupart du temps individuels, prévoit une forme de communication avant tout transmissive. Il s'agit d'une communication *top-down* et unidirectionnelle entre des sujets différents et aux savoirs et fonctions inégaux, dont l'efficacité est confiée à la capacité de l'enseignant. Certes, dans le passé l'exclusivité de cette méthode de communication a fonctionné : néanmoins, elle montre peu à peu ses limites dans les systèmes éducatifs actuels, sous la poussée de différents facteurs. Avant tout, l'affirmation de la démocratie a mis en crise le principe d'autorité, impuissant si l'apprenant ne se l'approprie pas. En second lieu, l'affirmation d'une société d'individus libres et égaux a révélé le manque de tolérance pour les règles imposées et non partagées ; enfin, la transformation de la famille a changé le rapport entre les générations, réduisant la distance entre les rôles. Dans ce cadre, la communication entre adultes et adolescents aussi a changé : par certains aspects elle est devenue plus lourde à gérer, parce que la relation est perçue comme horizontale. Aussi, pour se mettre en accord avec la réalité et répondre de façon qualifiée à ses requêtes, la nouvelle éducation doit tenir compte de ces modifications sociales et culturelles, qui libèrent des énergies et attentes inédites. Elle ne méconnaît pas la nécessité de la relation incontournable entre enseignant et élève, si indispensable pour la création de solides liens de confiance et d'une estime réciproque au sein de la communauté éducative, parfois appelée avec emphase « famille de substitution » ; elle n'efface pas non plus l'importance de l'enseignement magistral ou de la leçon « depuis l'estrade ». Mais la centralité de l'apprentissage propose, à travers l'apprentissage coopératif et la communication entre pairs, des mesures enrichissantes par rapport à la transmission depuis le haut. Celles-ci sont accompagnées de moments de participation interactive dans l'approche coopérative, pour éviter le risque de générer de la passivité dans le processus d'éducation des élèves. En effet, comme le soutenait déjà Vygotski, la communication bi-directionnelle entre sujets « semblables » en âge, milieu et culture est beaucoup plus directe et pénétrante, puisque l'usage d'expressions et de façons de parler communes facilite d'une part le dialogue et la confrontation, de l'autre la réciprocité des pensées et des expériences, contribuant ainsi à améliorer chez les jeunes la restitution et l'efficacité de l'apprentissage et, en même temps, la capacité de faire face en confiance aux situations problématiques de la vie quotidienne[1]. De ce point de vue, il s'agit d'inviter à recourir plus largement à l'éducation coopérative, à la communication entre pairs et à la méthode de l'interactivité : justement parce qu'elles répondent à la demande de socialité et de socialisation provenant du monde des jeunes, ces techniques sont en mesure de développer le sens civique et l'esprit de citoyenneté des nouvelles générations. Toutefois, il faut préciser qu'une telle organisation didactique ne peut être laissée à la spontanéité ou à l'improvisation, mais qu'elle doit être gouvernée et soutenue par des méthodologies et des règles pour éviter la superficialité ou la déqualification.

Dans les dernières décennies, les acquisitions de la biologie et des neurosciences, et en particulier la découverte fondamentale de Giacomo Rizzolatti et de son équipe de Parme sur les « neurones miroirs », réfutent la conception d'une nature humaine agressive et égoïste, tournée vers son intérêt personnel et matériel, pour affirmer la thèse d'une humanité disposée à être en relation et à manifester dès la plus tendre enfance des sentiments d'empathie. Sur le concept d'empathie comme nouvelle approche pour passer de l'idée traditionnelle de l'*homo homini lupus* à celle, plus actuelle, de l'*homo empaticus*, dans son essai volumineux sur la civilisation de l'empathie, Jeremy Rifkin construit à partir des résultats des sciences naturelles, sociales et humaines une vision globale de l'homme et de son histoire – une sorte de « pan-anthropologie » – pour dépasser la crise de la civilisation de l'occident[2]. Il utilise une méthode transver-

---

1. Cf. M. Polito, *Communicazione positiva e apprendimento cooperativo. Strategie per intrecciare benessere in classe e successo formativo*, Erickson, Trento, 2004, où l'auteur soutient la nécessité de créer à l'école un environnement affectif accueillant pour favoriser l'apprentissage et la socialisation à travers une communication efficace et basée sur la proposition.

2. J. Rifkin, *Une nouvelle conscience pour un monde en crise : vers une civilisation de l'empathie*, Actes Sud, Arles, 2012.

sale et multidisciplinaire pour récupérer le vaste patrimoine philosophique, littéraire, psychologique, artistique, historique, social, scientifique, technologique et neuro-physique élaboré depuis la fin du XIXe siècle pour mettre en œuvre la capacité innée de l'individu à se fondre dans l'état d'âme et la situation de l'autre. Il assigne à cette capacité la potentialité primaire de dicter à l'homme des comportements, choix et actions, pour réaliser des buts communs. Le penseur américain propose donc d'utiliser au maximum les capacités de mutualisation imprimées dans la mémoire profonde de l'espèce et amplifiées chez l'individu par l'intensification des relations, notamment grâce à l'apport de la technologie. Le but est de les canaliser pour affronter la relation paradoxale à l'ère de la mondialisation entre le développement de la conscience empathique, rendue possible dans des sociétés de plus en plus complexes, et la détérioration de la planète, due à la richesse croissante en énergie et ressources naturelles de la part des mêmes réalités pour croître et prospérer. En ce sens – soutient Rifkin en reprenant le thème de l'écologie analysé dans son précédent essai *Entropy*[1] – la nature de l'homme pourra former une « conscience biosphérique » en mesure de rendre les hommes conscients et solidaires des droits de la terre, dont tous les êtres vivants dépendent, pour réaliser un développement environnemental durable et responsable.

En ce qui concerne plus spécifiquement le rôle de l'empathie comme condition du renforcement des capacités relationnelles durant les phases de l'apprentissage, l'argumentation de Rifkin va dans le sens de l'importance de l'instruction collaborative

1. J. Rifkin, *Entropy*, Viking Press, New York, 1980. Le livre, publié il y a plus de 20 ans et récemment mis à jour pour la version italienne, est désormais un classique pour affronter la question du défi de la contemporanéité : celui de sauver la planète de l'exploitation sans discrimination des ressources et du réchauffement global. Sur l'importance de la construction d'une conscience écologiste pour soutenir la condition des citoyens de la Terre, je renvoie au récent texte d'Edgar Morin, *La voie. Pour l'avenir de l'humanité*, Fayard, Paris, 2011. L'auteur prône une « voie écologique » pour surmonter la crise que traverse la civilisation contemporaine. À propos de l'écologie il écrit : « C'est la première science qui ressuscite la relation entre les hommes et la nature. En révélant notre relation de vie et de mort avec la biosphère, elle nous oblige à repenser notre planète, à y lier notre destin et, finalement, à nous repenser nous-mêmes » (Ivi, chap. 7, La voie écologique).

dans le processus de formation, à travers les apports de Mélanie Klein, Donald W. Winnicott, Jean Piaget, Kurt Lewin, Stanley I. Greenspan et Martha Nussbaum[1], pour ne citer que quelques-uns des auteurs mentionnés dans le livre. Il constate en effet que des générations entières d'étudiants trouvent l'expérience de l'apprentissage inconfortable et aliénante parce qu'elle éteint leur curiosité, leurs passions et leurs intérêts; elle en fait les spectateurs passifs d'une scène où les protagonistes sont les adultes; elle les isole les uns des autres. Avec l'« optimisme progressiste », il réagit et suggère une inversion dans la formation de la personne, justement à travers le recours à l'empathie, qui renforce la valeur de la socialité et de la communication dans le système et la méthode éducative. Par certains aspects, l'argumentation de l'économiste américain sur un enseignement abstrait et individualiste dans nos écoles rappelle celle du juriste Zagrebelski, rapportée au chapitre précédent.

Il est alors évident qu'il faut tenir compte de la portée des résultats théoriques dans le champ de la recherche scientifique et culturelle pour mettre au point de nouvelles stratégies formatives sur de nouvelles bases. Et aussi pour répondre à l'invitation, formulée pendant la Conférence de Woods Hole de 1959 coordonnée par Jérôme Bruner, à suivre une approche scientifico-rationnelle dans l'élaboration de stratégies éducatives et d'activités didactiques.

3. La « laboratorialité[2] »

Dans le cadre du nouveau paradigme éducatif de l'éducation centrée sur l'apprentissage, en plus des deux facteurs

1. Cf. M.C. Nussbaum, *L'intelligenza delle emozioni*, Il Mulino, Bologne, 2004, où la philosophe américaine propose une théorie des émotions pour repenser la vie individuelle et sociale. Dans la section *Empathie et compassion*, elle interroge le rapport entre ces deux émotions et s'interroge sur la possibilité de construire à partir d'elles une éthique légitimement fondée sur le concept d'humanité (Ivi, pp. 393-403).

2. Cette expression, traduite de l'italien « laboratorialità », a été utilisée par le Comité pour le Développement de la culture scientifique et technologique pour désigner l'apprentissage par le faire, comme processus hypothético-déductif.

analysés plus haut – la didactique par problèmes et l'apprentissage coopératif – on peut en citer un autre qui remet en cause la transmission comme modalité principale d'acquisition de connaissances et compétences. Il s'agit du dépassement du tandem présupposé inconciliable ou alternatif entre savoir et faire, c'est-à-dire de cette conception qui considère l'approche opérative ou manuelle comme «inculte», loin de la pensée et de la culture et donc privée de caractère éducatif. C'est également à ceci qu'est dû le déni de l'expérience comme composante essentielle du processus cognitif, ignorant le fait que la doctrine éducative souligne depuis des siècles, et encorc plus aujourd'hui suite aux récentes approches de la recherche en termes de théorie de la connaissance, la nécessité de la relation entre moments théoriques et pratiques dans le développement réticulaire d'exploration et de construction de contenus et méthodes. En effet, notre système actuel gravite encore en grande partie autour de l'enseignement-apprentissage abstrait et verbal qui réitère le monopole de la *lectio magistralis ex cathedra* – comme l'entend et la conçoit Giovanni Gentile –, reléguant les activités appliquées et expérimentales à un rôle subalterne du parcours formatif. Ce fait originel, hérité du passé et consolidé au fil du temps, a en quelque sorte modifié le présupposé qui prévoit l'entremêlement entre la capacité d'abstraction et la curiosité empirique pour connaître et comprendre la réalité. Pourtant, le proverbe de Confucius «Quand j'écoute j'oublie, quand je vois je me souviens, quand je fais j'apprends» vaut toujours aujourd'hui. Ce qui revient à dire que faire est penser.

Dans un essai d'il y a quelques années, Silvano Tagliagambe et Vittorio Campione analysaient les méthodologies didactiques et les savoirs disciplinaires, ainsi que leurs rapports avec l'innovation et la tradition, invitant le lecteur à considérer la valeur particulière de l'inclinaison spéculative de Giambattista Vico, au sujet de la valorisation dans les processus formatifs non seulement de l'imagination et de la créativité, mais aussi de la «dimension opérative de la connaissance» et de la «capacité d'utilisation du savoir»[1]. Pour ces derniers aspects, les deux

1. V. Campione, S. Tagliagambe, *Sapere fare la scuola : il triangolo che non c'è,* Einaudi, Turin, 2008, pp. 35 et suivantes.

auteurs partent de la thèse du philosophe napolitain sur l'esprit en tant qu'activité, invention et construction, et sur l'idée du *verum factum*, selon laquelle le critère de vérité est le fait même. Ils décryptent ainsi dans la conception de la connaissance de Vico, connaissance comme action destinée à résoudre des problèmes et à se traduire en comportements pratiques, les prodromes autant de l'épistémologie contemporaine que de la théorie éducative la plus innovante. En effet, la double valeur du lien entre savoir et savoir-faire se situe aussi bien dans la formation que dans la compétence, en quelque sorte anticipée par Vico, par densité philosophique et validité sociale. Ceci apporte un éclairage extraordinaire sur l'éducation, en tant que cela met en évidence la nécessité que le savoir ne reste pas dans l'empire de l'abstraction et de la conceptualisation, mais soit expérimenté et vérifié dans les faits.

Sur l'importance dans l'instruction du lien entre savoir et faire comme condition épistémologique et méthodologique nécessaire pour apprendre, je fais référence ici à la leçon de John Dewey uniquement à travers le concept bien connu de *learning by doing:* pour lui la connaissance naît de la réflexion sur l'expérience et s'alimente de celle-ci, surtout si elle est qualifiée, selon la vision du pragmatisme qui confère la même dignité à l'abstraction logico-conceptuelle qu'à l'action empirico-factuelle.

D'un autre côté, dans l'horizon de l'unité du processus du cognitif et de la revalorisation de l'*homo faber* et du travail manuel, on peut interpréter les thèses du sociologue de la London School of Economics Richard Sennett, proposées dans son livre *Ce que sait la main*, où il explique comment récupérer la valeur sociale, économique et culturelle du travail artisanal à l'époque de la révolution technologique et informatique[1]. À travers un *excursus* dans le temps et dans les cultures, il prend en considération la maestria des «mains d'or», la pertinence de l'individualité par rapport à la massification omnivore de la production, ainsi que l'orgueil professionnel inné dans la projection sociale de tout être humain. Il souligne, entre autres, le désir de bien faire son travail, au moins pour soi, et

1. R. Sennett, *Ce que sait la main,* Albin Michel, Paris, 2010.

la gratification, y compris émotionnelle, qu'on trouve dans l'acquisition des aptitudes requises. En ce sens le travail artisanal, selon le chercheur américain, valorise en des termes d'impératif catégorique non seulement une motivation psychologique et existentielle, mais aussi une éthique du «travail bien fait» et une «tendance à l'optimisation productive». Toutefois, au-delà du caractère social et économique de la pensée de Sennett, son analyse du travail artisanal est également à relier à l'éducation : il remarque la stricte interdépendance entre pratique et théorie, le lien intime entre la main et la tête. Par ailleurs, l'idée que la pensée se construise aussi à travers le faire est contenue dans le fameux logo du MIT de Boston qui récite en latin, la langue universelle d'une très grande civilisation : *Mens et Manus*. Ce n'est pas un hasard si ces deux termes fondamentaux sont rappelés dans les phases cognitives.

Il est donc temps que la culture éducative accueille de façon structurelle la doctrine du savoir et du faire dans notre instruction, aussi bien pour la solidité d'une connaissance innervée par l'expérience que pour la prégnance d'une approche qui rend vraiment les élèves acteurs, justement parce qu'elle est en mesure d'en développer les différents styles cognitifs. Il est en effet établi que la dimension transmissive, surtout – voire uniquement – centrée sur l'aspect abstrait et verbal et moins sur l'aspect concret et pratique, peut conduire – et a parfois même conduit – à une sorte de sélection sociale. C'est même allé jusqu'à la dispersion ou à l'abandon scolaire, laissant pour compte une grande partie d'élèves qui présentent (ou présentaient) des intelligences et des codes de communication autres que l'abstraction et la conceptualisation. On le sait, l'apprentissage est un itinéraire de conquête fatigant mais gratifiant, qui peut se réaliser à travers l'utilisation de la logique de la rigueur argumentative et formelle pour analyser et comparer des notions ; à travers la fonction de la lecture aliment d'imagination et de fantaisie pour interpréter émotions et sentiments ; à travers l'exercice de la mémoire pour entrainer l'esprit, étant donné que «*non fa scienza, sanza lo ritener, avere inteso*» (rien ne sert d'écouter la leçon si on ne la retient pas), pour le dire comme le poète. Mais l'apprentissage est également action de vérification, d'expérimentation, de pratique du et dans le réel ;

l'apprentissage est activité créative, découverte et construction du nouveau à travers l'engagement critique et l'apport opératif des facultés de l'élève. Il ne peut donc être réduit à un simple enregistrement de l'existant ou à une pure gymnastique cérébrale où l'élève ingurgite passivement des connaissances, certes nécessaires et indispensables, mais déjà organisées au plan conceptuel et transmises par l'enseignant sous forme uniquement abstraite et verbale. Ensuite l'élève doit les répéter de façon mnémotechnique durant des interrogations *ex post* – souvent sur l'estrade ou au tableau – qui visent à évaluer la quantité de notions retenues. En ce sens, la théorie éducative qui conjugue savoir et faire, limitant l'aspect transmissif de l'enseignement, induit l'élève à participer directement au parcours formatif, seul ou en groupe, justement parce que la vaste gamme de ses potentialités est sollicitée. D'autre part, le voyage dans le savoir motive, rend curieux et fascine l'élève si le processus cognitif est entendu comme mouvement dynamique d'approfondissement et de recherche de connaissances, parce qu'on ne cesse jamais d'apprendre. Ce processus peut également être entendu comme élaboration et création d'innovation, puisque c'est dans la créativité et la curiosité, les plus particulières des caractéristiques humaines, que réside le facteur qualifiant d'inventer et découvrir de nouvelles choses. Tout ceci vaut pour la croissance individuelle : en apprenant, chacun sait et comprend plus en termes quantitatifs et qualitatifs, et donc enrichit son patrimoine éducatif et autre. Mais tout ceci vaut aussi pour la société, à partir du moment où ses composants savent et comprennent plus : toute la communauté en tire avantage, du point de vue économique, mais aussi dans la perspective sociale et culturelle de l'amélioration des conditions du bien-être collectif et de la cohabitation démocratique. Voilà pourquoi connaissance et apprentissage sont tous deux des sources de richesse ; voilà pourquoi on parle de la société de la connaissance et de l'apprentissage, et plus généralement de valeur sociale de l'éducation.

On peut remarquer que, dans la perspective d'une doctrine du savoir et du faire, la didactique de laboratoire joue depuis des années un rôle important pour tous les cursus, aussi bien en termes d'élaboration théorique qu'en termes d'expérimentation pratique. Récemment, le document *Expérimente. Penser et faire la science*, élaboré en 2011 par le Comité pour le Développement de la Culture scientifique et technologique, dont on parlera dans le chapitre consacré aux sciences, présente le terme de «laboratorialité», entendu comme méthode d'étude des disciplines scientifiques mais qu'on peut étendre à toutes les autres, et même à toute l'activité formative. Il propose que l'école dans son ensemble devienne un laboratoire permanent et que la fonction éducative se concrétise dans l'observation de la réalité effective, dans la réflexion sur la recherche éducative qualifiée et dans la discussion sur les meilleures interventions pour construire les meilleures conditions pour que l'apprentissage garantisse une préparation qualifiée pour tous les élèves. L'attitude «expérimentale» devient donc nécessaire à une conception de l'éducation qui accueille la culture de la vérification, de l'évaluation et du résultat comme des éléments naturels, exactement comme dans la méthode scientifique.

On lit en effet: «Par *laboratorialité*, on entend ici la pratique active – en laboratoire, évidemment, mais surtout et toujours dans les salles de cours – où expériences pratiques, résolutions d'exercices et problèmes, et utilisation des multimédias (TIM, audiovisuels, ressources Web) sont accompagnées des acquisitions théoriques nécessaires, selon un choix qui trouve son point d'équilibre dans le professionnalisme de l'enseignant; une pratique méthodologique "active" qui fasse comprendre à l'élève le sens du problème qu'il affronte et des solutions qu'il trouve, qui le rende de plus en plus autonome et confiant, de plus en plus conscient des compétences qu'il développe. En bref, une pratique qui n'appartient pas uniquement aux disciplines scientifiques, mais à l'apprentissage et à l'enseignement tout court.

«En effet, il est évident qu'on peut parler de *laboratorialité* pour une pratique de recherche scientifique, comme pour une activité de traduction ou d'enquête critique et philologique sur des textes littéraires et historiques. À la base de cette approche, il y a d'abord un processus commun *hands-on* et *bottom-up*[1],

1. On retrouve cette recherche dans l'expérience française de *La main à la pâte*.

qui s'ouvre ensuite à l'exploration de la réalité selon le paradigme de la complexité ; ensuite, la valorisation de la logique comme instrument de connaissance critique, enfin, la volonté de développer chez les élèves une approche de l'apprentissage "en réseau", où sont valorisés les espaces de la métacognition, la discussion et l'apprentissage entre pairs »[1].

Dans le contexte de la nouvelle vision épistémologique esquissée jusqu'ici, le concept de *laboratorialité* devient, d'un côté, la façon de penser et de faire l'école en tant que réalité en changement perpétuel ; de l'autre, la modalité d'enseignement/apprentissage où est dépassée la dichotomie entre théorie et pratique et, plus généralement, entre *logos* et *physys*, pour accorder à ces deux facteurs un rôle essentiel dans le processus cognitif.

Comme on l'a vu au moment de l'introduction des laboratoires et de leur utilisation au sein de l'activité didactique, on assiste encore des années plus tard en Italie à des discussions sur les risques de dérive de l'empirisme chez ceux qui sont toujours prêts à sauver la grande valeur de la culture dans nos institutions scolaires, mais qui ne voient pas ce qui se passe dans les systèmes éducatifs du reste du monde. Je crains que cela se passera comme ça, une fois encore. Je souhaite éviter cette banalisation, qui pourrait se concrétiser. Restons bien conscients de l'importance de la théorie ou de la logique dans le processus d'élaboration des connaissances. Toutefois, introduire la *laboratorialité* comme moment de vérification du réel est tout aussi pertinent dans les phases d'apprentissage, parce que cela renforce les modalités de raisonnement, l'organisation du savoir et l'acquisition de la méthode. Dans le fond, on se confronte aux principes de la déduction et de l'induction depuis Aristote, « maître de ceux qui savent ».

Parmi les nombreuses initiatives pour la promotion d'activités de laboratoire, le projet *La longue-vue de Galilée*, soutenu par l'INDIRE et le MIUR, entre dans le cadre des mesures d'accompagnement pour la réorganisation de l'instruction secondaire. Il s'inscrit dans la continuité des activités liées aux

1. *Experimenta. Pensare e fare scienza*, p. 5. Le document est consultable sur le site www.scienze.pubblica.istruzione.it.

Delivery Unit, qui visent à développer les termes de la didactique de laboratoire et des sciences intégrées. Dans ce contexte, le parcours *Les nuages*, lancé par le lycée scientifique Jacopo da Ponte, à Bassano del Grappa, pour les deux premières années (3e-2nde), traite le thème de la météorologie de façon transversale en utilisant du matériel du secteur humanistique (Arts et italien), linguistique (latin et anglais) et scientifique (mathématiques, physique et sciences de la vie et de la terre). Le plan de travail prévoit différentes activités, comme la collaboration avec un laboratoire d'analyses, la visite d'un centre météorologique, l'expérimentation en laboratoires scientifiques et linguistiques et aussi la recherche de matériel dans des bibliothèques, musées et sur Internet, en plus des heures de didactique traditionnelle.

Pour conclure : la «*laboratorialité*» porte en soi une valeur ajoutée, dans la mesure où elle favorise cet *habitus* à travailler et coopérer ensemble, avec l'aide de la médiation de l'enseignant, et où elle promeut la participation de chacun dans le processus éducatif.

6

L'espace et le temps de l'apprentissage

L'enfant absorbe tout ce qui l'entoure,
c'est ainsi qu'il s'adapte à l'environnement.
Maria Montessori

1. L'apprentissage à l'intérieur et à l'extérieur du système scolaire

Grâce à la réflexion de Maria Montessori et aux différentes approches théoriques en la matière, le lieu scolaire et l'espace didactique deviennent importants non seulement en tant que récepteurs physiques passifs d'élèves et d'enseignants, mais aussi comme soutiens aux exigences de fonctionnalité et d'efficacité pour l'apprentissage. La citation de la grande penseuse continue avec l'observation que le jeune enfant «s'approprie le langage, les coutumes du lieu où il vit, et c'est lui-même qui cherche les impressions qui viennent du milieu et qui deviennent partie intégrante de sa psyché». Bien qu'avec beaucoup de retard, on prend enfin conscience en Italie de la nécessité que les bâtiments scolaires, l'ameublement intérieur et les équipements didactiques soient structurés non seulement sur la base des propositions de l'offre, mais aussi selon les requêtes de la demande formative.

Certaines expériences innovantes en témoignent : je commencerai par une école élémentaire du groupe scolaire Givanni Mariti, à Fauglia, dans la province de Pise, que j'ai moi-même visité il y a quelque temps. L'innovation implique tous les niveaux et sections de la maternelle au lycée. Le matin, quand la cloche sonne, les enfants entrent en classe vociférant, contents, libres : ils ne portent pas ces lourds cartables qui ont courbé tant de dos dans le passé. Les livres et les cahiers sont là, à l'école, où ils ont été laissés la veille, bien rangés, gérés en commun par des enfants responsables et autonomes. Les tables et le bureau des enseignants sont constitués de petits meubles ouverts et de plusieurs tables carrées pouvant accueillir six enfants. L'ensemble permet d'étudier, de discuter, de répéter, de lire à voix haute, de répondre aux questions des enseignantes et de trouver des solutions aux problèmes. Dans les anciennes salles de classe s'organisent plusieurs espaces de travail, parce que les articulations de l'activité éducative sont multiples et variées. C'est vraiment une autre école, qu'ils ont appelée « école sans cartable ». Durant cette visite, dans les paroles de la directrice et des enseignants j'ai retrouvé l'importance attribuée par Maria Montessori à l'espace didactique, son jugement sur les bancs et tables, « catafalques noirs », sa conviction que le cerveau s'imprègne de l'environnement ; il faut donc prendre des précautions spéciales afin que l'environnement soit intéressant et attractif pour cet esprit qui doit s'en nourrir pour se construire lui-même ».

Au vu des bons résultats, l'expérience de Fauglia a porté ses fruits : au fil des ans le lien avec la recherche scientifique universitaire et avec les projets architecturaux a rendu possible sur le territoire toscan la naissance d'un réseau d'écoles qui évolue selon cette perspective. En témoignent les exemples des écoles primaires de Montemignaio (Arezzo), Fabbriche di Vallico (Lucques) et Castell'Azzara (Grosseto), ainsi que Seggiano (Grosseto) sous une autre forme. Selon les acteurs, l'« aménagement des environnements d'apprentissage, objet d'étude à part entière, accompagne les projets didactiques. Il y a trois aspects importants : l'architecture, l'aménagement intérieur et l'ameublement, le matériel et le système d'affichage ». Dans l'école de Montemignaio, « le bâtiment propose une organisation à plan central, alternatif au modèle salles-couloirs. Dans les salles, l'*agora* a été particulièrement soignée, avec de grandes fenêtres ». En outre, dans les écoles « sans cartable », la salle des maîtres est également un espace très soigné, qui revêt plusieurs fonctions (réunions, entretiens, archives, table des matériaux), pour permettre aux enseignants d'accomplir leur travail de façon gratifiante. Dans le groupe de Castell'Azzara, l'école est pensée «avec des salles très grandes: pour héberger une communauté de recherche, l'espace est polycentrique, caractérisé par des zones et des coins bien identifiés, selon les exigences des nouvelles modalités d'apprentissage, fonctionnel pour la diversité des temps individuels et les activités qui se déroulent en même temps. Une autre mission importante est de soutenir la diversité des intelligences et des aptitudes». La salle de classe est divisée «en aires thématiques: *agora*, zone des tables, aires-laboratoires, coin de l'ordinateur, table de l'enseignant. Tout l'environnement est défini par l'ameublement, tandis que la diversification des coins, la lisibilité de l'espace et l'accessibilité du matériel didactique rendent possible l'autonomie des enfants et le déroulement de plusieurs activités à la fois. L'estrade a été définitivement abolie, l'enseignant possède un bureau décentré par rapport au reste de la salle».

Ces expériences expriment la dimension spatiale d'un nouveau système éducatif, qui remet en cause non pas les détails de l'organisation mais l'idée même de l'éducation traditionnelle avec son rythme et sa praxis. En effet l'environnement d'apprentissage ainsi conçu, qui n'est en rien artificiel mais le plus naturel possible, devient déterminant pour l'implication active de l'élève et pour ses résultats. Il contribue à solliciter la curiosité, à stimuler des émotions, à éduquer au respect à l'autre et aux règles, en chacun et pour tous. Plus généralement, les exemples évoqués témoignent que la salle-auditoire standardisée – jusqu'ici unique lieu de l'instruction – n'est plus une expression désignant un espace d'éducation mais une entité administrative, contraignante, «anesthésiante», toujours égale à elle-même, quelles que soient les activités et les disciplines. En effet, dans une salle de classe on peut donner une leçon d'histoire à trente élèves à la fois; mais comment trente élèves peuvent-ils s'entraîner dans le même genre de salle à parler anglais ou à jouer de différents instruments de façon individuelle, ou encore à mener des expériences scientifiques, chacun de son côté?

Par certains aspects, la nature de l'espace d'apprentissage et la structure des espaces didactiques conditionnent le système éducatif et le projet formatif. Un espace fermé, rigide et uniforme, construit sur l'axe estrade-bureaux : comme si l'enseignant envoyait des rayons psychologiques et éducatifs, parallèles, qui atteignent les rangées de bureaux sans jamais se croiser. Ceci est le propre de l'école transmissive. Mais pour concrétiser l'éducation centrée sur l'apprentissage, pour éveiller les nouvelles compétences indiquées par l'OCDE-DESECO (Définition et Sélection des Compétences), c'est-à-dire agir de façon réellement autonome, se servir d'instruments de façon interactive, fonctionner en groupes socialement hétérogènes – évoqués dans le chapitre 2 – il faut un espace ouvert, flexible et multiforme. Il ne suffit pas de théoriser la nécessité d'une formation individualisée ou personnalisée, capable à la fois de développer les compétences et la créativité selon les différents styles cognitifs de l'élève et de favoriser son besoin de socialisation. Il ne suffit pas non plus de défendre une plus grande autonomie institutionnelle ou un plus grand nombre d'options d'organisation, ou encore une profonde révision des cursus, fondée sur la didactique par problèmes, l'apprentissage coopératif, la *laboratorialité.* Il faut aussi trouver des solutions tangibles pour que les présupposés de la doctrine éducative la plus qualifiée, comme ceux qu'on a abordés jusqu'ici, se concrétisent. Voilà pourquoi l'attention se porte sur la nécessité absolue pour l'école italienne de transformer radicalement les bâtiments, les espaces et le matériel, en correspondance étroite avec une nouvelle conception de l'apprentissage, visant à dépasser la séparation et la fragmentation du savoir.

Dans cette perspective, il devient essentiel de varier l'espace selon les activités, dans un tissu spatial continu fait de « place » et de coins de travail, d'une bibliothèque, d'une salle d'enregistrement, de laboratoires scientifique, technologique, linguistique, musical, d'un théâtre, d'un gymnase, d'un potager, d'un jardin, d'une salle des enseignants, d'une salle des élèves et bien d'autres lieux encore. C'est grâce à une telle structure riche et polycentrique que le nouvel environnement éducatif pourra composer le cours collectif avec l'étude individuelle, l'exposition avec la lecture, la recherche avec l'expérimentation ou encore les initiatives sportives avec les représentations artistiques. En bref : conjuguer toutes les formes d'activités cognitives, métacognitives, relationnelles et sociales de tous les sujets impliqués dans le parcours de formation. Mais ce n'est pas tout : il est tout aussi essentiel d'intégrer l'environnement « scolaire » dans son territoire, selon les instances, vocations et spécificités provenant des différentes réalités du contexte civil et culturel, de sorte à configurer le tout dans un ensemble, un centre civique permanent et polyfonctionnel pour soi et pour la communauté, auquel on a déjà fait allusion au début de ce livre et que je développerai à la fin. Pour résumer, une école ouverte à l'intérieur et à l'extérieur, dans et hors des murs du bâtiment scolaire parce que, pour le dire comme James Hillman, le « lieu » de l'apprentissage se trouve partout où vit l'esprit.

Une véritable révolution pour répondre au concept désormais diffus d'« apprentissage partout », qu'on doit toutefois construire de façon progressive pour éviter le risque d'affaiblir le rôle, qui reste premier, de l'apprentissage dans son acception traditionnelle. Une révolution qui change l'instruction en profondeur et qui conduira à l'avenir à l'affaiblissement du système scolaire monocorde et à l'affirmation d'une grande communauté éducative. Raison et réalisme d'un côté, mais détermination résolue de l'autre.

Notons que dans l'environnement institutionnel affleurent déjà les possibilités d'un changement de cap de la politique de construction scolaire : les lignes directrices de l'architecture scolaire sont influencées par les courants les plus récents de l'*educational architecture*. Pourtant, ici aussi le problème de l'Italie est toujours la façon dont innovation et didactique parviennent à dialoguer et à collaborer, au lieu de s'attarder dans une attitude méfiante et distante, comme c'est souvent arrivé dans le passé.

Certes, le modèle d'écoles ainsi structurées et le type d'éducation ainsi organisée sont depuis longtemps la norme dans des systèmes scolaires européens plus avancés, comme en Finlande et au Danemark. Je ferai une brève allusion au fait qu'en Finlande les filières du lycée sont multiples et non liées à un unique cursus rigide. Les élèves sont tenus de suivre 75 cours obligatoires ou facultatifs, choisis parmi les nombreuses propositions de l'institution, selon un plan d'études individuel : ce sont des cours modulaires, parfois hétérogènes, où se retrouvent des groupes d'élèves appartenant à différents niveaux selon les activités disciplinaires et les options sélectionnées. On peut parler de «lycée sans classes».

Dans le cas du Danemark, je laisserai la description de l'organisation spatiale de la journée scolaire à un étudiant italien, qui raconte son expérience dans la patrie de Hamlet: «En 2007-2008 j'ai fréquenté l'avant-dernière année de lycée à Silkeborg, au Danemark. J'ai été intégré en deuxième année du Gymnasium, qui dure trois ans. La classe est décidée à partir des matières qu'on choisit comme disciplines principales. Dans un même groupe-classe, tout le monde n'a pas le même parcours: les matières principales sont suivies avec la classe; les matières au choix, en revanche, ont lieu avec des élèves d'autres groupes. Moi j'ai suivi les mathématiques et l'espagnol dans des classes mixtes. La relation entre enseignants et élèves est étroitement personnelle: il n'y a pas de rencontres avec les parents; s'il y a des problèmes avec un élève, le professeur en parle avec lui, sans impliquer de tiers. La didactique est plus interactive et les cours magistraux sont rares; généralement, on procède par débats ou à travers des explications avec intervention des élèves, ou bien des groupes de travail sur des thèmes spécifiques, présentés à la classe sous forme de powerpoint. Ces derniers sont réalisés en utilisant pour les activités expérimentales les laboratoires bien équipés et les nombreux ordinateurs à disposition à tout moment. Il est autorisé d'apporter son propre ordinateur portable».

Il est évident que dans ces deux pays, évolués et qualifiés au niveau de la formation, la décomposition permanente du «groupe classe», la fonctionnalité et la flexibilité des lieux, ou encore le système des options réservées aux étudiants, sont désormais tout à fait consolidés par la pratique pédagogique et la législation scolaire. En Italie, en revanche, nous avons quelques expériences isolées, respectables mais jusqu'ici confinées au niveau local, comme dans les exemples précédents et dans celui qui suit.

Dans l'école maternelle et primaire de Sassuolo, on trouve une salle-laboratoire appelée «Nous grandissons comme des arbres», divisée en coins dans chacun desquels les enfants trouvent tout ce qui sert pour l'activité programmée. Dans un cadre agréable à vivre, il devient agréable d'étudier et même de faire un effort pour étudier, surtout si dans ces espaces on lit, on joue de la musique, on peint. Dans les écoles primaires est aussi prévu un jardin ou un potager, une sorte de « laboratoire environnemental », qui est généralement le lieu préféré des élèves. Le matin, avant d'entrer en classe, souvent quelques groupes d'élèves s'arrêtent pour observer les progrès, pour « soigner les plantes et les chouchouter du regard ». Dans le potager ou dans le jardin, on travaille et on apprend beaucoup, parce que ces deux espaces font partie intégrante de l'apprentissage, de la vie. En effet, l'activité poursuit plusieurs objectifs transversaux dans le cadre des sciences, des mathématiques et de la géométrie et également de la langue – pour acquérir un langage au vocabulaire approprié –, de l'histoire et de l'éducation à l'image – à travers le dessin et la photographie.

De même, le centre socioculturel Coop de Brescia promeut des initiatives innovantes d'éducation à la nature et d'observation, avec recours à des technologies avancées, qui s'adressent à plusieurs écoles maternelles et primaires de la région. C'est dans ce cadre qu'a lieu le projet intitulé *Mettons en évidence la nature en bas de chez nous*, qui prévoit un petit jardin en face de l'école, peuplé de différents animaux, où les enfants, avec l'aide des enseignants, explorent et expérimentent de façon parfois ludique, mais jamais approximative ni superficielle. L'initiative prévoit des moments de réflexion et d'étude durant lesquels les données « recueillies » à travers des films, des photos, des enregistrements et des notes sont ensuite insérées dans l'ordinateur pour élaborer des classifications scientifiques et des histoires fantastiques.

Pour conclure : théories pédagogiques, systèmes éducatifs étrangers et expériences italiennes attestent de l'importance, pour une école efficace et équitable, que l'apprentissage se module dans un cadre ouvert et dynamique, avec des espaces et lieux où étudier et comprendre, rechercher et expérimenter, discuter et lire, mais aussi où pratiquer du sport et pratiquer des activités artistiques, se rencontrer pour déjeuner ou jouer : pour vivre.

C'est ainsi que l'école devient mon « chez-moi », un environnement complexe et articulé, de même que la vie est complexe et articulée. Dans le fond, l'intention est que la vie, aujourd'hui «ailleurs», selon le jugement évoqué de nos élèves qui ne sont pas loin de la vérité, revienne dans l'école, son lieu naturel, pour alimenter et vivifier par la passion et le désir de tous le savoir et la connaissance.

2. «Dis-moi quelle bibliothèque tu as, je te dirai quelle école tu es»

On pourrait longuement discuter des conséquences en Italie d'un système scolaire et d'un espace didactique structurés principalement par leçons et interrogations. Je rapporte ici deux exemples éclairants. Le premier concerne le manque ou la faible présence des laboratoires dans nos établissements scolaires: il est arrivé, et il arrive encore – bien que la situation se soit globalement améliorée – d'étudier les sciences ou les langues sans pouvoir fréquenter les lieux permettant de pratiquer des expérimentations ou d'améliorer ses aptitudes linguistico-communicatives. Un tel contexte serait impensable dans un pays évolué, où une école sans laboratoire est inimaginable. Je ne m'étendrai pas sur ce problème, je renvoie au chapitre précédent pour la proposition générale relative à l'école-laboratoire et aux suivants pour les argumentations spécifiques sur les sciences, l'art et les langues.

Le deuxième exemple, que je développerai plus longuement, concerne le grand nombre d'écoles dans notre paysage scolaire qui ne sont pas dotées de bibliothèques. Il est paradoxal que l'aménagement d'un espace pour lire des livres et consulter des volumes ne soit pas central dans le lieu de la culture et de l'instruction par excellence. Force est de constater que dans de nombreux établissements scolaires on ne lit jamais une œuvre, à l'exception des manuels: on peut donc s'interroger sur la valeur éducative attribuée à la lecture. Quasiment aucune, apparemment, comme si le cursus ne reconnaissait pas l'enrichissement apporté par cette activité à la fois récréative et nécessitant de la concentration. Que fait-on à l'école pour aider les élèves à apprécier un lieu orné d'étagères plein de textes avec une galerie d'auteurs et de titres? Il est vrai que lire et étudier ne sont pas identifiés ; mais il est tout aussi vrai que quand on lit peu on apprend moins, parce qu'il ne suffit pas seulement d'étudier pour connaître, et encore moins pour comprendre.

À raison, on peut soutenir que la marginalisation du rôle de la bibliothèque et de sa valeur de la part de notre système éducatif est une des causes, sinon la principale, du faible taux de lecteurs que l'Italie enregistre régulièrement par rapport aux États avancés. Et on peut de même affirmer que la carence de la lecture est une des raisons de l'appauvrissement lexical et expressif de nos jeunes, comme le dénoncent à grands cris les professionnels du secteur. On sait, en effet, que l'exercice de la lecture, associé à l'étude *stricto sensu,* est indispensable pour améliorer et amplifier ses propriétés linguistiques, que la simplification outre mesure du message des médias aujourd'hui prédispose à banaliser et à aplatir. Certes, la tendance – en partie pathologique, en partie structurelle – à l'appauvrissement du langage et de la pensée, et donc à une réduction de la qualité globale de l'école et de la culture, risque de réaliser l'utopie négative d'Orwell. Un enfant qui lit sera un adulte qui pense. Il est donc clair qu'il faut réagir. Mais comment ? Sûrement pas en ergotant avec des lamentations nostalgiques sur l'ignorance de nos élèves sur la nature des diphtongues et des diérèses, mais en comprenant les raisons profondes de ce phénomène et en trouvant des solutions adaptées aux requêtes actuelles. Qu'on commence tout de suite, alors, à organiser dans nos écoles un espace consacré aux livres, où apprendre à lire, apprendre à comprendre un roman ou simplement à en apprécier la compagnie en toute tranquillité. Comme on le montrera plus loin, ici aussi les exceptions ne manquent pas d'établissements scolaires sensibles à cette indication. Toutefois, le cadre conceptuel dans son ensemble n'a pas l'air de changer.

En effet, sans évoquer ici la riche littérature sur le sujet, rappelons que la pratique de la lecture est une activité très complexe parce qu'elle requiert une multiplicité d'opérations cognitives et métacognitives, en plus de susciter imagination et identification, donc implication du lecteur. La lecture incite à une conceptualisation et reconceptualisation du contenu et de la signification d'un texte en des représentations mentales toujours différentes; elle favorise la croissance intellectuelle et cognitive; enfin, elle sollicite raison et sentiments. Mais aujourd'hui, la question de la lecture est un sujet très débattu, y compris sous d'autres aspects: on parle en effet de «crise de la lecture». Cette crise n'est pas quantitative, puisque le nombre de lecteurs dans le monde a augmenté depuis le siècle dernier suite à de gros changements structurels individuels et sociaux. La crise est plutôt qualitative, dans le sens où se prépare une transformation radicale due à l'explosion des technologies de l'informatique et de la communication. On lit et on lira différemment d'autrefois; on produit et on produira des livres différents, en format papier, électronique, multimédia. L'histoire a avancé depuis que le rouleau de parchemin a supplanté les tablettes en cire et que les caractères mobiles ont remplacé les codex enluminés, manuscrits et incunables, certes beaux et précieux mais inadaptés pour satisfaire la requête croissante de culture de la population à l'âge moderne. De la même façon, dans l'ère digitale le Web et l'ebook multiplient les potentialités de lecture, avec pour résultat qu'aujourd'hui on consulte en ligne beaucoup plus d'informations et de nouvelles qu'avant. On peut même supposer qu'au fil des ans innovation technologique et démocratisation de la connaissance modifieront la forme actuelle du «livre de Gutenberg», sans pour autant en décréter la fin[1].

Ainsi va l'histoire. Et ainsi est-il bon qu'elle aille, quand progrès et civilisation avancent ensemble. Quoi qu'il en soit, du moins pour l'instant, il est faux d'annoncer que le livre électronique est en train de remplacer le livre imprimé. Au contraire, les faits attestent que plus on lit en format électronique, plus on vend de livres papier, à tel point qu'on prévoit une augmentation consistante de la publication annuelle de livres imprimés. La formidable perspective de croissance de

1. Cf. R. Casati, *Contro il colonialismo digitale. Istruzioni per continuare a leggere*, Laterza, Rome-Bari, 2013, où l'auteur s'interroge sur l'apport des nouvelles technologies dans l'éducation et en particulier sur le rôle de la «lecture digitale» dans le développement des compétences des élèves. Contre toute forme idéologique d'exaltation colonialiste ou de refus rétrograde, il invite à adopter une attitude constructive face à l'ordinateur à l'école, à poser des questions, à analyser au cas par cas, à soupeser les raisons pour et contre. Notons que de façon tout à fait à propos son livre est disponible en ebook!

l'ebook, dont je rapporte quelques exemples, doit donc être interprétée sous cet éclairage. La British Library de Londres rendra disponibles plus de 65 000 titres du XIXe siècle anglais. La compagnie de commerce en ligne américaine Amazon plus de 400 000 ouvrages, avec une réduction des prix conséquente par rapport aux librairies : ainsi les œuvres complètes de Shakespeare sont-elles offertes à 20 dollars. Il en est de même avec les projets de Google Books Search de numérisation de millions de textes, consultables gratuitement sur Internet ou téléchargeables sur ordinateur[1]. Ou encore Europeana, la bibliothèque numérique européenne, pour l'exploitation et la diffusion de millions d'œuvres provenant de différentes institutions des 27 pays membres de l'Union européenne en 23 langues. Face au phénomène de la divulgation massive de la culture mondiale, impensable autrefois, Robert Darnton, éminent historien du livre et directeur de la Bibliothèque universitaire de Harvard, préconise que l'avenir du livre papier est justement dans le livre électronique, pourvu que les bibliothèques, universités et gouvernements sachent gérer de tels bouleversements, évitant la création de monopoles d'accès à l'information, selon l'idée d'une nouvelle écologie fondée sur le bien public plutôt que sur le profit personnel[2]. La thèse d'une entente heureuse entre tradition et innovation pour le patrimoine – littéraire et autre – est étayée également par l'expérience de James H. Billington, président de la Library of Congress de Washington, concepteur de la prestigieuse initiative d'intérêt culturel mondial, parrainée par l'Unesco, intitulée « World Digital Library » (WDL). Elle met librement à disposition des usagers les trésors culturels, les expressions artistiques et folkloriques conservés dans les bibliothèques de toute la planète. Le portail, en ligne depuis avril 2009, donne accès à des milliers d'objets numériques à haute résolution : manuscrits et lettres, livres

1. En Italie, suite à l'accord signé entre le Ministère des Biens et des Activités culturelles et Google Libri en mars 2010 pour la numérisation d'entre 500 000 et 1 million de volumes, en décembre 2012 le projet MIBAC-Google de numérisation du patrimoine littéraire a été lancé. L'initiative, conçue pour sauver des écrits rares et de prix édités avant 1871, permettra la consultation libre des fichiers numériques, visualisables en intégralité et téléchargeables.

2. R. Darnton, *Il futuro del libro*, Adelphi, Milan, 2011.

rares et documents, cartes géographiques et estampes, films et enregistrements sonores, illustrations et images[1].

Ces dernières années on a pu remarquer un élargissement tangible de l'accès à la lecture, avec une attention portée également aux catégories sociales les plus marginales. Notamment, on a apporté une attention toute particulière à la situation des aveugles et des malvoyants, que des normes internationales freinent dans leur accès aux livres. Après une longue campagne internationale, où le Parlement européen était au premier plan, notamment grâce à l'intervention de la députée autrichienne Eva Lichtenberger et de l'auteur de ces lignes, les institutions européennes ont dépassé les réticences et permis l'approbation d'un Traité international au niveau de l'Organisation Mondiale pour la Propriété Intellectuelle (WIPO), qui libère enfin un vaste catalogue de livres à disposition des non-voyants, surtout dans les pays du Tiers monde où les possibilités d'accéder gratuitement à la culture sont plus limitées.

Toutefois, les voix dissonantes ne manquent pas en Italie et à l'étranger sur les dangers que la numérisation de masse de l'héritage littéraire et documentaire tombe dans une forme de populisme culturel. Numériser veut dire démocratiser, pas nécessairement vulgariser. Il est important d'encadrer ce processus et d'en corriger les aspects négatifs. D'autre part, dans la société de la connaissance et de l'approfondissement, l'importance sociale croissante de la lecture réclame à juste titre le « droit à la lecture », et même le « droit à la lecture électronique » (*e-reading*), de façon à garantir à tous culture et instruction, selon les propositions de l'European Bureau of Library, Information and Documentation Associations (EBLIDA) et de l'Association Italienne des Bibliothèques (AIB). Une attitude active et clairvoyante est donc nécessaire pour diffuser la lecture dans les écoles, pas seulement dans les institutions préposées, afin de promouvoir le droit de tous à la lecture et la qualité du service proposé.

1. Je rappelle qu'en juin 2011 a été signé un accord de collaboration entre le Ministère des Biens et des Activités culturelles italien et la Library of Congress. De cette façon, l'Italie aussi adhère au projet WDL pour la promotion de la diffusion et de la valorisation de la diversité linguistique et culturelle.

Maintenant, notre système scolaire traditionnel est-il en mesure de saisir le sens d'une telle révolution, d'interpréter les nouveautés introduites dans l'achat et le prêt des livres, d'organiser un espace où rendre possible l'utilisation culturelle et éducative du patrimoine mis à disposition par la technologie, par ailleurs à des coûts décidément moindres, et donc de favoriser l'accès à la connaissance et au savoir pour tous ? Il me semble que non. Ou bien l'école et le monde de l'édition italiens sont-elles à ce point en retard, alors que se diffusent des plateformes, des méthodologies et des procédures éducatives aux formes les plus diverses qui dictent des directions culturelles sur la base de leurs intérêts ? Il ne s'agit pas d'un phénomène purement technique : la dimension quantitative de l'offre, interface de la demande croissante d'instruction, exige de changer de modèle éducatif.

Pour l'école aussi la nouveauté de l'*e-publishing* se présente comme une mutation radicale, qui doit être soigneusement guidée, de façon à adapter l'action didactique au renouveau profond de l'édition numérique. En effet, jusqu'ici le livre papier correspondait au type d'instruction que nous connaissons ; mais le livre électronique remplit la même fonction pour l'éducation d'aujourd'hui et la remplira de plus en plus pour celle de demain. Ce n'est pas un hasard si un nouveau contexte de lecture se préfigure dans l'écosystème numérique, contexte qui considère la diversité du temps passé par les jeunes à lire un texte papier (environ 25 minutes), sur tablette (5-10 minutes) ou sur le Web (70 secondes).

Mais surtout, il faut que l'environnement d'apprentissage, entendu comme espace éducatif ouvert, flexible et multiforme, d'un côté reconnaisse le rôle fondamental de la bibliothèque à l'école comme partie intégrante et qualifiante de l'action formative pour favoriser la pratique de la lecture pour tous. De l'autre, prévoie l'organisation d'une structure adaptée à la tutelle de l'accès et à la création d'un service de qualité pour chacun. Voilà pourquoi nous avons fait nôtre le mot « Dis-moi quelle bibliothèque tu as, je te dirai quelle école tu es », de l'association Forum du Livre, qui soutient fermement la nécessité que chaque école ou chaque réseau d'écoles non seulement ait une bibliothèque, mais prévoie aussi un bibliothécaire scolaire spécialisé.

Toutes les bonnes pratiques le confirment. On ne dispose malheureusement pas de carte des initiatives entreprises par les réalités scolaires, aussi je reporterai celles dont je suis au courant. Par exemple, le réseau des bibliothèques de la province de Bolzano comprend plusieurs bibliothèques scolaires, avec coordination des achats, ce qui représente un cas de bibliothéconomie étudié au niveau international. Le réseau des écoles de Vicence est relié à la Bibliothèque Civique Bertolienne. Le projet Biblios, créé en 2009 sur l'impulsion du lycée classique Quinto Orazio Flacco de Bari, regroupe 21 écoles pour utiliser le patrimoine littéraire de chacune : il vise également à créer un système intégré d'information-communication culturelle à travers la lecture, pour développer l'auto-apprentissage permanent. Ou encore le Groupe scolaire de Bella, 5 mille habitants, dans la province de Potenza, entre les activités de la bibliothèque, avec 8 autres écoles et en collaboration avec des maisons d'édition, organise aussi un tournoi de lecture, d'abord soutenu par une contribution économique, comme prévu par le programme ministériel de 1999 pour la promotion et le développement des bibliothèques scolaires, aujourd'hui péniblement autofinancé.

Citons les cas où la bibliothèque, ouverte au territoire, offre un service aux élèves, enseignants et citoyens, comme au lycée classique Pasquale Galluppi de Catanzaro ou dans l'école élémentaire du quartier Borgoratti de Gênes. Par exemple, le lycée Telesi@ de Telese Terme (Benevento) était initialement dépourvu d'une vraie bibliothèque. Il offre aujourd'hui un espace organisé et fonctionnel d'accès à la culture et une offre qualifiée de soutien à la lecture, grâce à l'initiative de la directrice, en coordination avec certains enseignants, et à l'aide des élèves pour récupérer et cataloguer les livres ainsi que pour rénover des locaux.

Enfin, je voudrais évoquer l'expérience du groupe scolaire de Cadeo (Prato), à travers le récit de son directeur : « La Bibliothèque Osvaldo, propre et bien éclairée, est ouverte à tous, citoyens et enseignants de toutes les écoles, même l'été et parfois la nuit. Tous les projets de l'école "passent" par la bibliothèque et les 1 300 élèves la fréquentent. Le prêt est gratuit, individuel pour les élèves du collège, par classes pour les élèves de primaire. On ne remplit pas de fiche, on ne sait pas ce que c'est qu'une fiche, en revanche on sait qui est Pennac. Chaque année le nombre de prêts augmente, ainsi que le nombre de films en DVD et de nouveaux livres. Depuis longtemps la didactique ne prévoit plus de textes de narration obligatoires et identiques pour tous. Les élèves porteurs de handicap trouvent à la bibliothèque l'aide pour "être mieux à l'école". Nous avons une valise de livres que nous apportons une fois par mois à la crèche de Saliceto: chaque année nous offrons un livre à tous les nouveaux-nés, mais c'est nous qui le gardons. Il n'est pas vrai que les enfants ne lisent pas: ils lisent beaucoup quand les livres sont beaux et l'espace accueillant. Osvaldo dispose de 700 m^2 environ (0,6 par élève) et est structurée sur deux étages; les murs sont décorées avec les noms des écrivains et les chaises sont signées Philippe Starck; l'aquarium et le minibar sont pleins; dans le coin "cosy", doté d'une grande paroi vitrée, les employées disposent des plantes et les décorations de Noël. Il n'y a pas de clé, mais pas une seule trace sur les murs depuis cinq ans. Au printemps on peut lire dans le jardin. Les élèves de lycée reviennent souvent ici emprunter les livres qu'ils ne trouvent pas dans les autres bibliothèques scolaires. Osvaldo est la seule bibliothèque de la commune de Cadeo avec 12 000 volumes, dont 7 000 pour enfants: elle est à tout le monde, à l'école, aux familles, à la communauté, parce que tout le monde contribue à son fonctionnement. Les services offerts au public extérieur sont le prêt et le prêt à usage gratuit. Ainsi, sur un an, les résultats sont flatteurs: 14 431 prêts de livres, 2 957 de films, 1 779 prêts de documents d'aide technologiques pour handicapés et 170 de kits pour élèves DSA (Dispositif de Socialisation et d'Apprentissage). Sans parler du nombre d'heures d'ouverture hebdomadaire et des nombreuses activités organisées, comme les lectures ou rencontres avec des écrivains. À propos, la bibliothèque s'appelle Osvaldo en hommage à Osvaldo Soriano, l'écrivain argentin».

Pour conclure: comment donner tort à Cicéron quand il écrit: «Si tu as un jardin et une bibliothèque, tu as tout ce dont tu as besoin»?

3. L'espace virtuel

Voici un sujet qui mérite une partie entière: la question de l'espace virtuel comme environnement d'apprentissage à travers lequel mener une action formative de qualité, c'est-à-dire en mesure d'accompagner l'innovation inhérente aux technologies de l'information et de la communication, avec renouvellement des contenus et méthodes éducatives et didactiques.

Depuis longtemps, on le sait, la recherche et l'expérience, quand elles résistent aux tendances triomphalistes et idéologiques, tentent de dépasser les inconvénients et valoriser les avantages de l'introduction du virtuel et du numérique dans le système scolaire. Parmi les nombreuses études pertinentes sur le sujet, je citerai le travail de Paolo Ferri, en particulier son essai *L'école numérique. Comment les nouvelles technologies changent la formation*[1]. L'auteur soutient à juste titre que le profond changement engendré dans la «galaxie Gutenberg» par la technologie informatique et à travers les opportunités offertes par Internet, les iPad, tablettes et tableaux digitaux est en train de révolutionner une grande partie des aspects du monde scolaire, non seulement ceux liés à la structuration de l'espace physique mais aussi ceux qui concernent la conception de l'activité didactique. En ce sens, le rapport entre école, éducation et TIC sollicite d'un côté des nouvelles formes d'organisation comme l'*open space*, les laboratoires en petits groupes et les classes virtuelles; de l'autre, des méthodologies didactiques renouvelées (par exemple l'apprentissage coopératif ou l'*e-learning*), correspondant au monde du Web 2.0, c'est-à-dire au Web généré par ses usagers. De fait, le Web 2.0 change radicalement aussi bien le système de communication des vingt derniers siècles, déterminé par le livre et ses dérivés, dont la télévision et en un sens le Web 1.0, que la conception d'une instruction homogène et monodirectionnelle, séquentielle et isolée. Comme en témoigne le cas planétaire de Wikipédia, l'encyclopédie produite par la participation des usagers, aujourd'hui le

---

1. P. Ferri, *La scuola digitale. Come le nuove tecnologie cambiano la formazione*, Bruno Mondadori, Milan, 2008. Pour une analyse de l'usage des TIC et de la question des *native digitals*, sujets sur lesquels Ferri a écrit des pages très intéressantes, je renvoie au chapitre consacré à la culture de la technologie.

texte se forme et se transforme selon les choix du consommateur, qui peut mettre les entrées à jour ou en créer de nouvelles à travers l'interaction avec d'autres sujets actifs en ligne. De même, soutient Ferri, le parcours cognitif et formatif des nouvelles générations (*digital natives*), et pas seulement (*digital immigrants*), plus ou moins influencé par le Web 2.0, semblera en partie antithétique par rapport aux formes traditionnelles d'acquisition de l'information et des connaissances, basées sur la transmission. Il privilégiera des modalités d'apprentissage ouvertes et multidirectionnelles, réticulaires et coopératives, favorisant la didactique de la découverte et de la recherche.

Aussi, dans le but d'activer et de gérer le nouveau modèle de *setting* didactique 2.0, il faut avant tout investir pour fournir aux établissements scolaires une connexion haut débit adaptée ; pour doter les classes et les élèves d'un certain nombre d'ordinateurs portables, de tableaux interactifs multimédia (TAM) et de tablettes ; enfin, pour doter les enseignements de *notebooks*, de sorte à requalifier de façon globale et virtuelle l'environnement scolaire et l'espace didactique. Ensuite, il faut augmenter les ressources pour la recherche éducative, sollicitée pour trouver le juste équilibre entre méthodes traditionnelles et instruments novateurs ; pour la formation des enseignants, appelés à ré-organiser l'enseignement des différentes disciplines et l'attitude culturelle face à la réalité informatique et pour les « politiques de welfare de l'apprentissage », à l'intérieur et à l'extérieur de l'école. Il s'agit d'indications que la constante évolution technologique met à jour et dépasse en permanence : toutefois, il est décisif de soutenir une politique de soutien à l'« école digitale », de façon à tirer profit de la révolution informatique en termes de qualité, non seulement pour l'instruction mais aussi pour la société. C'est en ceci que consiste le rôle formatif et culturel de l'école, en accord avec le contexte général d'une société imprégnée de connaissances et de technologies, mais aussi et à la fois de démocratie et de droits.

Dans cette perspective, on peut lire la récente intervention intitulée *Compétences et environnements d'apprentissage,* où Silvano Tagliagambe met à jour ses précédentes recherches sur l'importance de l'environnement d'apprentissage pour amorcer un processus cognitif pertinent pour l'élève, surtout en termes de connaissances et de compétences[1]. Ce processus doit être proposé selon l'étroite relation entre « savoir » et « comprendre », condition nécessaire et suffisante pour affronter correctement toute réflexion sur l'instruction, parce que – soutient le chercheur – sans savoir on ne peut arriver à comprendre et, d'autre part, les connaissances seules ne suffisent pas pour comprendre. Ainsi, après avoir rappelé que « comprendre » implique de maîtriser les instruments de la pensée et du raisonnement (comme la logique, la théorie de l'argumentation, le *critical thinking* ou la réflexion sur les modalités de communication), l'auteur identifie la « boîte à outils » non seulement dans l'analyse, l'abstraction, la déduction, l'induction et l'analogie, mais aussi dans la capacité de penser par modèles et dans la stimulation. Cette boite à outils est indispensable pour acquérir des compétences garantissant à tout futur citoyen l'autonomie et la responsabilité de ses choix. En effet, il écrit : « L'élément en plus du "comprendre" par rapport au "savoir" est donc délimité et identifié. Il s'agit du squelette, de la structure solide à laquelle sont référées les compétences apprises pour pouvoir être assimilées et "incorporées" et devenir, en plus d'objet de notre savoir, instruments pour une meilleure compréhension du système cognitif, du réseau de concepts et de langages dont nous nous servons pour nous placer dans une relation efficace avec la réalité dans laquelle nous sommes plongés ». De cette façon, on peut dire que le rôle de la logique et de l'épistémologie devient transversal par rapport à l'enseignement/apprentissage des matières. La réflexion du philosophe des sciences poursuit en mettant en évidence aussi bien la contribution apportée par la création de l'espace virtuel pour favoriser le développement des compétences au sens précisé ci-dessus, que le risque lié à l'utilisation de la technologie numérique

1. S. Tagliagambe, *Competenze e ambienti di apprendimento*, in www.educazioneduepuntozero.it, publié le 14 avril 2011. L'article est accompagné de la présentation *Un nouvel environnement d'apprentissage : comment développer un raccord cohérent entre compétences et connaissances*, réalisée pour le congrès de l'Association Nationale des Dirigeants Scolaires (A.N.Di. S) du 31 mars 2011. L'auteur part de la définition de « compétence » pour développer son argumentation, ainsi qu'elle est présentée dans le document *Cadre européen des qualifications pour l'apprentissage permanent (EQF)* et traitée dans le deuxième chapitre de ces réflexions.

dans l'action éducative. D'une part, la possibilité offerte par les médias informatiques de décomposer et recomposer les contenus disciplinaires selon le contexte ou la finalité, promeut autant la flexibilité et la modularité de l'enseignement que l'individualisation et la personnalisation de l'apprentissage. Pourtant, d'autre part cette possibilité même peut provoquer chez l'un un manque de vision d'ensemble et d'unité de l'activité didactique ; chez l'autre dispersion et « chaos informationnel » du processus formatif. Aussi, il devient fondamental de construire un environnement d'apprentissage qui fournisse le « tissu relationnel » nécessaire dans le contexte de la parcellisation de la connaissance et de la formation induite par la composante technologique et numérique. Pour conclure son essai, Tagliagambe indique une série de conditions qui permettent aux modes cognitifs et opérationnels en jeu, de répondre aux finalités éducatives sur les plans individuel et collectif, selon une conception des processus d'enseignement basée sur les environnements d'apprentissage.

Cette même conception semble inspirer les expériences de certaines réalités scolaires. C'est le cas de la « classe en ligne » du lycée Technique Albe Steiner de Milan, qui a justement travaillé sur l'apprentissage de la philosophie. À travers une plateforme informatique, le travail en classe s'est intégré avec une classe virtuelle, avec deux heures hebdomadaires de laboratoire et en créant une relation avec les élèves chez eux. L'enseignant, après avoir défini le thème philosophique, a d'abord suscité une réflexion/discussion sur place ou en ligne, suivie par une série d'activités comme : présentations d'élèves, confrontation entre élèves et enseignant, moments de tutorat individuel et vérifications avec évaluation des individus et du groupe selon les critères de ponctualité, de respect du thème et de cohérence logique. Ici l'utilisation de la technologie et de l'espace virtuel a permis une innovation didactique dans le cadre du cursus, puisque l'enseignement de la philosophie n'est pas prévu à l'Institut Technique. De la même façon, l'Institut d'Instruction Supérieure George Nolfi de Fano (Lycée général avec filières littéraire, linguistique, sciences sociales et sciences de l'éducation), suite à l'introduction de l'enseignement des « Langages non verbaux et multimédia », a développé l'utilisation des outils numériques et expérimenté les nouveaux médias comme environnement d'apprentissage. Il a choisi la plateforme Moodle (un logiciel libre qui permet de gérer simplement et efficacement une formation en ligne), qui est utilisée aussi bien sur place qu'à distance. Démarrée avec l'intention d'exploiter l'espace Web comme «conteneur» de matériel didactique, l'expérience a conduit à la production de cours en réseau pour projeter, coordonner et documenter différentes activités. On peut également citer l'initiative de l'Institut d'Instruction Supérieure Giuseppe Veronese de Chioggia (Venise), intitulée *Lycée virtuel – on-line learning dans la didactique quotidienne*. Un instrument de support au travail traditionnel a été mis en place, par classes séparées ou en réunissant toutes les classes. Un environnement d'apprentissage, fortement orienté numérique et virtuel, propose l'accès à la connaissance dans une nouvelle optique modulaire et flexible, aussi bien à travers un processus de déconstruction et reconstruction des savoirs et des contenus que par l'expérimentation de nouvelles méthodologies et pratiques. Je rappelle également le projet Pinocchio 2.0, qui depuis 2002 implique de nombreux protagonistes (directeurs d'établissements, parents, élèves grands et petits, Italiens et étrangers) appartenant à des contextes italiens scolaires et autres et, à travers le programme eTwinning, d'autres États européens. Il vise à développer la créativité et l'imagination de tous à travers la création d'objets (artisanat, récits, dessins, vidéos, robots) avec l'aide du Web et de l'*open source*. L'expérience est très formative – à tel point qu'elle a été récompensée en 2012 – surtout pour les enfants des écoles des hôpitaux, pour qui Pinocchio, en plus d'être un super héros, devient un authentique compagnon de voyage. Comme certains des petits patients, le pantin expérimente la transformation de son corps, et face aux difficultés il est toujours capable de trouver une voie de «sortie», voire de «réussite».

On pourrait citer beaucoup d'autres expériences, mais je voudrais conclure cette partie sur l'apprentissage «dans et hors les murs» en rappelant une initiative intitulée *Performing Media pour l'Urban Experience: la voie ludico participative pour la citoyenneté éducative.* Ce projet est basé sur la pratique du *performing media*[1], qui utilise des Smartphones et des cartes interactives, en explicitant les potentialités de *storytelling* du Web intégrées à des événements ludiques et participatifs sur le territoire. Sur ces modalités, le projet *Théâtres de la mémoire*, qui s'est déroulé en janvier 2013, a conjugué les mémoires orales avec les langages multimédias pour solliciter une expérience d'exploration du territoire de Rome Nord[2]. À travers une carte Web, les plus jeunes (de l'école primaire au lycée) ont suivi, lors d'une série de promenades appelées «walk shows» les parcours narratifs des anciens (entendus via Smartphone et écoutables à la radio). Il a donc été possible de promouvoir non seulement l'échange entre générations à travers le théâtre de la mémoire, mais aussi «l'apprentissage partout», en explorant des lieux et en activant une forme inédite de citoyenneté éducative. Les *walk shows* ont mis en évidence le *Genius loci* narré par ceux qui y ont vécu des expériences pour faire connaître et apprécier des espaces en plein air, souvent en écoutant des «arbres parlants», comme cela arrive dans les parcours repérés dans un geoblog parmi les «mémoires rurales» de l'Agro Romano à Casal del Marmo ou du parc de l'ancien hôpital psychiatrique de Santa Maria della Pietà.

Le *geoblogging* (inauguré pour les JO de Turin en 2006 et conçu quand Googlemaps n'existait pas encore) a forgé le concept «écrire des histoires sur les géographies»: cette pratique conjugue politique et poétique des réseaux. Une solution efficace pour le *geolobbing*, en termes d'interaction design, sont les *mobtag* (appelés aussi *qr-code*), des codes graphiques particuliers qui transmettent des liens actifs aux Smartphones. Le *mobtag* a été utilisé pour une des premières fois à Turin en janvier 2007, dans le cadre des Universiadi et en relation avec la Journée de la mémoire, pour un happening nomade qui a relié l'Université à la gare de Porta Nuova, où un train pour Auschwitz était en partance avec des élèves d'écoles piémontaises. Le parcours passait par plusieurs lieux

1. C. Infante, *Performing Media. La nuova spettacolarità della comunicazione interattiva e mobile*, Novecentolibri, 2004. Je renvoie aussi à un de ses précédents articles, id., *Imparare giocando,* Bollati Boringhieri, Turin, 2000.

2. Le projet est consultable sur le Web: http://www.urbanexperience.it/wp-content/uploads/2013/03/FLYER-aprile-teatri_della_memoria.png.

où ont été vécus des chapitres cruciaux de l'histoire de l'antifascisme : à proximité, à travers les *mobtag*, on pouvait se connecter aux pages Web du geoblog *Mappa Emozionale dei Luoghi della memoria antifascista (Carte émotionnelle des lieux de la mémoire antifascite)* à Turin. Cette plateforme (développée par le PerformingMediaLab dont le siège se situe à Turin, dans un bâtiment confisqué aux mafias) présente beaucoup d'autres développements dans différents contextes, parmi lesquels celui des *Microhistoires de Corviale*, une façon pour les enfants de primaire d'explorer le célèbre immeuble romain long d'un kilomètre ; ou bien elle est modélisée dans les formats formatifs des *Experience Lab : le performing media pour l'innovation territoriale, sociale et éducative*[1].

4. L'apprentissage au sein et en dehors du temps scolaire

Au même titre que l'espace, un autre facteur est essentiel pour que fonctionne la proposition éducative basée sur la centralité de l'apprentissage : le temps éducatif. Le temps pour étudier, apprendre, faire vivre une école moderne, doit avant tout respecter les rythmes particuliers de la croissance de l'élève. Au contraire, le temps école dont nous avons hérité, un véritable tabou, constitue un élément rigide et non modifiable du système scolaire, dicté non pas par les besoins psychologiques et éducatifs de ceux qui apprennent, mais par les exigences bureaucratiques du système institutionnel et, en général, de l'offre éducative. En ce sens, sa rigidité représente un obstacle majeur au changement et à l'amélioration de l'instruction.

Dans une intervention il y a quelques années, Rosario Drago offrait un tableau très convainquant des conditionnements insoutenables qui ont pesé et pèsent toujours sur la structuration des horaires. Il écrivait : « Les contraintes de l'organisation du temps scolaire sont bien connues des directeurs d'établissements et de leurs collaborateurs : horaires du personnel, des transports, pauses, *desiderata* des enseignants, planning

1. Pour la consultation, je renvoie au site Web : http://urbanexperience.it/groups/experience-lab/forum/topic/un-progetto-di-formazione-e-azione-multimediale-ludico-partecipativa/

d'utilisation des laboratoires et des salles, organisation des réunions, calendrier des conseils de classe, des examens, etc. L'utilisation du temps est donc conditionnée par un ensemble complexe de règles formelles, de nombreuses contraintes organisationnelles et matérielles, d'habitudes et d'obligations de la vie sociale»[1]. Le résultat est que de tels intérêts contribuent à altérer, sinon à balayer, le caractère continu et unitaire du processus d'enseignement/apprentissage, c'est-à-dire à nier l'éducation centrée sur l'apprentissage et l'enseignement. En ce sens, la question du temps scolaire, de son articulation, de sa consistance et de sa durée globale devient un obstacle pour assurer la qualité de l'instruction.

Heureusement, depuis déjà quelques années dans plusieurs écoles, des expériences innovantes intéressantes affrontent cet aspect spécifique grâce à l'initiative et à l'intelligence de directeurs d'établissements et d'enseignants. Par exemple, à Trestina, dans la province de Pérouse, dans un groupe scolaire, les enseignants du collège ont dû faire face au risque diffus de démotivation des élèves. Ils ont attribué la cause notamment aux cours magistraux et au rythme scolaire. En particulier, ils ont saisi la difficulté pour les élèves d'apprendre en passant constamment d'une matière à une autre, sans un instant de répit, de réflexion ou de confrontation, sans moments de coopération, de soutien réciproque ou de travail de groupe. Ainsi, ils ont instauré pour douze classes «l'école laboratoire»: des laboratoires didactiques se sont ajoutés à la gestion ordinaire du cursus pour quatre domaines: linguistico-expressif, technico-artistique, logico-scientifique et moteur; de nombreuses disciplines ont été introduites comme le latin, la mise en scène, la physique, la chimie, les circuits électriques, l'alphabétisation informatique, «corps et musique». Le temps pour l'activité de laboratoire a été créé en réduisant de 6,5 % le nombre d'heures du cursus global et en baissant la durée des cours de 60 à 50 minutes, avec deux typologies de durée: une fois par semaine, pour un temps global de 21 heures et 40 minutes; deux fois par semaine, pour un temps global double

1. R. Drago, *Tempo di scuola. Appunti e riflessioni sull'organizzazione del tempo scolastico*, Adi, mai 2005, in http://ospitiweb.indire.it/adi/TempoScuola/Temposchola_frame.htm

de 43 heures et 20 minutes. En fait, il ne s'agissait pas simplement d'un réaménagement des horaires, mais de l'introduction d'une flexibilité générale du temps scolaire, au détriment du monopole du cours magistral.

On peut citer une autre expérience didactique qui va dans la même direction : elle a été réalisée pour construire un réseau interactif de blogs didactiques open source dans une classe du Lycée Technique Industriel Alessandro Volta de Pérouse. La nouvelle disposition des blogs de chaque élève et les autres activités liées à l'enseignement, la vérification et l'évaluation ont lieu en classe et à la maison en dehors des horaires. Ceci a permis de dépasser la rigidité de la matinée scolaire et des 60 minutes comme unité de mesure horaire pour toutes les disciplines.

Quand on regarde la réalité éducative des différents pays européens, il apparaît clairement que les nouveautés de contenu pédagogique introduites dans leurs systèmes ont impliqué un changement des structures architecturales et des scansions temporelles. En Autriche, par exemple, sur l'initiative de la Fondation Köck, un groupe d'enseignants, d'administrateurs scolaires et d'architectes, à travers la Plateforme SchulUMbau, offre des stimulations et des idées pour construire de nouveaux bâtiments scolaires répondant aux développements récents de la doctrine éducative[1]. Le premier résultat de la discussion sur la plateforme a été l'élaboration de la « Charte 2010 pour la création d'infrastructures éducatives pour le XXIe siècle ». Articulée en onze points, elle dessine une nouvelle idée d'*éducation*, qui s'exprime particulièrement dans le dernier, où on lit : « L'intégration des bâtiments scolaires avec l'environnement

1. Je tire ces informations des Actes du séminaire international organisé par l'Adi à Bologne en février 2011, intitulé *Il dito e la luna. Puntiamo lo sguardo sulle competenze : nuovi tempi, spazi e modi di fare scuola*, en particulier de l'intervention « Breaking down the walls. Schools without classrooms », de Christian Kühn, président de la Faculté d'Architecture de l'Université de Vienne et président de la Fondation autrichienne d'Architecture. L'auteur, après avoir reparcouru les lieux où se déroulait l'éducation des enfants et des jeunes gens du XVIIIe siècle à aujourd'hui, indique les tendances les plus innovantes dans le domaine de l'architecture scolaire, avec des exemples de nouveaux bâtiments construits dans différentes parties du monde. Les Actes du séminaire sont consultables à l'adresse suivante :

http://ospitiweb.indire.it/adi/SemFeb2011-Atti/sa11-frame.htm.

est particulièrement important pour tous les deux. Les institutions éducatives doivent former un réseau avec d'autres structures culturelles de la communauté. Idéalement, elles devraient fonctionner comme infrastructures culturelles 24 heures sur 24 pendant toute l'année et avoir différentes fonctions». Il est intéressant de noter que l'école ainsi entendue rappelle en un sens le concept de *civic center*, traité un peu plus haut.

Toutefois, pas de quoi avoir peur. Ne pensez pas que les Autrichiens veulent maintenir les élèves sur des bancs toute la journée, ou veulent augmenter les horaires des enseignants à coups d'heures «du cursus», consacrées aux traditionnels cours magistraux. Rien de tout ça. Ce qui est projeté, au contraire, c'est une journée scolaire polyédrique, avec activités différenciées: c'est-à-dire une autre façon de faire l'école, où la flexibilité spatiale et temporelle s'entrecroise avec des moments au grand air, le matin et l'après-midi.

Cette structure est la réalité concrète du Danemark. Dans la Hellerup School de Copenhague, un établissement construit en 2003 qui héberge près de 750 élèves âgés de 6 à 16 ans, l'alternance de grands et petits espaces favorise la diversité didactique entre les différentes disciplines et méthodologies, et donc la différence des temps relatifs d'enseignement et d'étude. Dans cette école, les élèves ont la possibilité de fréquenter des zones de différentes formes et dimensions, où rencontrer leurs enseignants et camarades, suivre des cours, étudier en groupes plus ou moins grands pour des temps courts ou longs, selon la nécessité de leur apprentissage.

Ceci vaut aussi dans l'autre école danoise, évoquée au début de ce chapitre à propos de la fonctionnalité des environnements et de la décomposition du groupe classe. J'en parle ici à propos de la scansion temporelle de la journée scolaire. Le récit de notre élève italien se poursuit ainsi:

«8 h 10: Anglais. Lecture d'un texte. On doit répondre à plusieurs questions sur nos ordinateurs. Correction des réponses, discussion et approfondissement, avec nouvelles questions de la professeure.

9 h 45: Récréation.

10 heures: Histoire. Résumé du cours précédent, discussion avec la professeure. Puis articulation en groupes, avec nouveau

matériel d'étude. Mon groupe travaille sur les palais de la Renaissance, à travers un texte sur Internet et des livres pour approfondir. On revient en classe : les groupes présentent leurs recherches.

11 h 35 : pause déjeuner. Une fois par semaine, une classe divertit ses camarades en jouant la comédie, chantant, jouant de la musique (avec évaluation finale).

12 heures : sciences politiques. On discute les nouvelles lues dans les journaux, les programmes des partis ou les politiques économiques, avec vaste documentation.

13 h 45 : La classe se divise selon les matières. Je vais en mathématiques. La leçon se déroule sous forme interactive. »

Une fois encore, les exemples étrangers témoignent de la prévalence des critères d'adaptabilité spatiale et temporelle et de mobilité des élèves, répondant à une organisation du cursus beaucoup plus souple et flexible. L'heure de 60 minutes a disparu et les « heures de cours » varient de 15 à 90 minutes selon l'activité didactique, se composant et se décomposant pour les différents temps d'apprentissage, de même que le groupe-classe se compose et se décompose dans les multiples espaces.

En Italie l'organisation, qui remonte à 1859, n'a pas changé depuis : horaires rigides, respectant strictement le cursus, limité à la seule matinée fractionnée en heures de 60 minutes, toujours uniformes. La littérature scientifique a abordé le problème sous plusieurs angles, avançant des arguments cultivés et sérieux contre la structuration aussi bien du temps scolaire, qui ignore les rythmes de l'apprentissage, que de la journée d'école, qui se résume à une juxtaposition mécanique de différentes matières[1]. Ce n'est pas un hasard si on parle d'organisation taylorienne de l'horaire ; Antonio Ruberti l'a même qualifiée de « modèle fordiste ». Que le lecteur se rappelle le rythme de l'école : 8 h 30, première heure latin ; 9 h 30, deuxième heure physique ; 10 h 30, troisième heure philosophie ; brève interruption ; 11 h 30 quatrième heure anglais... et ainsi de suite jusqu'à la sortie,

1. En particulier, je me réfère aux réflexions présentes dans l'essai déjà évoqué de V. Campione et S. Tagliagambe, *Saper fare la scuola*, *op. cit.*, chapitre IV, « Il mutamento orgnizzativo e la ristrutturazione dello spazio e del tempo », pp. 65-83.

prévue à 13h30. On passe brusquement d'un champ du savoir à un autre sans qu'aucun critère éducatif, épistémologique ou méthodologique justifie le motif de cette contiguïté de disciplines. On ne prévoit ni pauses ni occasions pour raisonner ou comparer, se poser des questions ou se changer les idées, ni avec les enseignants ni entre élèves. Aujourd'hui on attribue à l'ordinateur la responsabilité de ne pas solliciter la réflexion : et on pense la favoriser avec cette séquence horaire privée d'unité cognitive, culturelle ou sociale construite pour l'élève ? Pourtant, Kant lui-même sollicitait une « architectonique de la raison », en mesure d'organiser les connaissances selon une unité systématique du savoir. En effet, le philosophe écrit dans la *Critique de la raison pure :* « Sous le gouvernement de la raison nos connaissances en général ne peuvent pas former une rapsodie, mais doivent constituer un système [...]. Par système j'entends l'unité de multiples consciences rassemblées sous une idée. Ceci est le concept rationnel de la forme d'un tout [...]. Le tout est donc organisé (*articulatio*) et non amassé (*coacervatio*) »[1].

Certains s'opposent à ces arguments et défendent le système existant, qui se porterait garant des contenus disciplinaires. Or aujourd'hui, de cette façon, l'instruction ne fonctionne plus. La critique de l'organisation actuelle du temps scolaire n'a pas l'intention de remettre en cause la spécificité des savoirs. De même, la recommandation d'un « tout » n'entend pas parrainer un savoir indistinct qui annule la consistance épistémique différente des matières singulières. L'objection concerne plutôt la façon dont les savoirs sont transmis et « entassés » par ce rythme horaire inflexible, qui alimente l'accumulation des disciplines, la pression cognitive et la fragmentation des connaissances. De ce fait dans les esprits des élèves les savoirs arrivent comme *coacervatio* et non comme *articulatio*, ils se configurent comme un domaine extérieur au vécu intellectuel de l'élève. Au contraire, l'apprentissage est une activité à la fois unitaire et graduelle, difficile à réaliser quand l'organisation hétérogène des horaires et du calendrier scolaires prévoit des sauts d'une matière à l'autre ou de longues interruptions,

1. I. Kant, *Critique de la raison pure*, GF, Paris, 2006.

comme dans le cas des vacances d'été, institutionnellement conçues comme absence, vide, négation éducative.

Ainsi, la rigidité du temps scolaire se retrouve dans les principales unités de mesure temporelle, dans l'« heure de cours » qui dure 60 minutes quelle que soit l'activité : une leçon d'histoire, des expérimentations en physique, une répétition musicale ou des conversations en langue étrangère. On la retrouve aussi dans la scansion de la journée scolaire, qui dure généralement cinq heures : la même durée pour un enfant de 6 ans que pour un jeune de 18 ans. Même les vacances scolaires ont la même durée : deux mois et demi pour les petits comme pour les grands, les enfants, les préadolescents ou les adolescents. Ceci marque le triomphe du principe de l'uniformité, alibi du bureaucratisme archaïque d'État et de l'aplatissement de la fonction publique italienne : les élèves et les actions doivent répondre au sacrosaint canon de l'égalité, parbleu ! L'Italie se réfugie de façon si obtuse dans le formalisme ! On présume l'« égalitarisme », c'est-à-dire que tous les élèves aient les mêmes exigences, les mêmes caractéristiques psycho-évolutives, physiologiques, intellectuelles, la même résistance en classe et le même besoin de temps de pause. Et on suppose que les matières doivent toutes être abordées dans le même temps et le même espace : qu'elles soient théoriques, expérimentales, motrices et ainsi de suite. La vérité est que le monde scolaire a été, est pensé et organisé comme un produit bureaucratique, fait avec un moule, et que le temps scolaire est modelé sur cette présomption.

Parmi les nombreuses voix qui font autorité, citées par Rosario Drago dans son intervention évoquée plus haut, je retiendrai les considérations du grand mathématicien Giovanni Vailati sur la surcharge de la journée d'école : « Les hommes cultivés, les enseignants et les pédagogues, qui repousseraient avec terreur la proposition de s'engager, ne serait-ce que pour une semaine, à écouter trois conférences par jour les unes à la suite des autres, même sur des sujets qui les intéressent, ne semblent pas voir l'absurdité didactique, hygiénique et psychologique d'un système scolaire qui contraint les jeunes de 10 à 18 ans à rester cloués sur leurs chaises en moyenne cinq heures par jour, pendant des années, comme s'il n'y avait pas d'autre moyen pour atteindre les buts visés ou, pour être précis, qu'on croit ainsi atteindre»[1]. Nous sommes au début du XXe siècle. Plus de cent ans ont passé, mais la structure de la journée scolaire pour les élèves italiens semble… ne jamais devoir se transformer!

5. Le temps pour enseigner et le temps pour apprendre

Comme en attestent les données récentes de l'OCDE, en Italie les élèves entre 7 et 14 ans passent plus de 8000 hcures par an sur leur chaise, contre moins de 7000 pour les élèves du même âge des autres pays (notons que les dernières coupes budgétaires modifient en partie le tableau)[2]. Peut-on raisonnablement en déduire que les horaires, plus larges que dans les autres Pays étudiés, produisent de meilleurs résultats que dans les autres systèmes éducatifs? Je ne crois pas. D'abord parce qu'une plus grande amplitude horaire n'augmente pas automatiquement la qualité de l'apprentissage. Ensuite parce que notre calendrier scolaire, celui qui attribue le plus d'importance aux cours magistraux, accorde le moins de temps *lato sensu* à l'ensemble du processus d'apprentissage. Or il ne faut pas sous-estimer cet aspect, au contraire. Ainsi, l'école italienne ne reconnaît le temps d'enseignement que le matin, en termes institutionnels et pédagogiques. Celui-ci est instauré par la loi. L'école ne reconnaît pas le temps de l'apprentissage, excluant ainsi des horaires strictement scolaires toute action éducative et socialisante complémentaire, qui suppléerait à la transmission des connaissances. En ce sens Benedetto Vertecchi a raison quand il insiste sur le fait que notre «horaire» absorbe tout le temps, c'est pourquoi les élèves italiens, en plus des cours traditionnels, n'ont pas le temps de faire autre chose, par exemple cultiver un potager. Ou quand il rappelle qu'en Finlande, au top des systèmes éducatifs, les heures d'enseignement sont peu nombreuses dans un système qui prévoit l'ouverture des écoles jusqu'au soir pour les activités d'apprentissage.

---

1. G. Vailati, «Idee pedagogiche di H.G. Wells», in *Rivista di Psicologia applicata alla pedagogia e alla psicopatologia,* An II, n° 3, mai-juin 1906.
2. OCDE, *Education Today. The OECD perspective*, OCDE, Paris, 2010.

En effet, la structure spatio-temporelle de l'instruction italienne se base sur un choix de départ net : diviser le moment de la leçon de celui de l'étude. Le professeur enseigne le matin à l'école ; l'élève apprend, approfondit et révise hors du lieu et des horaires scolaires. Chez lui. L'après-midi. Seul. En fait, la séparation « physique » du temps de l'enseignement et du temps de l'apprentissage reflète la différence « conceptuelle » liée à la transmission du savoir. Ce qui revient à dire que l'école transmet, vérifie et évalue le résultat individuel. En théorie elle n'a pas pour but d'assurer l'unité ni de son cadre culturel ni des cursus et des disciplines. Avec la conséquence que l'organisation des rythmes et des temps de la part de l'administration et de la didactique ne s'occupe pas des problématiques et formes d'apprentissage spécifiques, ni des initiatives pour garantir engagement et résultats. L'étude à proprement parler, c'est-à-dire la façon dont elle est programmée et effectuée par chaque élève, reste donc un fait privé, ce qui revient à dire que chaque élève est le responsable principal du problème complexe de l'accès à la connaissance et du succès éducatif.

Selon cette conception traditionnelle, juste au moment le plus délicat du processus éducatif, l'élève est seul, livré à lui-même. Avec sa famille, bien sûr, sachant que les familles sont culturellement et socialement différentes entre elles. C'est pour cette raison que l'élève est exposé au risque le plus insidieux, c'est-à-dire au phénomène social de la diversité des origines comme cause première de l'inégalité et de l'exclusion. Plus généralement, le danger émerge que l'instruction se nie elle-même, c'est-à-dire nie sa fonction publique, étant donné que c'est précisément là que se trouve la véritable menace de privatisation et donc la trahison du grand principe de l'égalité substantielle, tel qu'il est exprimé dans l'article 3 de la Constitution. Je ne sais pas si on a suffisamment réfléchi à cet aspect et à tout ce que cela implique en termes d'éducation et d'égalité des chances.

Je comprends bien qu'une évaluation aussi dure peut sembler exagérée ; toutefois, elle cueille la substance de ce modèle éducatif et de ce système institutionnel qui dans l'ensemble résistent, malgré la pratique quotidienne et l'introduction de modifications partielles qui ont contribué à atténuer la radicalité de la division entre leçons et étude. Mais comment réussissent-ils à survivre ? Avec quelle motivation ? Peut-être parce que la conviction que c'est ainsi qu'on assure la qualité et le rendement de l'apprentissage a prévalu. Tout en rappelant que l'apprentissage est au mieux un processus intérieur et personnel de l'élève pour l'assimilation de notions. Pourtant, de cette façon on finit par sous-évaluer le rôle et la contribution apportés justement par la confrontation aux autres et l'ouverture aux stimulations sociales et de l'environnement. Du reste, la pertinence de la coopération entre pairs est prouvée par le fait que depuis toujours les élèves se retrouvent l'après-midi pour étudier ensemble. Pour autant, on répète ici la nécessité et l'importance des deux moments, individuel et de groupe, pour garantir la qualité d'un parcours éducatif.

Un autre facteur de conservation de la rigidité du temps scolaire a été sans aucun doute la défense des disciplines associée à l'individualisme marqué dans l'organisation de l'enseignement. Luigi Einaudi témoignait il y a un siècle sur le poids des intérêts disciplinaires : « Chaque professeur devient le représentant ou le défenseur d'une discipline, qu'il voudrait enseigner toute entière à ses jeunes, discipline dont l'utilité est incontestable, dont on déplore les inconvénients pratiques d'un mauvais enseignement, dans les concours pour les maîtres. Chacun affirme que son horaire est insuffisant, que les trois heures hebdomadaires consacrées à une matière ne suffisent pas, qu'il en faut quatre, cinq, voire dix »[1].

Aujourd'hui la relation entre horaires et temps d'une part, matières et contenus de l'autre, s'est encore détériorée à cause de la contradiction entre expansion scolaire et conservation du système des disciplines. La tentative de résoudre la question par la voie du compromis n'a conduit qu'à l'affaiblissement du système. Ainsi, au fil des ans on a assisté à la dilatation quantitative des « programmes » et à l'augmentation du nombre de matières : autant de mesures qui, en poursuivant un encyclopédisme vain, ont contribué à accentuer la « solitude » progressive

1. L. Einaudi, « La superstizione degli orari lunghi », *in* id., *Il buongoverno. Saggi di economia e politica (1897-1954)*, Laterza, Roma-Bari, 2004 ; cité dans le *Corriere della Sera* du 21 avril 1913.

du travail des élèves et l'appauvrissement de la prégnance culturelle de l'école pour tous.

Cela vaut la peine de lire, 60 ans plus tard, le témoignage de Guido Calogero, chercheur rigoureux et intellectuel subtil, qui écrivait contre les contenus et les programmes scolaires: « Même les laïcs les plus invétérés, en Italie, croient au péché originel; l'enfant est originairement mauvais, tordu, et doit souffrir durant son enfance et son adolescence pour devenir adulte. Il voudrait s'amuser. Non, il doit trimer (quand on pourrait étudier la façon de le faire travailler en s'amusant). Il voudrait lire des livres plaisants. Non, il doit lire des livres ennuyeux (ennuyeux, bien entendu, y compris pour l'enseignant, alors qu'il y en aurait tant qui sauraient les amuser tous les deux). Il voudrait entendre parler de problèmes qui l'intéressent. Non, il doit entendre parler de problèmes qui intéressent ses maîtres (ou que les programmes du ministère supposent intéresser ses maîtres, qui trouveraient peut-être plus intéressants les problèmes des élèves) »[1].

Certains voient dans ce tableau une explication partielle des causes des « agitations étudiantes » d'automne, récurrentes, qui expriment des états d'âmes différents et des exigences diverses. Certaines sont avant tout idéologiques, contre l'« injustice » de l'école: jusqu'ici, elles ont été en contraste avec les politiques éducatives de « réforme » des gouvernements qui se sont succédé dans les dernières décennies, prenant souvent la forme d'« occupations ». D'importance plus directe et ayant une ambition plus spécifique de proposition, on trouve d'autres formes de mouvements comme les « autogestions » et les « cogestions », dans lesquels émerge un besoin de socialité, d'exercice critique, de participation à la transformation des méthodes et les contenus éducatifs traditionnels. Il s'agit donc d'une façon de proposer la question « du point de vue de la demande » et de revendiquer la dignité d'un vrai apprentissage y compris pour l'activité informelle de confrontation et approfondissement: un autre apport à la discussion sur le système éducatif et sur

1. G. Calogero, *Scuola sotto inchiesta: saggi e polemiche sulla scuola italiana*, Einaudi, Turin, 1957, pp. 110-114, paru dans *Il Mondo*, 25 août 1953.

le cursus, qu'il faut observer avec attention et non avec une légèreté hostile et frileuse.

Pour conclure, je dirai qu'espaces et temps sont une composante essentielle pour renouveler l'apprentissage avec la méthode de l'éducation centrée sur l'apprentissage. Aujourd'hui on est prêts à les changer et à voir des résultats positifs : des innovations ont déjà lieu chez nous. Ce qui manque, c'est simplement la conscience de la nécessité de renouveler la culture éducative et d'affirmer une volonté politique déterminée.

7.

Culture scientifique et culture musicale

Une once d'expérience vaut mieux qu'une tonne de théorie,
simplement parce que c'est uniquement dans l'expérience
qu'une théorie peut avoir une signification vitale et vérifiable.
John Dewey

1. Faut-il changer les cursus ?

Comme on l'a dit aux chapitres précédents, l'exigence d'un renouveau significatif de l'instruction fondée sur l'éducation centrée sur l'apprentissage nécessite de modifier les cursus en profondeur. Toutefois, ce thème est tellement vaste et complexe qu'on ne pourra l'aborder ici que par petites touches, sans prétendre à la moindre exhaustivité ni à l'attribution de priorités aux disciplines.

En effet, l'importance des changements globaux aujourd'hui rappelle un tournant historique extraordinaire : le moment où l'on assista, au cœur de l'époque moderne, à des phénomènes comme la modification des frontières géographiques et l'affirmation du capitalisme ; l'incubation de la révolution industrielle et la consolidation politico-institutionnelle des États nationaux ; l'utilisation de la poudre à feu et de la boussole ; le crépuscule de l'ère du droit commun et l'apparition des deux systèmes juridiques de la *common law* et de la *civil law* ; et enfin, la naissance des droits humains et du constitutionnalisme. C'est pendant les siècles de la diffusion de la presse, de la révolution scientifique et musicale et des innovations techniques que se dessine «l'arbre des savoirs» et que se structure la partition des disciplines et l'organisation de leur enseignement selon l'acception moderne. Comme à cette époque, aujourd'hui les transformations radicales, plusieurs fois évoquées au cours de ces pages, exhortent le système de la connaissance, l'organisation des savoirs et l'implantation de l'instruction à trouver des réponses innovantes à la nouvelle demande de connaissance et de participation. Ainsi, en attendant que s'ouvre un débat national à la fois scientifico-culturel et politico-institutionnel sur ce thème, il me semble décisif de proposer un renouvellement des cursus dans le cadre du recentrement sur l'apprentissage, qui d'un côté valorise la créativité et la curiosité, de l'autre promeut l'approche expérimentale et pratique. Cette dernière, en plus de sa validité intrinsèque pour la formation, peut constituer un facteur efficace de changement pour tout le système éducatif italien. Je fais allusion à la nécessité de construire dès la période scolaire à la fois une solide culture scientifique et une éducation active aux arts, en particulier à la musique : ces savoirs font défaut en Italie. L'intention est de remodeler le patrimoine culturel de base du citoyen italien à travers la consolidation de la méthode scientifique et l'enrichissement de l'activité artistique. Cette proposition a une double finalité : d'un côté, remédier au gros retard de l'Italie dans ces deux disciplines ; de l'autre, favoriser l'innovation de tout le système éducatif en multipliant les potentialités de l'apprentissage. En effet, il est vrai que l'enseignement fructueux et correct des sciences et des arts en général (et de la musique en particulier) ne peut se réduire à des cours magistraux, transmissifs ou verbaux : il nécessite d'aller en laboratoire, de manipuler, d'expérimenter. C'est ainsi que se conjuguent rigueur logique et expérience concrète, intérêt intellectuel et engagement émotionnel, dans le but de stimuler toutes les facultés cognitives de l'élève. De ce point de vue, l'introduction de stratégies didactiques choisies pour réaliser tel ou tel objectif dans ces deux disciplines peut se révéler salutaire pour l'ensemble de la méthode éducative, dans la mesure où imagination, sensibilité, intellect et raison sont alimentés par tous les épistèmes et par toute l'action éducative.

Dans cette perspective de renouvellement culturel et éducatif, en 2006 ont été institués le « Comité pour le développement de la Culture scientifique et technologique[1] » et le « Comité national pour l'apprentissage pratique de la Musique[2] », qui œuvrent pour contribuer à corriger le retard italien dans ces domaines.

2. L'héritage culturel italien

Depuis des décennies, la société de la connaissance reconnaît une importance fondamentale aux disciplines qui font partie des *Science and Technological Studies*, pour leur capacité d'innovation et de changement aux niveaux aussi bien économique et productif que politique et social. Il est urgent et nécessaire de favoriser d'un côté une éducation scientifique et technologique qui permette aux élèves de gérer les nouvelles frontières, de l'autre la diffusion de la culture scientifique et technologique qui permette à tous de construire une citoyenneté scientifique libre et responsable. Ceci vaut pour toute société démocratique qui souhaite stimuler une intégration harmonieuse et exigeante quant à l'innovation et aux politiques participatives.

Dans ce contexte, le « Comité pour le développement de la culture scientifique et technologique » a élaboré en 2007 un *Document de travail* qui traite la question de façon globale, appelant à l'engagement des principaux sujets concernés, c'est-à-dire l'école et l'université, les institutions et organisations culturelles, le monde du travail et de l'entreprise et enfin les associations et médias dans le but de créer un « système en réseau » où les différentes réalités peuvent interagir et coopérer.

---

1. Institué par Décret interministériel du 4 août 2006, le « Groupe de travail interministériel pour le développement de la culture scientifique et technologique » a été dénommé en juin 2010 « Comité pour le développement de la Culture scientifique et technologique ». Sa constitution a une dimension nationale et entre dans le panorama européen d'actions prédisposées pour la croissance des sciences et de la technologie. Il poursuit l'objectif de soutenir l'adminstration dans le développement d'un système organique pour la promotion de la culture scientifique et technologique qui rende systématique l'accès aux nouvelles compétences dans les secteurs de la recherche, de l'instruction et de l'innovation. Les archives, les documents et toutes les informations sont consultables sur le site www.scienze.pubblica.istruzione.it
2. On en parlera plus loin en relation à la culture musicale.

Il est intéressant de reproduire ici certains passages des *Prémices* : « Le progrès scientifique nous a permis de comprendre des choses inimaginables du ciel, de la terre, des êtres vivants, de l'esprit. La science, en particulier la recherche fondamentale, a constitué au fil des siècles le moteur de l'innovation. Le monde en est conscient. Ainsi, aujourd'hui les investissements dans la recherche ont dépassé les 1 000 milliards de dollars. L'engagement dans la science, hier apanage d'une minorité de pays, s'est aujourd'hui étendu à d'autres. Le barycentre financier mondial a même été déplacé, puisqu'il s'est transféré des rives de l'Atlantique à celles des Océans Indien et Pacifique. Jusqu'aux années quatre-vingt-dix États-Unis, Canada et Europe constituaient l'axe important de la recherche de base. Ce n'est plus le cas aujourd'hui. La Chine augmente ses investissements de 20 % en moyenne, ils auront bientôt doublé ; en Inde ils augmentent de 8 %, ainsi que dans d'autres pays asiatiques. En Occident le nombre d'inscriptions dans les universités scientifiques est très bas, tandis qu'en Chine ils sont passés de 2 à 6 millions en dix ans. Si ces tendances se confirment, dans les dix prochaines années plus de 90 % des chimistes, physiciens et ingénieurs seront asiatiques et travailleront en Asie.

« En Italie la situation à ce sujet est grave, très grave. Et elle n'est pas perçue comme telle par le pays dans son ensemble. Les jeunes ne s'orientent pas en nombre raisonnable – et surtout souhaitable – vers les professions et savoirs scientifiques. Les années précédentes les inscriptions universitaires dans ces secteurs ont chuté de façon préoccupante. Les enquêtes internationales (Agence Internationale de l'Énergie ; OCDE) révèlent des lacunes très dangereuses chez nos jeunes générations et en Italie. Ces indicateurs, accompagnés de nombreux autres tout aussi alarmants, témoignent d'une grave crise de civilisation. Nous nous trouvons face à une perte progressive de poids international, à la diminution des opportunités offertes à nos jeunes générations, au risque de la marginalisation italienne dans la société mondiale de la connaissance »[1].

---

1. *Document de travail*, p. 3. Ce *Document* a marqué un tournant à partir duquel le Comité a mené plusieurs initiatives relativement importantes. Un investissement qui a sans aucun doute eu un gros succès a été celui pour le

Notons que le décalage italien dans le secteur scientifique, mis en évidence par le *Document de travail*, reflète ce qui arrive pour toute la recherche italienne, comme le révèle l'éloquence des chiffres : en Italie travaillent 70 000 chercheurs, contre 270 000 en Allemagne. Une recherche OCDE atteste que sur 1 000 actifs occupés, on compte 38 chercheurs en Italie, 79 aux États-Unis et 74 en Corée : le double par rapport à l'Italie, où le pourcentage des investissements dans le savoir et dans la connaissance (y compris l'instruction) représente 2,5 % du PIB, contre 6,5 % aux États-Unis et en Suède. Le déficit global de savoir scientifique ne dépend toutefois pas uniquement de données structurelles et macroéconomiques, mais aussi et surtout d'une carence culturelle qui conduit notre opinion publique à ne pas reconnaître à la science sa juste valeur ni à nourrir une pleine confiance en ses potentialités. Aussi, il est urgent de s'interroger sur les causes de cette situation pour changer de cap. Il faut garantir à nos jeunes une préparation adaptée pour se confronter avec succès aux jeunes européens et extra-européens, et donner aux Italiens une culture scientifique pertinente pour accroître leur conscience civique et sociale devant les nouveaux défis de la science. Une raison déterminante est pour sûr la sous-évaluation de la part de la classe dirigeante italienne de l'innovation et de la recherche comme éléments fondamentaux pour le développement industriel et la croissance économique : je me rappelle autrefois le manque de considération de la politique dominante des années soixante

---

Lycée scientifico-technologique qui, pratiquement « disparu » de l'horizon éducatif, a été reconnu suite à la sollicitation du Comité avec la création du Lycée scientifique – Option sciences appliquées, comme prévu par le Règlement de révision du système organisationnel et didactique des lycées en 2010, à l'art. 8. Cette option fournit à l'élève des compétences très avancées dans les domaines de la culture scientifico-technologique, avec référence particulière aux sciences mathématiques, physiques, chimiques, biologiques, de la terre, à l'informatique et à leurs applications. C'est une petite victoire mais une victoire significative pour le Comité, qui intercepte la demande de changement provenant de la société, comme le démontrent les données récentes fournies par le MIUR, relatives aux inscriptions pour l'année scolaire 2013-2014. En effet, ces données attestent d'une augmentation du nombre d'élèves dans ces filières scientifiques par rapport aux filières traditionnelles, qui enregistrent une baisse. La distribution en pourcentages des 533 851 élèves inscrits en première année de lycée, publics et privés, sont consultables sur le site du MIUR pour l'année 2013-2014, classés par filières et options.

pour ces problématiques à travers les exemples de Mattei, Ippolito ou Marotta.

Toutefois, il est de plus en plus remarqué, par des voix faisant autorité, que notre retard dans la connaissance des sciences naturelles et mathématiques est imputable à une fermeture historiquement ancrée, renforcée par l'héritage néo-idéaliste italien du siècle dernier, qui a accusé les sciences de ne pas atteindre les hauts sommets de l'esprit, comme le permettent les *humanae litterae.* Cette accusation a encore aujourd'hui une influence sur la façon dont nous nous appropriions le jugement lapidaire de Benedetto Croce dans sa *Logique comme science du concept pur* de 1905. Il y affirme que seuls les esprits profonds cultivent la philosophie et l'histoire, tandis que les « esprits étroits » s'intéressent aux disciplines expérimentales, dans la mesure où elles n'ont rien à voir avec la recherche de la vérité. L'idée Crocienne que « la science est une liste de recettes de cuisine », ou celle de Gentile pour qui la science « est un monde de spectres où l'âme sent le froid de la mort », s'ajoutent au discrédit réservé aux mathématiques. Les mots de Croce, lors de sa polémique avec Giovanni Vacca, assistant de Peano, donnent particulièrement sens à la question, quand l'intellectuel des Abruzzes confesse : « Vacca veut laisser entendre que je m'y connais peu en mathématiques : il s'est trompé mais pas dans le sens qu'il imagine : je ne m'y connais pas peu, mais très peu ; mon ignorance des mathématiques est bien plus grande que ce que Vacca soupçonne. [...] Les mathématiques, ne possédant ni vérité historique, ni vérité philosophique, ne sont pas une science mais un instrument et une construction pratique »[1]. On pourrait dire

---

1. In F. De Anna, *Saperi umanistici e saperi scientifici*, in www.educazioneduepuntozero.it, publié le 4 mai 2011. L'auteur affronte les racines italiennes de la séparation entre culture humaniste et culture scientifique, alimentant le débat apparu dans d'importants quotidiens, des publications spécialisées et sur la revue on line, au sujet de la nécessité de dépasser cette scission, mise en évidence par Charles Percy Snow dans la conférence historique tenue à Cambridge en 1959 et publiée ensuite dans un livre de 1963 (*The two cultures and a second look*, trad. fr. *Les deux cultures*, J.-J. Pauvert, 1968). Selon le chimiste anglais, tandis que les scientifiques, comme toutes les personnes acculturées, connaissent l'art, la littérature, la musique et la philosophie, les humanistes eux ne s'intéressent pas aux mathématiques, à la physique, à la biologie et à la chimie, avec pour conséquence que la science est considérée comme « fille d'un

que la contribution de Croce au lieu commun qui persiste aujourd'hui dans certaines déclarations naïves est indéniable. Certains affirment: «Moi je n'y comprends rien aux maths», ou bien «Les maths, ce n'est pas pour moi». En revanche, l'apport du néo-idéalisme à la hiérarchie entre les humanités, perçue comme culture universelle, et le savoir scientifique, perçu, au mieux, comme une pure application pratique, est évident. Apport qui s'étend à la structure de l'institution scolaire italienne qui en découle: son organisation est anti-scientifique et elle a beaucoup influencé la formation de notre classe dirigeante et politique jusqu'à aujourd'hui[1]. En effet, on assiste à la consolidation d'une orientation pédagogique et didactique qui a fait sérieusement souffrir la composante scientifique au sein de notre système éducatif. La vive réaction des protagonistes du panorama scientifique italien des premières décennies du XXe siècle n'a servi à rien, même en considérant le contexte politique et le régime qui s'instaurait. Rappelons plusieurs exemples emblématiques, comme l'opposition virulente entre le mathématicien Federigo Enriques, fondateur de

dieu mineur». En effet, en Italie cinquante ans plus tard le stéréotype selon lequel on révèle son ignorance en ne connaissant pas le Dolce Stil Novo, mais son excentricité en ignorant les lois de la thermodynamique, semble perdurer. Il est temps de reconnaître la même valeur culturelle et éducative à un poème et à une découverte scientifique, ne serait-ce que parce qu'ils sont deux manifestations de l'esprit humain.

1. Beaucoup d'historiens, philosophes, scientifiques et mathématiciens ont affronté l'influence du néo-idéalisme dans le peu de considération de la science et de la technologie dans la société et dans l'école italienne, et par conséquent dans le retard du développement scientifique et technologique national. Je voudrais rappeler ici le travail d'Enrico Bellone, qui écrit au sujet de l'argumentation de Croce sur les sciences naturelles et les disciplines scientifiques tirées de son travail sur Hegel de 1952: «En relisant les pages de Croce, nous y percevons tous – quelle que soit notre attitude face aux connaissances sur les phénomènes naturels – la ténacité d'un lien qui date de plusieurs dizaines d'années et qui en Italie relie entre eux trois facteurs importants: le désintérêt des groupes dirigeants pour la science, l'air suffisant que d'importants secteurs intellectuels manifestent face au savoir et l'opinion que, somme toute, les études de physique, chimie ou biologie ont, dans la meilleure des hypothèses, une "utilité pratique"». (E. Bellone, *La scienza negata. Il caso italiano,* Codice, Turin, 2005, pp. 6-7). Je renvoie aussi à l'ouvrage de E. Cadelo et L. Pellicani, *Contro la modernità. Le radici della cultura antiscientifica in Italia*, Rubbettino, Soveria Mannelli (CZ), 2013, pour reparcourir les causes de l'hostilité envers la science en Italie.

la Société Philosophique Italienne, et les deux philosophes néo-idéalistes, qui a eu lieu à Bologne en avril 1911 au IVe congrès international de philosophie. À cette occasion la position d'Enriques, qui prône le dialogue entre philosophie et savoirs scientifiques et mathématiques fut rapidement dénigrée, ce qui cantonna pour trop longtemps l'enseignement de la philosophie, scolaire et universitaire, dans l'alvéole du savoir historique et des humanités[1]. Ou encore l'âpre diatribe entre l'autre grand mathématicien, Vito Volterra, fondateur en 1923 du Conseil National des Recherches dans le sillage de l'International Research Council, et Giovanni Gentile, responsable de la suppression de la section physico-mathématique des lycées techniques, où Volterra lui-même avait étudié de façon profitable, comme d'autres personnalités scientifiques de ces années (Severi, Levi, Antonelli). En tant que Ministre de l'Éducation Nationale, le philosophe sicilien ne s'est pas contenté de substituer cette section par un lycée scientifique, en réalité peu scientifique vu la faible importance accordée aux disciplines en question ; en plus, il s'est opposé par plusieurs mesures à l'ouverture aux sciences dans les lycées techniques ; il a refusé l'introduction des mathématiques en première année de médecine ; il a éliminé les statistiques de l'université de droit. De cette façon, il a établi dans les systèmes scolaire et universitaire une ligne cohérente de fermeture à la science et aux mathématiques.

---

1. En 1906 Enriques sollicitait déjà au niveau des études universitaires la contamination de la philosophie avec les mathématiques et les sciences, quand il écrivait : « Dans le système universitaire actuel, quelle est la place de la Philosophie ? Le législateur, et encore plus la coutume, l'a simplement considérée comme une discipline particulière [...], presque comme un complément à l'instruction historique et littéraire. Voici donc la Philosophie détachée de ses deux principales sources, c'est-à-dire les sciences mathématiques et naturelles, auxquelles sont rattachées les deux filières fondamentales de la spéculation moderne, découlant de Cartesio et Bacone » (Copie anastatique des « Actes du Premier Congrès de la Société Philosophique Italienne. Milan, 20 et 21 septembre 1906 », in M. Di Giandomenico, C. Guetti (sous la direction de), *Centenario 1906-2006 della Società Filosofica Italiana. La filosofia italiana oggi*, Rome, Armando, 2011, p. 38).

3. L'enseignement des disciplines scientifiques et mathématiques

Un autre facteur, tout aussi décisif que la conception épistémologique et la vision intellectuelle évoquées ci-dessus, a alimenté et alimente les lacunes scientifiques italiennes, qu'on trouve chez nos élèves et chez nos concitoyens : il s'agit des méthodes d'enseignement des disciplines scientifiques. Pourtant, il faut rappeler que le problème n'est pas uniquement italien, on le rencontre aussi dans d'autres États, à tel point que la Commission européenne, étant donnée l'importance de l'éducation scientifique et technologique dans la société contemporaine, a constitué un Groupe d'experts, présidé par Michel Rocard, qui en 2007 a élaboré un Rapport significatif intitulé *Science Education Now: a Renewed Pedagogy for the Future of Europe1*. Il soutient l'« Inquired-based science education », c'est-à-dire l'enseignement scientifique fondé sur la recherche et l'enquête (IBSE). Il part du constat que dans les pays européens l'inquiétant déclin de l'intérêt des jeunes pour les études scientifiques et mathématiques est principalement lié à la façon dont ces disciplines sont enseignées à l'école. Le document invite donc à passer à des méthodes essentiellement déductives utilisant l'investigation et l'expérimentation, avec pour objectif pour les élèves de stimuler des questions, plus que de mémoriser les réponses. Suivent différentes suggestions pour modifier tout le système cognitif et éducatif, soutenues par le témoignage d'expériences conduites avec succès dans plusieurs contextes. Je rappelle entre autres le projet français *La main à la pâte*, qui concerne l'enseignement des sciences dans les écoles élémentaires, organisé sur l'initiative de l'Académie des Sciences, de l'Institut National de Recherche Pédagogique et de l'École Normale Supérieure.

En Italie, le phénomène est plus accentué, comme en atteste le niveau modeste de nos élèves de 15 ans, qui occupent la 14e place aussi bien en sciences qu'en mathématiques dans les derniers relevés PISA-OCDE. On peut supposer que la raison

1. Ce document est téléchargeable sur le site http://ec.europa.eu/research/science-society/.

principale de cette situation est la méthode transmissive, qui montre ses limites surtout dans les matières scientifiques, c'est-à-dire là où le recours à l'observation pratique en laboratoire est déterminant pour comprendre pleinement les contenus scientifiques. Par certains aspects, on pourrait représenter la condition de l'enseignement des sciences dans l'école italienne par les paroles du physicien Frank Oppenheimer, frère du plus célèbre Robert. Fondateur en 1969 à San Francisco de l'Exploratorium, prestigieux musée scientifique connu dans le monde entier, il emploie la métaphore utilisée par Hegel pour critiquer la gnoséologie kantienne pour affirmer : « Expliquer la science et la technologie sans le soutien de faits concrets peut ressembler à la tentative de raconter à quelqu'un ce qu'est nager sans le plonger dans l'eau »[1]. D'autre part, puisque la simple immersion ne réalise pas l'acte de nager et puisque l'expérimentation seule épuise la connaissance scientifique, il faut prévoir dans l'action éducative la synthèse entre le moment théorico-abstrait et le moment empirico-expérimental. Dans les dernières années, les interventions sur la méthodologie didactique des sciences n'ont pas manqué : j'en rappellerai quelques unes ici, bien qu'elles soient loin de représenter une mutation systémique de la pratique éducative en la matière. On peut citer par exemple le « Plan Enseigner les Sciences Expérimentales » (ISS) du MIUR, conçu pour la formation des enseignants du premier cycle et des deux premières années du deuxième cycle, qui complète le « Plan Opérationnel National – Éducation Scientifique » (PON-ES), proposé par l'INDIRE (Insitut National de Documentation, Innovation et Recherche Éducative) depuis 2010, en faveur d'une éducation scientifique calée sur l'intégration d'instruments et de langages. Ou encore le projet européen « KidsINNscience – Innovation in Science Education – Turning Kids on to Science » (KIS) né et financé au sein du 7e Programme Cadre de l'Union européenne, qui implique dix pays depuis 2010 (huit européens et deux latino-américains), dont l'Italie. À travers la confrontation avec d'autres réalités, il approfondit les caractéristiques de

1. Cf. P. Cerretta, « La pédagogie « non convenzionale » di Frank Oppenheimer, fondatore dell'Exploratorium, puo'tornare utile al Piano ISS ? », in *La Fisica nella scuola*, XL, Supplément 3, 2007, pp. 148-157.

la méthodologie des sciences fondée sur l'IBSE (Inquired Based Science Education) et il expérimente des pratiques innovantes et intéressantes[1]. Enfin, le Document *Expérimente. Penser et faire science*, évoqué plus haut, dont la proposition d'innovation méthodologique à travers la pratique de la *laboratorialité* conduit à des parcours de qualité.

Toutefois, dans le contexte du renouvellement didactique des matières scientifiques, outre l'affirmation du rapport entre théorie et pratique, il faudrait cultiver l'intégration entre la science et l'histoire, comme cela se fait dans les pays anglo-saxons. Dans leurs systèmes, les faits historiques sont souvent évoqués pour comprendre la spécificité des conquêtes scientifiques, ainsi que l'attention aux découvertes de la science pour comprendre les développements des changements historiques. En Italie, notamment à cause de la séparation entre les deux cultures, l'enseignement historique se focalise principalement sur les événements de nature politique, peu sur ceux de nature économique et sociale et encore moins sur les changements culturels ; tandis que l'enseignement scientifique n'est quasiment jamais placé dans un contexte donné ou même dans le temps, ce qui limite de fait la compréhension globale des deux savoirs.

Les récentes mesures de réorganisation et les dernières indications affrontent la question de l'apprentissage du savoir scientifique dans les différents systèmes scolaires, recommandant de considérer la différence entre école maternelle, primaire et collège en même temps que la jonction entre les différents niveaux, sur la base des résultats des recherches et des expériences les plus qualifiées. Malheureusement, ces mesures ne sont pas encore suffisamment appliquées dans l'ensemble de l'enseignement scientifique. On lit dans ces documents qu'à

1. L'expérimentation du projet KIS est conduite en Italie par l'Université Roma Tre (département d'Ingénierie Mécanique jusqu'en 2012, Département de Sciences depuis 2013). Utilisant également l'expérience des cours SSIS pour la formation des enseignants de sciences, elle a proposé aux enseignants du primaire d'expérimenter des pratiques innovantes. Une partie des matériaux des initiatives conduites en Italie et dans les neuf autres pays impliqués, ainsi que de la réflexion des enseignants, a donné lieu à une publication dirigée par M. Mayer et E. Torracca. Les informations sur le Projet KIS se trouvent sur le site : http://www.kidsinnscience.eu.

l'école primaire prédomine la curiosité, le jeu, la disponibilité à l'exploration du réel : des facteurs qui associent la prévalence du fantastique avec une formalisation initiale des contenus. La distinction entre les disciplines n'est pour autant pas praticable de façon nette, comme en 3e et en 2nde, où l'atteinte des objectifs d'apprentissage spécifiques à chaque matière scientifique est tempérée par l'intégration entre les savoirs scientifiques.

On peut citer comme exemple l'expérience conduite dans le Groupe Scolaire (écoles maternelle et primaire) Emilio Salgari de Turin, intitulée *Jouons avec l'eau*. Les enfants de CE1 ont expérimenté, avec l'aide des jeunes de 1re du lycée scientifique Marie Curie de Grugliasco (Province de Turin) la manipulation de l'eau en laboratoire. Guidés par les grands, les petits ont utilisé l'instrumentation pour des expériences de flottaison, de changement d'état, de solution des éléments, apprenant à enregistrer l'observation scientifique et à discuter les résultats obtenus quasiment en jouant. Les jeunes du Lycée technique industriel James Clek Maxwell de Nichelino (Province de Turin) ont vécu un autre exemple d'apprentissage à travers des modalités ludiques, pratiques et de *peer éducation*. Pour motiver à l'étude des phénomènes de l'acoustique et de la gravité, des adolescents de 3e-2nde sont devenus « instructeurs » d'enfants de l'école primaire. À travers des recherches sur Internet, des produits multimédia et des moments de travail expérimental, les maîtres ont disposé des objets inventés comme un « crioscope » (appareil pour mesurer les effets du son), une « guitare éclatée », un « pèse-masse », une « toile-camp » ou un modèle réduit « retient-planètes », pour permettre à leurs « élèves » d'en observer le fonctionnement en laboratoire. La valeur ajoutée de ce parcours réside dans l'équilibre entre savoir et savoir-faire : le fait que les plus grands apprennent quelque chose pour l'enseigner aux plus petits a permis aux premiers d'augmenter leur sentiment de responsabilité et leur créativité pour rendre simple ce qui est complexe, de façon à permettre aux seconds d'expérimenter des phénomènes et des lois naturels comme dans un jeu amusant.

Par rapport au premier cycle de l'école italienne (6è-5e-4e), à la fin du lycée le taux de formalisation des savoirs scientifiques est plus accentué, même si cela arrive graduellement. Ainsi, un projet éducatif selon la didactique par problèmes et le « penser et faire » devient opportun. Cela permet ainsi de structurer des parcours d'études à la fois théoriques et expérimentaux où langages, modèles et paradigmes de chaque discipline s'intègrent avec les expériences en laboratoire et les applications pratiques. Le but est de solliciter la curiosité par l'étude d'une loi de la physique ou par l'expérimentation d'un principe de chimie : en bref, pour garantir la qualité de l'enseignement scientifique.

Un exemple vient du Lycée scientifique et linguistique de Ceccano (province de Frosinone), où en 3e-2nde le parcours didactique *Science aux fourneaux* a été mené dans un laboratoire tout à fait particulier et connu de tous : la cuisine. L'intérêt de cette proposition consiste en l'expérimentation de méthodes de travail et de contenus d'approfondissement issus des sciences de l'alimentation. L'analyse des principes nutritionnels et de leur modification à cause des différents systèmes de cuisson, la classification des critères pour cuire la nourriture et l'étude des matériaux des récipients de cuisson ont été étudiés dans différentes situations : de stimulation, d'information structurée, de pratique de laboratoire. Puisque la préparation et la cuisson d'un plat impliquent des connaissances non seulement sur les aliments et sur les principes nutritionnels, mais aussi sur les processus et les instruments technologiques, comme dans le cas du four à micro-ondes, les élèves ont appris en théorie et expérimenté dans la pratique les lois de la physique et de la chimie.

Dans la même direction que le « penser et faire science », le lycée Tito Sarrocchi de Sienne a organisé le parcours *Comment fonctionne une serre*, né de l'exigence pratique de protéger les cultures du lieu, selon la durabilité énergétique du territoire. La serre, on le sait, doit accumuler de l'énergie sous forme de chaleur à travers un panneau photovoltaïque et la rendre disponible pour la végétation y compris durant les périodes de faible ensoleillement. Le travail individuel et en groupe a ensuite concerné aussi bien le choix en amont des matériaux à utiliser que la sélection successive. Tous deux ont été effectués sur la base de la connaissance, de l'expérimentation et de l'évaluation des propriétés physiques, chimiques et technologiques des produits, de leur utilisation, de leur possibilité de recyclage, avec une attention particulière aux aspects économiques et écologiques. La qualité de cette initiative est d'avoir intéressé des élèves de 2nde à des problématiques complexes de caractère scientifique et technologique, selon une approche interdisciplinaire : leur implication dans les différentes phases de conception, réalisation et expérimentation de la serre a tenu compte des caractéristiques cognitives de chacun d'entre eux, des stratégies et des instruments utilisables dans le contexte didactique de l'école obligatoire, selon les compétences prévues pour leur niveau en sciences et technologie.

Enfin, en ce qui concerne les 3e-2nde et l'année du bac, langage formel et système conceptuel du savoir scientifique ont plus de poids. Aussi, en plus de ce qui a déjà été évoqué, un dernier élément de qualité pour l'apprentissage pour tous peut se révéler nécessaire : créer de l'espace au profil historique dans l'approche des théories scientifiques. En effet, ceci permettrait une compréhension plus approfondie et dynamique des phénomènes scientifiques, y compris pour ceux qui s'intéressent le moins à la science. Le croisement permanent entre apprentissage et orientation peut s'avérer tout aussi significatif pour orienter des vocations et des capacités intellectuelles et faciliter ainsi les choix des élèves pour la période suivante, l'université ou le travail, y compris en tenant compte de l'offre au niveau du territoire.

Pour résumer, je suis convaincu que la convergence de l'ensemble des mesures avancées jusqu'ici pour l'enseignement de la science contribue, d'un côté, à accentuer la personnalisation de l'apprentissage et donc à favoriser le succès de l'action éducative, dans la mesure où l'élève est impliqué en tant que protagoniste ; de l'autre, à dépasser la transmission comme unique méthodologie didactique et donc à promouvoir le changement du système éducatif italien. Dans ces deux cas, l'objectif est de garantir la qualité : pour l'élève en particulier et pour l'instruction en général.

Le raisonnement sur la science peut s'appliquer également aux mathématiques, la plus abstraite et formelle des disciplines, qui requiert plus que les autres un fort investissement dans la recherche didactique. L'importance des mathématiques en tant que savoir fondamental pour l'éducation culturelle de l'élève et pour la construction de compétences citoyennes est reconnue par l'école et par la société depuis des siècles. Toutefois, leur rôle éducatif et social a pris de l'ampleur dans le monde contemporain, du fait que de nombreux aspects de la vie individuelle et collective nécessitent des connaissances et une préparation mathématique. Ceci suscite une réflexion approfondie et nécessaire sur la façon d'enseigner à tous, avec des résultats satisfaisants, une matière jugée très difficile. En effet, il faut faire comprendre l'abstraction de concepts ou de théorèmes ou la formalisation de démonstrations et raisonnements, en sollicitant les différents styles cognitifs des élèves, en variant l'intensité et la profondeur selon le contexte et la nécessité, sans pour autant réduire l'apprentissage à un pur exercice de mémorisation. Et ensuite traduire ces acquisitions en compétences et aptitudes, considérées comme essentielles pour une participation active des futurs citoyens au développement de la société, comme affirme par exemple le programme PISA-OCDE. Quoi qu'il en soit, nous nous trouvons face à une question qui concerne à la fois l'individu et la communauté : l'insensibilité par rapport à l'enracinement nécessaire d'une culture mathématique adaptée pourrait constituer pour l'Italie un véritable problème social.

Depuis toujours les grands mathématiciens ont du mal à communiquer le charme extraordinaire et la complexité ardue intrinsèques aux mathématiques. Ils ont tenté de dépasser la perception diffuse chez les élèves et dans l'opinion publique que cette matière est difficile, voire ennuyeuse. À ce sujet je rappelle l'engagement d'Emma Castelnuovo, qui a œuvré pour rendre l'apprentissage des mathématiques créatif et constructif à travers un « savoir-faire commun » entre elle et ses élèves, pour apprendre à voir avec l'imagination au-delà des figures et des chiffres. Il s'agit d'une sorte d'accès pour ainsi dire expérimental, capable d'associer une pertinence factuelle et une construction logique.

Le récent pamphlet de Paul Lockhart, un éloge passionné des mathématiques, a attiré l'attention sur les lieux communs autour de cette discipline, souvent mal comprise et peu connue, notamment à cause de méthodes d'enseignement scolaire anxiogènes et frustrantes. L'auteur écrit : « La première chose à préciser est que les mathématiques sont un art. La différence entre les mathématiques et les autres arts, comme la musique et la peinture, est que notre culture ne les reconnaît pas en tant que telles»[1]. Souvent considérées uniquement comme un instrument utile à la science, à la technique ou à la société, on en accentue le caractère pratique et appliqué, au lieu de les considérer comme une expression de la créativité et de l'imagination, c'est-à-dire comme la forme d'art la plus typiquement humaine. Par conséquent, soutient le professeur enthousiaste, il est désolant de voir cette aventure d'invention et de découverte réduite à une suite stérile de données à mémoriser et de procédures à suivre. Il se demande ensuite, de façon polémique: «Si l'enseignement se réduit à une pure transmission de données qui ne communique ni enthousiasme ni émerveillement, si les enseignants sont des contenants passifs d'informations et non des créateurs d'idées nouvelles, quel espoir y a-t-il pour leurs élèves?»[2]. Cette plainte est contrebalancée par la proposition de «faire des mathématiques avec les élèves», en partant des problèmes mathématiques et en cherchant la solution à travers l'intégration avec d'autres disciplines comme l'histoire, la philosophie ou les arts.

Dans leur gros ouvrage détaillé *Pensare in matematica (Penser en mathématiques)*, destiné à la formation des futurs enseignants, Israel et Gasca soutiennent la nécessité de restituer les mathématiques à la culture en dépassant la vision utilitariste et opérationnelle à laquelle elles sont souvent réduites. L'alphabétisation mathématique est donc considérée comme indispensable pour trouver un emploi. La valeur des mathématiques, aujourd'hui encore clé du futur, selon les deux auteurs, réside dans sa capacité à éveiller la curiosité intellectuelle et la passion critique lors du processus cognitif, certes fatiguant mais également gratifiant. Je terminerai mes réflexions en citant la conclusion de leur œuvre: «Il faut replacer les mathématiques dans le contexte de l'histoire de la science et de la technologie, de la philosophie et de la culture. Ce n'est qu'ainsi – au sein d'un réseau de connaissances inspiré par une vision humaniste,

1. P. Lockhart, *Contro l'ora di matematica. Un manifesto per la liberazione di professori e studenti*, Rizzoli, Milan, 2010.
2. Ivi, p. 39.

une vision large et non réductive de la raison – qu'on pourra comprendre la valeur et le sens des mathématiques, trouver les motivations pour les enseigner de façon captivante et profonde et pour les étudier avec un intérêt authentique»[1].

4. Culture scientifique et citoyenneté démocratique

L'affirmation de la culture scientifique investit aussi bien l'enseignement scolaire que le terrain plus complexe de la diffusion dans la société. En effet, dans le monde contemporain la diffusion scientifique a pris une grande importance à tous les niveaux, du fait du progrès de la science : aujourd'hui le progrès détermine non seulement les transformations économiques et sociales, mais aussi les comportements individuels et collectifs. Il est fondamental d'améliorer l'instruction scientifique pour éviter à nos élèves le risque d'un vieillissement professionnel et culturel progressif au cours de leur vie ; de même, il est essentiel de communiquer de façon efficace et par capillarité les résultats des découvertes scientifiques pour permettre au citoyen de faire des choix autonomes et conscients, chaque fois que cela se présentera.

On sait que la science, la technologie et l'innovation comportent une extraordinaire possibilité de développement ; on sait aussi que, quand elles sont mal gérées, elles peuvent conduire à une dégénération de l'équilibre naturel de l'environnement ou de la santé et du bien-être de l'individu. Malheureusement ces menaces finissent souvent par alimenter une campagne permanente contre la science, accusée de polluer, d'empoisonner ou de manipuler la nature et l'homme. On entend fréquemment que les désastres et les dégâts proviennent de l'élargissement des connaissances en chimie, physique, biologie ou génétique, et non de la spéculation, de la malhonnêteté ou de l'égoïsme de ceux qui veulent en tirer des profits illégitimes. Le fait que le savoir scientifique soit perçu comme séparé des problèmes quotidiens génère chez le citoyen les

1. G. Israel, A.M. Gasca, *Pensare in matematica*, Zanichelli, Bologne, 2012, p. 478.

soupçons et la peur de tout ce qui représente la nouveauté. Il risque donc de devenir otage de campagnes médiatiques, idéologiques et factieuses ou d'émotions sociales irrationnelles et dépourvues de sens critique. En ce sens, une large diffusion scientifique appropriée crée les conditions pour que l'opinion publique puisse comprendre la grande valeur générale – de culture et de progrès – des sciences pour l'amélioration des conditions de vie de l'individu et de la communauté. Mais aussi pour soutenir l'espoir et la confiance d'éviter des risques d'exploitation et d'abus, à travers le contrôle conscient et informé.

Le savoir est par nature libre des conditionnements et des limitations : personne n'est condamnable pour ce qu'il pense. Mais ceci est aussi une responsabilité, parce qu'on rencontre toujours la dimension éthique et sociale de l'existence et du vivre ensemble, aussi bien quand il s'agit de spéculation et d'abstraction que quand il s'agit de mise en œuvre et de pratique. Sans compter la force des valeurs et des principes, individuels et collectifs, qui contribuent à construire et auxquels il faut ensuite répondre. Ainsi la science, ou plutôt le scientifique, est libre de découvrir et d'inventer ; toutefois, en même temps il est responsable des conséquences opérationnelles de ses conquêtes, qui doivent donc être vérifiées et évaluées à l'enseigne des règles établies. Pour que la science remplisse son indiscutable fonction sociale il faut, alors, favoriser la communication scientifique, dans le but de promouvoir dans l'opinion publique la construction d'une citoyenneté scientifique, loin des croyances préconstituées et des exclusions infondées.

Rappelons qu'en Italie les initiatives ne manquent pas dans ce domaine : au fil du temps des Musées scientifiques et des *Sciences Centres* ont été créés, des activités de promotion diverses ont été organisées, comme des festivals et des manifestations, en impliquant des institutions publiques et privées, des universités et des centres de recherche, des associations et des entreprises locales, notamment sous l'impulsion de la loi Ruberti n° 6/2000. Cette loi a contribué à la diffusion de la culture scientifique sur tout le territoire national. Toutefois, nous restons bien en deçà des besoins de l'Italie, et les milieux politiques, institutionnel, culturel et médiatique ne semblent pas prendre ce problème en charge. Pourtant, il est crucial pour la démocratie.

En effet, soutenir le développement de la culture scientifique à travers l'enseignement et la divulgation, dans le but de construire une citoyenneté scientifique, signifie accroître la culture démocratique des citoyens et donner une impulsion à la démocratie participative. De nombreux chercheurs et intellectuels ont mis en évidence l'interaction substantielle entre science et démocratie[1]. Elle consiste en cette attitude ouverte et compréhensive, exempte de préjugés et de dogmes, disponible à la confrontation avec les différentes idées et à la réfutation des convictions, attentive à l'enquête critique et à la découverte, et enfin habile dans sa capacité d'abstraction et dans le recours permanent à l'expérience. En ce sens, l'attitude scientifique et la rationalité démocratique convergent vers une méthode et une procédure fondées sur les valeurs de la vérification, de la faillibilité, d'une idée de vérité non dogmatique et absolue, ainsi que sur les principes de la libre discussion, du pluralisme et du respect de l'autre. La science n'est pas un pur système de connaissances liées aux disciplines singulières, ni une activité reconnaissable à son ontologie propre ou à son épistémologie spécifique, mais plutôt une tournure d'esprit. Ainsi la démocratie n'est pas simplement une technique politique ou une conquête exempte de menaces et dangers, mais un idéal social et humain à poursuivre à travers la participation de plus en plus large d'individus libres, ayant les mêmes droits et devoirs. La grande question du monde occidental est aujourd'hui liée à la démocratie et au risque constant qu'elle dégénère en démagogie, populisme ou, pire, en «apathie politique», selon la locution de Norberto Bobbio. L'*éducation* devient donc la berge naturelle pour conjurer ce danger et l'acculturation, l'horizon de sens où

1. Parmi les nombreuses études sur le thème du rapport entre science et démocratie et de l'importance de l'éducation pour véhiculer la mentalité démocratique à travers l'esprit scientifique, je rappelle l'ouvrage d'A. Peruzzi, *Scienza per la democrazia. Affinità elettive, conflitti, necessità della formazione. Sessantotto incursioni*, ETS, Pise, 2009, sur l'exemple de son maître, Giulio Preti, qui a suscité en 1957 en Italie avec son *Praxis e empirismo* un grand débat sur la reconnaissance du rôle de la science pour l'affirmation de la culture démocratique, l'auteur discute les points de rencontre et de tension entre deux protagonistes du monde occidental.

apprendre l'esprit de la démocratie. De cette façon l'affirmation de la culture scientifique, à travers l'apprentissage de contenus et méthodes scientifiques durant les années scolaires et au cours de la vie, contribue de façon significative à la consolidation de la culture démocratique. En effet, il est vrai que la conscience de la pluralité des savoirs et des formes de vie à vérifier «dans les faits», selon le mot *nullius in verba, ne croyez personne sur parole*, de même que le refus du principe de *ipse dixit, il a dit*, de l'*ex cathedra* ou de la procuration, alimentent chez les jeunes et chez les adultes l'exercice critique et la pratique de la confrontation, ainsi que le sens des responsabilités et la participation. On a ici autant d'éléments fondamentaux de la culture démocratique, qui non seulement tendent à valoriser le parcours de la personne par rapport aux valeurs de la liberté et de la justice, mais rendent le citoyen acteur actif de ses décisions et choix.

On peut donc conclure que les «affinités électives» entre culture scientifique et culture démocratique, entre science et démocratie, doivent être cultivées comme conditions de croissance de la connaissance et développement de la citoyenneté, sur l'exemple de Thomas Jefferson qui, en élaborant la première Constitution américaine sur le modèle de la science expérimentale, pensait à la vie publique comme une «expérimentation» où les citoyens auraient dû évaluer l'action de leurs gouvernants avec détachement et impartialité scientifique.

5. «Croix et délice, délice au cœur»

Outre la grave sous-évaluation de la valeur de l'éducation scientifique, on l'a vu, une autre carence tout aussi importante, voire plus, mine l'école italienne: la faible présence ou la totale absence de l'enseignement pratique des arts, en particulier de la musique. Comme si notre système éducatif ne reconnaissait pas la valeur culturelle du vaste patrimoine artistique et musical qui rend l'Italie unique au monde, et ignorait l'importance de pratiquer l'art et la musique comme activités essentielles dans les années scolaires pour solliciter la créativité et l'imagination, éduquer au beau et au sentiment esthétique, développer des processus de coopération et de socialisation.

Cette affirmation peut sembler trop radicale, toutefois il n'y a aucun doute sur le fait que la musique est de fait éludée dans l'apprentissage du premier cycle d'instruction et absente du second, comme on le montrera.

Il faut dire que notre système scolaire, de façon inavouée ou inconsciente, a encore des aspects structurels et programmatiques très sérieux, voire ennuyeux, surtout quand il valorise avant tout la rigueur, confond l'engagement et le sacrifice, et oublie qu'étudier demande un effort mais ne doit pas être une souffrance. Dans cette perspective, la culture éducative a vécu l'introduction de la musique à l'école comme un fait étranger à l'instruction. En effet, elle est considérée par la majorité comme un élément de distraction ou de divertissement. Il est temps de dépasser cette idée qui nie la joie comme partie intégrante de l'apprentissage, au lieu d'en attester la capacité de motiver et impliquer le plus grand nombre dans l'école de la majorité, participant au processus éducatif. Il faut comprendre que tous les élèves sont disposés à accepter des règles et des principes et à se comporter avec sérieux si on leur permet d'éprouver de l'émotion et de la satisfaction dans le voyage de la connaissance. Je crois fermement que quiconque a des responsabilités de politique éducative et de gestion scolaire doit avoir enraciné le plaisir dans l'action formative, en plus du devoir. De ce point de vue, la musique combine les deux facteurs de l'activité didactique : apprendre à bien jouer ou chanter un morceau exige autant de discipline et de persévérance que pour résoudre des exercices de mathématiques. Mais peut-être que l'exécution musicale ou vocale suscite chez les élèves plus d'enthousiasme et d'implication.

En effet, depuis l'Antiquité, on pourrait retracer une longue parenthèse articulée où mathématiciens et philosophes, littéraires et scientifiques, musiciens et intellectuels, ont soutenu et soutiennent l'importance de la pratique musicale dans la formation des jeunes. De Pythagore à Oliver Sacks[1], au cours des siècles, on peut identifier au moins deux directions dans lesquelles illustrer son rôle. D'un côté, l'art musical comme

1. Oliver Sacks, *Musicophilia. La musique, le cerveau et nous*, Seuil, Paris, 2009.

doctrine de l'*ethos*, qui forme le caractère, promeut la vertu et favorise l'équilibre de l'âme. À juste titre, Aristote l'inclut dans les quatre disciplines formatrices de base du citoyen avec la grammaire, la gymnastique et le dessin, pour être à la fois «éducation, divertissement et récréation intellectuelle». De l'autre, comme dimension cognitive qui conduit l'homme à une vie spéculative et contemplative. Ce n'est pas un hasard si dans le *quadrivium* médiéval, la musique apparaît avec l'arithmétique, la géométrie et l'astronomie[1]. Avec le temps ces deux orientations ont trouvé des défenseurs dans les secteurs les plus disparates du savoir, jusqu'aux recherches récentes dans le champ des neurosciences. La pratique de la musique non seulement éduque, amuse et divertit, mais sollicite la fonctionnalité du cerveau, développant les facultés intellectuelles et émotionnelles. En effet, il a été prouvé que juste après la naissance, les régions cérébrales s'activent de façon spécifique à la stimulation musicale à travers le système nerveux sensitif et les autres centres cognitifs du cerveau; qu'apprendre à chanter, jouer, écouter de la musique, développe les aptitudes linguistiques, favorise la concentration et l'attention, et enfin améliore le rendement dans l'apprentissage des autres matières.

Mais la valeur éducative de pratiques participatives ou d'écoute partagée concerne aussi l'aspect relationnel: la capacité d'instaurer des relations interpersonnelles et de groupe, à travers l'expérience de faire de la musique ensemble, d'un côté éduque les jeunes au respect de l'autre et à la collaboration avec les autres, de l'autre, cela fonde la croissance individuelle et sociale des citoyens en ce qu'ils reconnaissent les principes de l'égalité et de la différence. Je rappelle ici l'affaire liée au maître charismatique José Antonio Abreu, fondateur au Venezuela d'un système didactique de pratique collective de la musique. La constitution d'un orchestre et de chœurs dans tout le pays, comme moyen d'organisation et de développement de la communauté, a transformé la vie de nombreux enfants et jeunes, les soustrayant souvent à une existence de grave

1. Pour un approfondissement de l'importance de la musique pour la formation des jeunes du point de vue de la philosophie, je renvoie à l'ouvrage d'E. Matassi et C. Guetti (sous la direction de), *Musica e Bildung. Saper suonare e imparare a ascoltare,* Mimesis, Milan-Udine, 2010.

malaise moral et matériel. En Italie des initiatives similaires ont été menées par des écoles sur une base de volontariat dans des contextes difficiles ; elles ont contribué efficacement à récupérer des jeunes en situation de dispersion, voire d'abandon scolaire.

En conclusion, la valeur de l'éducation musicale en tant qu'exercice pratico-actif, en plus de sa valeur d'étude historico-théorique, apparaît comme fondamentale pour le développement global du jeune. La musique élargit ses connaissances et sa culture, développe ses capacités cognitives et métacognitives, améliore son attitude sociale et relationnelle, et enfin mobilise ses dimensions rationnelle et émotionnelle, synthèse du penser et du faire. Dans le fond, Leibniz avait saisi dans l'exécution musicale le rapport étroit entre activité analytique de la raison et activité synthétique de l'imagination, et il avait désigné la musique comme discipline capable, plus que les autres, d'exprimer dans une synthèse harmonieuse l'élaboration rationnelle et la perception sensible. Justement, savoir et faire, *mens et manus.*

Pour toutes ces raisons, l'apprentissage de la musique doit être mis en place pour tous, en tant que bagage culturel de base de tout citoyen. Il faut pour cela définitivement abandonner l'idée de la musique comme art « féminin » et « mou », qu'a soutenue entre autres notre Francesco De Sanctis.

6. Apprendre à lire, à écrire, à compter et... à chanter

Dans de nombreux pays évolués d'Europe, d'Asie, d'Amérique du Nord et du Sud, la musique est une discipline qui fait partie du cursus du premier cycle d'instruction : avec différentes intensités et sous différentes modalités, on étudie soit le chant soit un instrument, durant les années de la formation de base. Parmi les nombreux exemples, j'aimerais citer le cas de l'Allemagne, où dès l'école maternelle la musique est l'un des sept secteurs éducatifs du cursus. Dans le *Berliner Bildungs programm* on lit : « Tout être humain est musical, les enfants encore plus. La musique, avec ses mélodies, ses rythmes et ses sons, influence les émotions, offre joie et tranquillité et rend possible la communication au-delà des barrières linguistiques ».

À l'école primaire la musique pratique est enseignée au moins une fois par semaine en groupe ou selon des plans d'étude personnalisés. Au collège les heures d'instruments peuvent s'élever à trois par semaine. Le programme *Jedem Kind Ein Instrument, «un instrument pour chaque enfant»,* du district de la Ruhr, organise l'alphabétisation musicale de tous les enfants scolarisés. Le résultat est qu'en Allemagne la moitié de la population joue et participe à des orchestres.

En Italie aussi, récemment, l'enseignement pratique de la musique durant les premières années s'est intensifié, sur la base de recherches et expériences. Durant la même période, de nombreuses écoles ont mis en place des activités musicales facultatives, hors cursus, pour répondre à une demande des familles, sur l'initiative de conservatoires de musique, d'universités, d'entreprises scientifiques et de l'action du Comité National pour l'apprentissage pratique de la Musique[1]. Ces initiatives et les mesures précédentes ont conduit à l'insertion de la pratique musicale dans le cursus scolaire pour tous les élèves de 3 à 14 ans. Ainsi, les *Indications nationales pour le cursus de l'école maternelle et du premier cycle d'instruction*, mises à jour en 2012, incluent le chant, l'exécution, la production et l'écoute en tant qu'aspects essentiels et incontournables de l'enseignement de la musique. Rappelons également certaines formulations de cette mesure, qui constituent la base culturelle et éducative de la formation. Au sujet de l'école maternelle on lit: «Les enfants expriment des pensées et des émotions avec imagination et créativité: l'art oriente cette propension, éduquant au plaisir du beau et à la sensation esthétique. [...] La rencontre des enfants avec l'art est l'occasion de regarder le monde qui les entoure avec des yeux différents. [...] La musique est une expérience universelle chargée d'émotions et riche de traditions culturelles. L'enfant, en interagissant avec le paysage sonore, développe ses propres capacités cognitives et

1. Institué en juillet 2006, le Comité National pour l'apprentissage pratique de la Musique «exerce une fonction de support et de consultation pour l'Administration dans la définition de critères pour réaliser des parcours formatifs centrés sur le développement des compétences musicales des élèves, avec référence à la pratique vocale et instrumentale». Toutes les activités et nouvelles sont sur le site Web www.musica.pubblica.istruzione.it.

relationnelles, apprend à percevoir, à écouter, à rechercher et à discriminer les sons au sein de contextes d'apprentissage significatifs. Il explore ses propres possibilités sonores et expressives d'un côté, symboliques et représentatives de l'autre, augmentant sa confiance en ses propres capacités. L'écoute des productions sonores personnelles l'ouvre au plaisir de faire de la musique et au partage de répertoires appartenant à différents genres musicaux»[1]. On prévoit donc, dans le but de développer la compétence, que l'enfant, à travers une approche naturelle, amusante et ludique, expérimente et produise des séquences musicales simples avec sa voix, son corps et des objets. La portée et le solfège seront introduits plus tard.

Au sujet de l'école élémentaire, on lit: «La musique, composante fondamentale et universelle de l'expérience humaine, offre un espace symbolique et relationnel propice à l'activation de processus de coopération et socialisation, à l'acquisition d'instruments de connaissance, à la valorisation de la créativité et de la participation, au développement du sentiment d'appartenance à une communauté, ainsi qu'à l'interaction entre différentes cultures. L'apprentissage de la musique se compose de pratiques et de connaissances. À l'école il s'articule sur deux dimensions: a) production, à travers l'action directe (exploration, composition, exécution) avec et sur des matériels sonores, en particulier grâce à la chorale et à la musique d'ensemble; b) exploitation consciente, qui implique la construction et l'élaboration de significations personnelles, sociales et culturelles, par rapport à des faits, événements et œuvres du présent et du passé. Le chant, la pratique des instruments, la production créative, l'écoute, la compréhension et la réflexion critique favorisent le développement de la musicalité qui est en chacun de nous; ils promeuvent l'intégration des composantes perceptives motrices, cognitives, affectives et sociales de la personnalité; ils contribuent au bien-être psychique et physique dans une perspective de prévention du malaise, répondant à des besoins, des désirs, des questions, caractéristiques des différents âges. En particulier, à travers l'expérience de faire de la musique

1. MIUR, *Indicazioni nazionali per il curricolo della scuola dell'infanzia e del primo ciclo d'istruzione*, Rome, 2012, p. 20.

ensemble, chacun pourra commencer à lire et à écrire de la musique, à en produire y compris à travers l'improvisation, entendue comme geste et pensée qu'on découvre au moment où cela a lieu: improviser veut dire composer dans l'instant»[1]. Sont ensuite indiqués les objectifs d'apprentissage musical. Pour le CM2 on lit: «Utiliser la voix, les instruments et les nouvelles technologies sonores de façon créative et consciente, en augmentant progressivement ses propres capacités d'invention et d'improvisation. Exécuter collectivement et individuellement des morceaux vocaux/instrumentaux, y compris polyphoniques, en soignant l'intonation, l'expressivité et l'interprétation». Pour la 4e: «Exécuter de façon expressive, collectivement ou individuellement, des morceaux vocaux et instrumentaux de différents genres et styles, y compris en utilisant l'instrumentation électronique. Improviser, réélaborer, composer des morceaux vocaux et instrumentaux en utilisant soit des structures ouvertes, soit de simples schémas rythmico-mélodiques»[2].

On constate donc que les *Indications* sont évoluées au niveau de la doctrine et précises dans la formulation didactique; toutefois, comme c'est souvent le cas en Italie, la norme est écrite mais n'a qu'une valeur formelle, parce qu'elle n'est pas appliquée concrètement. Dans ces circonstances, l'absence de mise en œuvre des prescriptions officielles semble encore plus injustifiée, étant donnée la pression venant des parents et des élèves.

Rappelons que, à l'école primaire, une des raisons qui a freiné et freine encore l'apprentissage pratique est l'absence de professeurs de musique. Ces dernières années on a tenté d'y remédier par différentes initiatives d'expérimentation de modèles d'organisation et de valorisation des compétences musicales du corps enseignant[3]. En particulier, le Décret Ministériel n° 8 du 31 janvier 2011 a été promulgué pour proposer à

1. Ivi, p. 58.
2. Ivi, pp. 58-59.
3. Dans le document *Fare musica tutti – Linee di indirizzo per un piano pluriennale di interventi relativi alla diffusione della pratica musciale nelle le scuole di ogni ordine e grado (Faire de la musique tous – Grandes lignes pour un plan pluriannuel d'interventions relatives à la diffusion de la pratique musicale dans tous les établissements scolaires)*, élaboré par le Comité National pour l'apprentissage pratique de la Musique en mars 2009, sont regroupés les résultats de l'activité théorique, pratique et de monitorage des réalités des écoles italiennes.

nouveau la « filière musicale » y compris dans les écoles élémentaires, pour en démarrer l'intégration, au moins partielle, dans le cursus. Même si cela reste limité, des solutions ont été tentées pour favoriser la continuité des cursus musicaux, pour évaluer les pratiques didactiques et les parcours formatifs du personnel enseignant en charge de la musique, surtout à l'école primaire. D'autre part, la nécessité en élémentaire aussi bien de développer l'approche de la pratique vocale et instrumentale que de fournir des compétences utiles à la poursuite de l'activité chorale ou de l'étude d'un instrument au collège, se lit dans la perspective d'offrir à l'élève la possibilité de fréquenter un lycée musical, inauguré en mars 2010 suite à la réforme des lycées. Dans ce contexte, la présence de la *Scuola Media ad Indirizzo Musicale (Collège avec filière musicale)*[1] s'avère insuffisante pour répondre au besoin musical d'un corpus d'élèves en augmentation.

En outre, les *Indications* ont sollicité des recherches éducatives sur le rapport entre savoir musical et formation musicale, dans le but de définir des contenus et méthodes d'apprentissage pratique permettant le passage de la musique pour une minorité à la musique pour tous. Heureusement, l'élaboration théorique et les initiatives autonomes des établissements scolaires ont tenu compte de la nécessité d'enseigner différemment la musique selon que les élèves sont de futurs professionnels ou non. Dans le premier cas, les pratiques musicales ont une intensité maximale ; dans le second, elles s'alignent sur les autres disciplines du cursus. En bref, il s'agit de composer une éducation musicale de base, capable de satisfaire le besoin musical de tous et de cultiver la musicalité intérieure de chacun : la musique, en tant que langage universel, incarne la forme première de la communication entre êtres humains et représente sa capacité d'expression la plus naturelle.

Pourtant, jusqu'ici les initiatives restent partielles et épisodiques, et la crise actuelle complique encore la concrétisation nécessaire du changement. Toutefois, l'obstacle principal reste culturel, lié à la persistance d'un modèle éducatif qui ne laisse

---

1. La Scuola Media ad Indirizzo Musicale (SMIM) fut instaurée avec la Loi 124 /1999, art. 11, alinéa 9, et par le décret d'application n° 201 du 6 août 1999.

pas de place à l'art et à la créativité. En effet, l'apprentissage pratique de la musique comporte une transformation du contexte scolaire et de la méthodologie didactique : est-il possible d'écouter, de chanter, de jouer ensemble et de façon gratifiante au sein d'une salle avec des tables et une estrade, prévue pour un enseignement verbal basé sur la transmission ? L'écoute partagée, l'exécution instrumentale ou vocale modifient radicalement le système traditionnel, l'entraînant vers le *faire*, vers l'attention au résultat et à l'implication consciente, et enfin vers la valorisation de la curiosité et de la vitalité. De ce point de vue, la diffusion de la pratique musicale représente donc une des conditions pour pourvoir au renouvellement général de tout notre système éducatif. En bref, la musique peut changer l'école et garantir l'amélioration de la qualité de l'instruction pour tous. En ce sens, l'avertissement de Hobbes sur la musique, considérée comme un « art à abolir en tant que source de libération et de liberté, et donc dangereux pour l'État », peut devenir le leitmotiv de ceux qui sont réfractaires au changement. À l'inverse, c'est justement pour la liberté et la participation qu'elle suscite que je défends la nécessité d'intégrer la musique aux cursus, action par capillarité pour consentir à tous les futurs citoyens une éducation musicale de base.

En conclusion : à l'école qu'on apprenne à lire, à écrire, à compter et à chanter !

7. « Musique » pour la démocratie

Dans le monde contemporain, l'importance de la formation musicale de base du citoyen concerne de nombreux aspects, au-delà de la possibilité de renouveler le système éducatif. La diffusion de la culture et de la pratique musicales non seulement favorise l'acculturation et le civisme de la société, mais a aussi des effets positifs sur le rendement de l'élève en particulier et de l'instruction en général. En effet la musique, dans la mesure où elle suscite intérêt et enthousiasme, où elle intègre les composantes perceptivo-motrices, cognitives, affectives et sociales, et où elle contribue au bien-être psychique et physique, contribue à améliorer l'apprentissage de l'élève et donc à élever la qualité de l'*éducation.* Ces éléments sont considérés comme essentiels par la société de la connaissance et de l'apprentissage, qui accorde, pour le progrès et la croissance d'un pays, de plus en plus d'importance au développement du savoir et de l'efficacité de la connaissance, comme on le répète depuis le début de ces réflexions.

Toutefois, la valorisation de l'éducation musicale pour tous a aussi une importance civique et politique. En effet, jusqu'ici l'apprentissage pratique de la musique était réservé à un nombre restreint de sujets qui, grâce à des conditions morales et matérielles favorables, participaient activement à la vie culturelle. Cela revient à dire qu'apprendre à écouter, à chanter et à jouer permet, quand quelqu'un d'autre se produit, de participer avec plus de conscience et d'engagement, et donc de dépasser la barrière entre le rôle actif des compositeurs et des interprètes et le rôle passif de ceux qui écoutent et profitent. Ainsi, faire de la musique a en soi une grande valeur d'émancipation, dans la mesure où la participation active est un enrichissement significatif de la vie sociale et politique. Un citoyen plus musical sera donc en mesure de choisir quoi écouter ou interpréter en pleine liberté et autonomie, contribuant ainsi à améliorer la base de la démocratie participative qui, on l'a vu, est une forme institutionnelle plus évoluée par rapport à la démocratie simplement représentative.

En conclusion, pour paraphraser Hobbes on pourrait dire de la musique : « un art à *soutenir* comme source de libération et de liberté, et donc *très utile* pour l'État ».

Malgré les difficultés culturelles et financières décrites, des expériences innovantes ont eu lieu dans plusieurs établissements scolaires pour valoriser la musique au sein du cursus scolaire. C'est le cas du collège à filière musicale du Groupe scolaire d'Alliste (province de Lecce), qui depuis l'année scolaire 2004-2005 a œuvré pour diffuser la pratique musicale dans l'optique d'assurer la continuité du cursus. Durant ces années plusieurs activités musicales se sont concrétisées, comme : la préparation d'œuvres, l'institution de laboratoires avec utilisation des instruments d'éveil Orff et de la méthode d'enseignement Suzuki, cours d'alphabétisation musicale, d'apprentissage pratique d'un instrument, de vocalité et de pratique chorale. Les différentes initiatives ont impliqué une centaine d'élèves de l'école maternelle, primaire et du collège, et aussi des enseignants spécialisés. Les technologies informatiques ont été utilisées pour élaborer les partitions, pour la documentation audio et vidéo et pour les arrangements musicaux. Elles ont également servi à la construction du site Web (http://www.aulaviolino.altervista.org), qui poursuit maintenant virtuellement l'apprentissage pratique qui se déroule dans les salles de classe et les salles de répétition. Il remplit trois fonctions essentielles : communiquer en temps réel avec tous les sujets impliqués dans le projet ; fournir du matériel de support à l'étude ; documenter le travail au fur et à mesure et les produits finaux du Groupe.

Un autre exemple d'innovation est le projet *Orchestre d'archets en classe*, proposé en 2010-2011 par la Direction Didactique de Montepulciano (province de Sienne), dans le cadre de l'expérimentation du projet Musica 2020. L'expérience pluriannuelle qui s'était déroulée en CP et CE1 à Montepulciano a été renouvelée, et même enrichie grâce à l'ensemble Abbadia di Montepulciano. Des techniques méthodologiques ont été expérimentées et des instruments d'éveil Orff ont été utilisés, dans la mesure où ils s'intègrent parfaitement avec les instruments à archets. Le parcours didactique visait la promotion de la pratique musicale chez les enfants à travers les processus de découverte, exploration et compréhension des instruments, mais aussi à travers l'interdisciplinarité pour développer la mémoire, les temps d'attention, les aptitudes de coordination et de rythmique. Au terme du parcours, les enseignants ont constaté chez les élèves impliqués l'augmentation des capacités cognitives (mémoire et attention) et psychomotrices.

Il faut dire que dans les groupes scolaires ou dans les collèges à filière musicale, on constate souvent que l'équipe enseignante compte des individus à compétences musicales, qui assurent la diffusion de la pratique musicale. Ainsi, en interprétant les normes existantes du point de vue de l'autonomie, nombre d'entre eux conçoivent des parcours pour les enfants et les jeunes avec les enseignants en classe : ils réalisent des activités de formation en service pour la qualification de la compétence musicale des collègues ; ils constituent des laboratoires, des salles de musiques, des orchestres et des groupes. Par exemple, dans le Groupe scolaire d'Alatri (Province de Frosinone), la commission musique – coordonnée par une enseignante musicienne de l'école élémentaire – a organisé des modules d'activité au sein du cursus, avec une programmation annuelle soumise à des vérifications trimestrielles, impliquant les enfants de douze classes de primaire. Tandis que dans le Collège à Filière musicale de Domodossola (province de Verbania), le professeur de musique a étendu la pratique chorale et instrumentale à l'école élémentaire voisine. De même, dans le Groupe scolaire d'Abano (Province de Padoue), depuis longtemps, le professeur de musique du collège structure des parcours de qualification de la compétence musicale ou de consultance périodique pour les enseignants de l'école primaire. Des situations similaires sont constatées dans d'autres établissements, par exemple le Groupe scolaire Regina Margherita de Rome.

Toutefois, les pratiques de collaboration entre école et territoire se révèlent tout aussi innovantes pour élever la qualité de l'enseignement/apprentissage de la musique. Par exemple, à Castelnuovo Berardenga (Sienne), le Groupe scolaire Giovanni Papini a signé un protocole d'entente avec la Fanfare Municipale, qui assure à ses frais les heures d'enseignement des instruments à vent et prête même ses instruments. De cette façon, avec 20 % de flexibilité sur le total des heures, le professeur de musique du collège, aidé d'autres collègues avec des compétences dans la pratique de la musique d'ensemble, a mis en place un projet qui s'étend à tout le premier cycle. De la même façon, le Groupe Scolaire Verona 12 Golosine profite de la collaboration de quinze enseignants du Conservatoire Evaristo Felice Dall'Abaco de Vérone. Le Dixième Cercle de Sassari expérimente un projet de la Région sarde pour l'enseignement des instruments en CE2, qui se poursuit en CM1 et CM2, avec une heure hebdomadaire d'éducation musicale garantie pour tous. À Amelia (Trévise), l'étroite collaboration de la Direction Didactique Jole Orsini avec une école publique de musique et une association musicale citoyenne subventionne depuis les années la formation des enseignants de l'école.

Je rappelle aussi l'expérience *L'amico strumento (L'ami instrument)* qui se déroule dans le Groupe Scolaire Amerigo

Vespucci de Vibo Valentia depuis déjà quelques années : les cours d'apprentissage de divers instruments, y compris pour les élèves qui ne suivent pas la filière musicale, sont devenus un véhicule de communication quotidienne entre enseignants, élèves, familles et territoire. La formation d'un Orchestre des jeunes ; la constitution de plusieurs protocoles d'entente entre l'établissement scolaire et les Collectivités locales ; l'institution de cours qualifiants pour l'habilitation à l'enseignement de l'instrument musical, ainsi que la collaboration avec le Conservatoire de Musique Fausto Torrefranca ont élargi l'offre du Groupe scolaire, permettant une préparation qualifiée pour une croissance culturelle et éducative de tous et de chacun.

Certes, les expériences évoquées ne représentent qu'un témoignage partiel et fugace de l'éducation musicale dans le système scolaire italien, bien évidemment plus large et complexe, comme l'est l'école elle-même. Il n'est toutefois pas aussi large qu'il serait souhaitable, aussi bien pour le changement du système scolaire que dans l'optique d'un apprentissage, y compris à travers l'expérience et l'activité de laboratoire.

Dans ce récit synthétique, il manque surtout les voix et les notes, les gestes et les silences, les émotions et les pensées des enfants et des jeunes, mais aussi des enseignants, des directeurs d'établissement et des familles, c'est-à-dire de tous ceux qui sentent ou savent quelle passion et quel bonheur suscite la difficile conquête de la connaissance et la construction de l'identité individuelle et collective. Je suis profondément convaincu que la musique écoutée, jouée, chantée, est en mesure de réveiller, dans notre système éducatif mais pas uniquement, ce désir naturel de l'homme pour la recherche, la découverte et l'innovation.

8.
La culture de la technologie

J'échangerais toute ma technologie
contre une soirée avec Socrate.
Bill Gates

1. L'alphabétisation numérique

La présence et l'évolution de la technique et de la technologie ont influencé les aspects créatifs et innovants de la nature humaine et le progrès de l'humanité, depuis l'époque de la roue et de la charrue, puis des caractères mobiles, de la boussole, de la machine à vapeur et ainsi de suite jusqu'à l'ordinateur. Depuis des décennies on assiste au développement croissant des technologies de l'information et de la communication sous leur forme numérique, à tel point qu'on parle de «troisième vague» de l'innovation technologique, après les révolutions agricole et industrielle, et qu'on appelle notre époque «l'âge de l'information». En effet, les nouvelles technologies informatiques et la diffusion à l'échelle mondiale de la communication électronique et d'Internet investissent les processus économiques et productifs, le champ du travail et de l'occupation, ainsi que la dimension sociale et politique, à travers une myriade d'instruments techniques pour tous les usages possibles, individuels et communs. Ils ont également des répercussions quantitatives et qualitatives sur les activités liées à la connaissance: d'un côté on parle d'une véritable révolution culturelle; de l'autre on invite à réfléchir sur les systèmes éducatifs, à affronter le rôle des TIC dans leurs diverses implications concernant l'éducation.

La plupart des gens choisissent de posséder un objet technique : cela naît souvent d'une impulsion ou d'un mouvement suggéré par le désir ou le plaisir, comme Steve Jobs le savait bien. Pour autant ce choix ne doit pas être stigmatisé, surtout dans le cas des technologies numériques, dans la mesure où leur utilisation ouvre, à travers l'adoption ne serait-ce que d'un seul objet, tout un monde d'actions, de communications et de pratiques créatives. Ce geste spontané de vivre de façon utile et sensée avec les nouveaux moyens techniques implique tout de même de posséder la compétence minimale pour utiliser ces outils et ces services avec efficacité, ainsi que la faculté de choisir lesquels employer selon les circonstances, pour évaluer le rapport entre coût et bénéfice. Toutefois, dans la société de l'économie et de la connaissance l'accès à Internet et le développement des compétences numériques deviennent des prérogatives fondamentales de citoyenneté, pour garantir à tous la pleine participation à la vie publique et pour accroître aussi bien les possibilités d'expression que les perspectives d'emploi de chaque citoyen.

Aujourd'hui, l'importance des technologies de l'information et de la communication comme facteur d'amélioration de la qualité de la vie et de croissance économique et productive a été défendue dans la *Déclaration ministérielle de Riga*, approuvée à l'unanimité par l'Union européenne en 2006, qui demande aux États membres d'entreprendre les actions nécessaires pour mettre en place une société de l'information incluant tout le monde. Ce document invite à définir des objectifs concrets pour l'utilisation et l'accès à Internet, l'alphabétisation numérique et l'accessibilité des TIC pour les catégories les plus faibles et désavantagées. Une attention particulière est portée au dépassement de la *fracture numérique*, c'est-à-dire la réduction de moitié de la différence de pourcentage d'utilisation des TIC qui existe entre les usagers moyens, les personnes âgées ou peu diplômées, les handicapés et les chômeurs. Le phénomène, moins diffus sur notre continent que dans le reste du monde, représente pourtant une nouvelle forme d'exclusion sociale et culturelle, qui peut influer sur la cohésion et la prospérité d'un pays. Les directives européennes successives, visant à la promotion de l'*e-inclusion* comme garantie d'équité sociale et de développement économique, semblent encore plus légitimes en cette période de crise, qui met en évidence les carences structurelles de l'économie européenne. Dans cette perspective, la Commission européenne a désigné en 2010 l'*Agenda numérique européen* comme l'une des sept initiatives phare de la stratégie EUROPA 2020 pour la croissance intelligente, durable et inclusive dans l'Union européenne[1]. Ce document propose d'accélérer l'utilisation des TIC et la diffusion de la communication électronique pour obtenir des avantages socioéconomiques grâce à un marché unique fondé sur une connexion à haut débit et très haut débit et sur des applications multiples.

Pourtant, il faut rappeler que les technologies concernées sont non seulement les technologies informatiques, mais aussi celles liées par exemple à la matière ou à l'énergie : elles envahissent toutes le milieu où nous vivons, travaillons et étudions, modifiant en profondeur une bonne partie de notre vie, offrant de belles opportunités et posant beaucoup de problèmes. De ce point de vue, la relation entre l'homme et le monde artificiel devient tout aussi importante que celle entre l'homme et le monde naturel. La capacité de savoir utiliser, gérer et dominer les différentes technologies et techniques, avec un usage personnel et collectif correct et conscient, devient une condition incontournable pour les citoyens du XXIe siècle. Ceci nécessite toutefois un saut culturel – dont nous sommes bien loin aujourd'hui – de la part de la société de la connaissance, à commencer par l'instruction, appelée à interagir avec le développement de la technologie et à répondre aux nouvelles demandes posées par l'accélération de la technique pour former des hommes et des femmes libres et responsables de leurs actes[2].

Il faut donc concevoir *une culture de la technologie*, c'est-à-dire un patrimoine plus large que les simples connaissances et compétences techniques, qui inclut aussi l'analyse critique sur le lien entre théorie et pratique de la technologie, l'interaction

---

1. Commission européenne, *Un agenda numérique européen*, COM (2010) 245/2 définitif (26/08/2010).

2. Le document *The Key Competences for Lifelong Learning. A European Framework* (EFKC) indique les compétences de base en technologie : heureusement la compétence numérique fait partie des huit compétences clé.

entre les savoirs technologiques et les autres (sciences, histoire, communication...), les conditions de possibilité et les limites de la technologie, la relation entre technologie et contexte social, économique et politique, l'impact épistémologique de l'acquisition et l'organisation d'informations et de notions, et bien d'autres choses encore. En réalité il ne s'agit pas d'une discipline mais d'un système de contextes disciplinaires reliés entre eux, d'une culture à laquelle chacun doit se sentir appartenir, même si c'est de façon différente – mais cohérente – selon sa personnalité et ses activités. Dans cette optique, l'école représente le milieu où il faut commencer à élaborer une vision culturelle de l'univers technologique, à travers un processus éducatif qui, en partant de l'utilisation des nouvelles technologies, parvienne à pénétrer les éléments plus spécifiquement théoriques ou spéculatifs, à travers une étude interdisciplinaire qui se situe entre tradition et innovation.

2. L'artisan numérique

Dans la mesure où il est nécessaire d'assurer pour chaque individu des compétences techniques et technologiques, il faut réfléchir à la nature de la technique. Elle n'a pas été l'objet de la même attention épistémologique que la science, toutefois des études récentes ont mis en évidence des aspects du savoir technologique bien loin des lieux communs de la conception déterministe héritée en grande partie de l'ingénierie du XIXe siècle.

Pendant longtemps, la technologie a consisté en des savoirs peu formalisés, composés pour l'essentiel de connaissances et de règles empiriques transmises par l'apprentissage. Actuellement les savoirs sont tout sauf statiques, ne serait-ce que parce qu'un ensemble de règles « de métier » plus ou moins consolidées admet, et même requiert, des variantes infinies. Par certains aspects leur amélioration progressive devient une partie essentielle de l'esprit de l'artisan, de même que le mécanisme de l'*invention* – non seulement les grandes inventions historiques, mais aussi les inventions courantes de l'activité artisanale et technique. Au fur et à mesure, cette amélioration permet de changer de paradigme et d'introduire de nouveaux systèmes de règles. D'où cette extraordinaire complexité de savoirs et de valeurs analysée par Richard Sennet dans le concept de «travail bien fait», déjà évoqué plus haut, et bien vivant dans notre imagination, quand nous reconnaissons l'importance de la technique, comme réaliser ou restaurer un meuble, aménager ou entretenir un jardin, ou encore créer ou décorer des objets courants.

Mais une partie de l'esprit artisan se réalise aussi dans les technologies plus récentes, du design industriel à la construction de produits complexes. En effet, concevoir un bateau ou un objet de décoration ne nécessite plus l'habileté manuelle du dessin à la machine à dessiner mais la compétence plus sophistiquée du dessin électronique et de la simulation. Toutefois, même dans ces cas il s'agit encore d'un processus qu'on ne peut réduire à un calcul ou à une procédure standard. Il est porté par une structure épistémologique à évolution progressive et, parfois, d'expérimentation scientifique. Le sociologue Manuel Castells[1] explique comment une vaste communauté s'est créée au cœur des nouvelles technologies – la création du software de base et des applications –, une communauté très informelle inspirée de l'«éthique Hacker» (ici le mot «hacker» a le sens de corsaire plus que de pirate) des défenseurs du software libre et de la production diffuse et coopérative, selon le modèle du système d'exploitation Linux et de Wikipédia. On assiste aujourd'hui à l'émergence d'un «artisan numérique» dans une sorte de boutique hi-tech!

Du reste, cette même ingénierie, c'est-à-dire la partie la plus organisée, articulée et formalisée de la technique, subit des mutations fondamentales dues essentiellement aux changements de la structure pratique et cognitive des technologies. En effet, comme l'explique W. Brian Arthur, il s'agit de systèmes complexes et stratifiés dans lesquels les objets finaux sont des combinaisons de sous-systèmes à plusieurs niveaux hiérarchiques[2]. La complexité technologique accompagne et interprète la complexité sociale et, en particulier, celle des systèmes de gestion, à tel point que le corps traditionnel de

1. M. Castells, *La galaxie internet,* Fayard, Paris, 2001.
2. W. Brian Arthur, *La natura della tecnologia. Che cos'è e come evolve*, Codice, Turin, 2011.

l'ingénierie a intégré l'ingénierie de gestion, pour laquelle le thème de la complexité est central[1]. À la base des systèmes et des mécanismes techniques, des dispositifs incorporent un ou plusieurs principes scientifiques, dont l'invention résulte d'un acte créatif et innovant, expression d'une forte discontinuité par rapport à des lois ou à des critères codifiés. C'est-à-dire que ceci n'arrive pas partout et tout le temps, mais se vérifie surtout dans la recherche et dans les entreprises très novatrices. Toutefois, dans la pratique courante la production d'objets techniques consiste en un assemblage de technologies existantes, plus fondé sur la logique fonctionnelle que sur le calcul. Ainsi, l'innovation devient un processus évolutif sans sauts ni fractures, mais à travers le changement de la façon de combiner les technologies existantes pour créer de nouvelles structures, ainsi que pour la dislocation d'un sous-système technologique d'un contexte à un autre. Un exemple typique est l'introduction de l'électronique programmable dans un système mécanique.

Tout ceci modifie, entre autres, la relation entre science et technologie. Toutes deux interagissent depuis toujours avec le monde naturel et avec le monde artificiel – comme Galilée l'enseignait déjà – et depuis toujours il existe entre elles une relation circulaire. Dans le sens où la domination des objets requiert de nouvelles théories (de la machine à vapeur à la thermodynamique), qui sont appliquées sous la forme de lois scientifiques pour la création de nouveaux objets (de la théorie de la calculabilité à l'ordinateur), qui en tant qu'objets techniques deviennent des instruments scientifiques (la lunette). Ce qui change aujourd'hui est la rapidité et l'intensité de cette interaction : en témoignent les grands accélérateurs de particules, comme celui de Genève, qui est à la fois une des œuvres d'ingénierie les plus complexes et un instrument permettant d'explorer les frontières de la physique.

1. À ce sujet voir A. F. De Toni, A. Barbaro, *Visione evolutiva. Un viaggio tra uomini e organizzazioni, management strategico e complessità*, Etas Libri, Milan, 2010.

3. Technologie et formation

Cette rapide digression sur l'essence de la technique invite à s'interroger sur les caractéristiques cognitives ou méthodologiques que peut développer une culture de la technologie dans la formation aussi bien des jeunes générations que des adultes.

Un premier aspect est lié à la création de solutions techniques : comme on l'a dit, la capacité d'innovation fait plus appel à la force de la logique et de la pensée fonctionnelle qu'au calcul et aux procédures standard. En d'autres termes, pour dominer la technologie d'un point de vue théorique et pratique, il faut maintenir une base scientifique, fournie par la connaissance en mathématiques, physique, chimie et biologie, et aussi accroître les aptitudes cognitives comme le *problem solving*, la pensée latérale, la capacité à établir des connexions et le raisonnement heuristique. En ce qui concerne l'instruction technique et professionnelle, ceci implique que les disciplines scientifiques modifient l'implantation méthodologique traditionnelle pour aller vers des méthodes plus adaptées au développement de ces aptitudes cognitives. En ce qui concerne l'éducation en général, il est préférable d'adopter une approche non-spécialiste de la sphère technique, de façon à favoriser le complément culturel indispensable des autres domaines (surtout scientifique) et l'acquisition de ces capacités, désormais considérées comme fondamentales pour la formation intellectuelle de tous.

Un second point, relatif aux sollicitations que la culture de la technologie peut promouvoir pour une instruction de qualité, concerne la possibilité d'innover dans la création d'objets et de services techniques : dans la mesure où la technique est potentiellement présente à tous les niveaux, la fracture traditionnelle entre spécialistes et non-spécialistes s'atténue. Les premiers sont bien sûr toujours nécessaires, même si leur profil change ; les non-spécialistes, souvent pour des raisons financières, opèrent directement, au moins pour l'assemblage final, pour créer l'outil dont ils ont besoin. Ceci inclut par exemple la configuration et la personnalisation d'un ordinateur ou d'un téléphone portable de dernière génération, la graphique et la production d'une présentation multimédia ou même la conception d'un meuble à l'aide d'un programme approprié, comme on demande aux clients d'une chaîne commerciale connue. Toutefois, un fait beaucoup plus significatif est la croissance dans d'autres domaines d'une population de créateurs «intermédiaires» entre spécialistes et non-spécialistes. Il s'agit de ceux qu'on appelle *prosumer (producer + consumer)*: un phénomène loin du traditionnel bricolage (sport pur et méritoire), mais inhérent au nouveau monde technologique. Tout ceci met en crise la division traditionnelle présente au lycée entre instruction technico-professionnelle et instruction généraliste, qui n'est plus justifiée sinon pour des raisons sociales.

Un dernier secteur concerne la réflexion de la philosophie ou d'autres sciences humaines et sociales sur le rôle et la signification des technologies dans l'histoire de l'homme. Hormis de rares exceptions (Marx, Babbage), elle a au fil du temps pris la forme d'une contemplation de l'extérieur, oscillant entre la diabolisation et l'exaltation de la technique et de la technologie. Actuellement, à cause du développement de disciplines comme l'informatique, la télématique ou la biotechnologie, un rapport d'échanges réciproques s'est créé entre le savoir technologique et les autres savoirs. On peut même parler d'une véritable philosophie de la technique, qui devrait être introduite dans la formation de tous les citoyens.

La question, comme dans d'autres circonstances, est de savoir si notre système scolaire actuel est capable de développer une culture de la technologie telle qu'on l'a dessinée jusqu'ici. Voyons en détails.

Il faut avant tout dépasser certains préjugés, comme ceux liés à l'image de la technologie comme non culture, reléguée au déterminisme, à la certitude et au manque de nuances. Il y a ensuite, au niveau des cursus, la nécessité de trouver un meilleur positionnement de l'enseignement/apprentissage de la technologie par rapport aux autres matières. D'une part, la création d'une discipline spécifique au collège n'a pas eu beaucoup de résultats. Ceci est dû au faible investissement dans la recherche didactique et le développement professionnel des enseignants, et aussi à la faible interaction avec les autres disciplines, ce qui confirme la tendance de la séparation des cultures dans la formation italienne. D'autre part, la récente réorganisation du lycée offre un tableau encore plus contradictoire.

Pour l'instruction technique et professionnelle, le projet était de les requalifier comme Écoles de l'innovation : en effet, le Profil Éducatif Culturel et Professionnel (PECUP) déterminé pour ces deux filières trace une figure intellectuelle conforme aux exigences indiquées ci-dessus, c'est-à-dire de l'harmonisation de la culture générale et de la culture spécialiste, de l'opérationnalité et de la réflexion. Le même dessein émerge des *Grandes lignes*, qui invitent pour les matières techniques à des projets interdisciplinaires comme instruments principaux de l'innovation méthodologique[1]. Toutefois, ces *Grandes lignes* fournissent une exposition analytique de connaissances et aptitudes pour chaque discipline, fortement spécifiques ; aussi la cohabitation des deux esprits, celui des nouvelles approches cognitives et méthodologiques et celui du *know-how* et des standards laisse peu d'espoir sur le succès de l'innovation, surtout si le système éducatif traditionnel fondé sur la transmission perdure et, du moins jusqu'à maintenant, sans un investissement dans la recherche et la formation.

En ce qui concerne l'instruction dans les lycées généraux, la contradiction est encore plus évidente. En effet, tandis que dans le PECUP, avec des similitudes entre les lycées techniques et professionnels, est affirmée une attention à la réalité technologique et opérative, dans les *Indications nationales* l'enseignement/apprentissage des matières est traditionnellement basé sur une forte prétention identitaire. Ceci écarte de fait une analyse culturelle de la technologie ou une approche technologique de la culture[2]. Aussi, hormis une présence timide au lycée général des Sciences appliquées, la technologie en est absente. D'un certain point de vue, cela confirme l'image classique de l'intellectuel italien qui ignore souvent la technologie et la technique, mais prétend mener une réflexion critique dessus.

1. MIUR, *Istituti Tecnici. Linee guida per il passaggio al nuovo ordinamento*, Rome, 2012 ; MIUR, *Istituti Professionali. Linee guida per il passaggio al nuovo ordinamento*, Rome, 2012.

2. MIUR, *Indicazioni nationali degli obiettivi specifici di apprendimento per i licei*, Rome, 2010.

Il est donc évident que le système éducatif italien est aussi loin des exigences réelles que des recommandations internationales de favoriser l'innovation permanente à travers les nouvelles technologies, condition pour améliorer la qualité de vie des citoyens en termes de participation active, inclusion sociale et développement économique. En effet, il reste difficile de supposer que l'acteur du parcours éducatif puisse imaginer, inventer, créer de nouvelles solutions, si même l'étude de la technique et de la technologie se limite à un apprentissage répétitif des procédures technologiques ou à une utilisation extrinsèque des instruments informatiques, au lieu de s'ouvrir à une vision ouverte et flexible de la connaissance et du savoir.

4. Les technologies numériques

Tout ce qu'on vient de dire vaut particulièrement pour les technologies numériques, sur lesquelles il vaut la peine d'ajouter quelques observations, ne serait-ce que parce que les considérations sur ce thème et sur les *digital natives* sont banalisées et aujourd'hui plus fréquentes chez les journalistes que chez les chercheurs et historiens. Elles ont effectué en quelques années le même parcours que toutes les technologies qui ont produit des objets et services de masse (automobile, téléphone, etc.) : un parcours qui voit une évolution structurelle des produits en même temps qu'une diffusion progressive des usagers.

On sait que les technologies numériques, nées avec les premiers ordinateurs des années cinquante, ont été accompagnées et en partie précédées par des découvertes fondamentales de logique mathématique, de théorie du calcul et de théorie des langages. On sait également que l'amélioration qualitative, basée sur l'incroyable miniaturisation des composants de base et sur le développement du software, peut se résumer en phases scandées par des étapes bien définies : les machines digitales programmables ; les langages de programmation à haut niveau ; les architectures hardware et les systèmes d'exploitation ; le calculateur personnel ; les programmes-outils (ou applications) ; le multimédia ; le Web ; et enfin la fusion entre téléphone portable et ordinateur, la tablette.

Dans les systèmes plus récents, l'utilisateur final ne voit que la couche superficielle du processus (interface du système d'exploitation et applications), toutefois ce dernier cache, comme des strates successives, toutes les structures des différents moments du développement, avec lesquels l'utilisateur interagit sans en avoir conscience. À l'état naissant, c'est-à-dire jusqu'aux langages de programmation, les technologies, difficiles à utiliser et peu fiables, requièrent de nombreuses compétences techniques, pour lesquelles la médiation des spécialistes était inévitable, à part quelques avant-gardes d'amateurs. L'interaction semblait tellement peu naturelle qu'elle pouvait constituer une barrière.

À travers les extensions adressés aux citoyens lambda, peu à peu le nombre d'usagers a augmenté, toutefois les technologies, pas encore accessibles à tous, nécessitaient encore des compétences techniques comme la manutention extraordinaire et la plupart des réparations ; or à cette étape, qui coïncidait avec le développement des applications, le réseau des services techniques était peu étendu.

Avec la diffusion de masse, les technologies sont conçues pour être conviviales et fiables, l'intervention technique étant limitée aux opérations les plus sophistiquées sur le software ou à la réparation des pannes. Par conséquent, de plus en plus de personnes saisissent conceptuellement les nouveaux instruments et dépassent leurs difficultés psycho-physiques.

Dans les deux premières phases les objets étaient encore perçus comme spécialisés, il fallait en comprendre la logique et la nature ; dans la troisième, les technologies deviennent de plus en plus maniables et flexibles, d'un côté parce qu'on ne sent plus la barrière technique, de l'autre parce que l'utilisation directe prévaut, réduisant au minimum les moments de médiation et d'apprentissage pratique. L'attention du destinataire se déplace du « comment ça marche » à « qu'est-ce que j'en fais » : en ce sens les technologies deviennent de moins en moins des objets techniques et de plus en plus des *medium.*

Il va de soi que chacune de ces périodes a eu et a ses « *natives* » qui, n'étant plus *natives* à la phase suivante, manifestent parfois des difficultés en interagissant avec l'innovation. Toutefois, on utilise cette locution pour les personnes nées durant la dernière phase, celle du Web 2.0 et des téléphones-ordinateurs. Ils acquièrent très tôt les aptitudes d'interaction numérique, à la fois parce que les objets sont présents dans leur environnement et parce que leur utilisation est simplifiée. Ainsi ils perçoivent à peine la technicité – à laquelle j'ai fait allusion – et intègrent rapidement la technologie dans leur vie. On peut donc dire qu'avec les TIC la séparation entre spécialistes et non-spécialistes s'atténue, et que tous les citoyens ont la possibilité de personnaliser, adapter ou produire de l'information et de la communication.

Depuis des années la question principale, la plus discutée, est de quelle façon l'utilisation des technologies numériques modifie le déroulement d'activités liées à l'étude et à la connaissance à l'école, au travail ou dans la vie privée, et donc comment ils se rapportent à la culture[1]. Il est évident que le problème concerne tous ceux qui les utilisent, qu'ils soient *digital natives* ou non. Toutefois, dans ce contexte il est utile d'examiner leur influence sur ce qui est le plus important pour la formation[2]. À commencer par la pratique de l'écriture. En réalité, comme le rappelle le philosophe Maurizio Ferraris, la plupart des applications technologiques sont fondées sur l'écriture[3]. Elles obligent même à une grande quantité de modes et de styles : des quelques lignes d'un texto à celles d'un réseau

1. Parmi les premiers à s'occuper de la relation entre éducation et communication, entre didactique et médias, je rappelle Roberto Maragliano, fondateur et responsable du Laboratoire de Technologies Audiovisuelles de l'Université de Roma Tre. Il a analysé d'un point de vue théorique et pratique les différents aspects au fil du temps des problématiques liées au multimédia, à l'utilisation éducative des technologies et des différents langages de communication. Pour approfondir, je renvoie en particulier à la vision révisée et mise à jour de son texte *Nuovo manuale di didattica multimediale*, Laterza, Bari-Rome, 2004, et à son récent e-book *Adottare l'e-learning a scuola*, Garamond-Bookliners, Rome, 2011.

2. Une contribution significative peut être trouvée dans M. Fierli, *Tecnologie per l'educazione*, Laterza, Rome-Bari, 2003 ; P. Ferri, *Nativi digitali*, Mondadori, Milan, 2011 ; N. Carr, *Internet ci rende stupidi ? Come la rete ci sta cambiando il nostro cervello*, Raffaello Cortina, Milan, 2011. Voir aussi : A.M. Allega, P. Ferri, « La sfida dei nativi digitali », *Speciali Education 2.0*, mars 2013, in www.educationduepuntozero.it, e M. Serres, *La petite poucette*, Le Pommier, Paris, 2012.

3. Dans un de ses derniers essais, intitulé *Documentalità. Perché è necessario lasciar tracce*, Laterza, Rome-Bari, 2009, le philosophe turinois, en analysant les objets sociaux dans leurs formes les plus disparates, des mariages et prêts aux numéros de sécurité sociale et aux textos, soutient qu'on assiste aujourd'hui à l'explosion de l'écriture : la société de la communication révèle son essence dans l'enregistrement et l'écriture.

social, jusqu'aux textes complexes à souhait dans les systèmes d'écriture. Ces derniers induisent un comportement différent de l'habituel, sur papier, parce qu'ils offrent la possibilité d'un processus de remaniement constant. Cette caractéristique est considérée par certains comme une dégénération par rapport à la linéarité de la composition traditionnelle, parce qu'elle n'oblige pas à réfléchir avant d'écrire. Le risque dénoncé par certains peut être, au contraire, qu'elle devienne un exercice de communication plus complexe. Au sujet de la lecture, le passage de la lecture de livres sur papier à celle de livres sur écran en est encorc à son début et les conditions d'une conversion totale ne sont pas encore mûres.

En ce qui concerne l'incidence des technologies numériques sur la capacité de calcul, il ne faut pas oublier que l'informatique est née comme instrument de calcul. En effet, l'usage du calcul électronique pose quelques problèmes cognitifs, parce qu'il introduit des problèmes dans le processus de solution et une division des rôles entre personne et machine dans le processus d'enquête. Adopter des instruments de calcul automatique signifie diminuer ou annuler l'activité d'exécution de procédés algorithmiques de la part de l'homme, à qui il reste toutefois la tâche heuristique, ni banale ni réductive, de gouverner le processus global dans ses différentes phases, c'est-à-dire: poser le problème, identifier des variables, choisir un procédé de calcul, programmer l'ordinateur, introduire des données et interpréter des résultats. Par exemple, l'utilisation de la simulation introduit un instrument très puissant d'étude des phénomènes et de projet: il s'agit là d'un véritable amplificateur cognitif.

Considérons également le rôle de la création de machines multimédias – qui contribuent à la diffusion de masse de l'informatique – dans la possibilité de réaliser des communications qui utilisent de nombreux codes à la fois. Ceci permet de développer une habitude de raisonner sur des aspects intéressants comme l'efficacité de la communication, la redondance, la fonction de chaque code par rapport aux autres: cela pourrait être conçu comme une discipline à part entière.

L'utilisation des TIC implique également de travailler avec des données et des connaissances, à l'intérieur de l'ordinateur et désormais dans le réseau, et permet de développer deux aptitudes symétriques : d'un côté celle de créer, organiser et classer les informations de façon logique, pour qu'il soit facile de les retrouver et de les utiliser ; de l'autre celle de « naviguer » dans l'immense ensemble de nouvelles qui existent en ligne. En fait la recherche de notions et de sources – souvent perçue et pratiquée comme une activité désordonnée et dispersive, presque une sorte de vagabondage, surtout quand elle n'est pas dictée par un besoin ni destinée à un objectif – requiert toutes les capacités logiques et stratégiques d'une recherche efficace : c'est une méthodologie rigoureuse, à tous points de vue.

Enfin, d'un côté l'utilisation des réseaux sociaux (Facebook, Twitter), le moyen le plus populaire pour communiquer à distance, en plus du courrier électronique et des systèmes coopératifs ; de l'autre le passage du Web 2.0 interactif au Web 3.0 hypertextuel jusqu'aux environnements Web sémantiques, tout ceci transforme la communication et l'environnement médiatique du « peu vers un grand nombre » au « grand nombre vers un grand nombre », nécessitant et activant de nouvelles compétences et capacités.

La principale objection (ou avertissement) formulée sur l'usage des instruments technologiques est justement la perte des capacités cognitives. Depuis longtemps, avec son esprit habituel de provocation intellectuelle et scientifique, Raffaele Simone soutient cette thèse dans différentes œuvres, y compris la dernière[1]. Certes les technologies numériques, comme toutes les nouveautés entrées dans l'histoire de l'homme, y compris l'écriture, déterminent une nouvelle configuration des capacités cognitives. Avec du recul, le refus de l'innovation, même quand il est motivé par la « perte d'aptitudes », conduit à des questions dérangeantes : à quel endroit serait-il nécessaire d'interrompre la chaîne ? Pourquoi s'arrêter à l'ordinateur, le dernier maillon ? La réflexion doit plutôt être orientée vers la façon d'éviter ces risques et de gouverner le processus de façon positive. Il faut avant tout distinguer entre les différents médias, conscients qu'aucun d'entre eux n'a d'influence automatique et univoque

1. R. Simone, *Caduti nella rete*, Garzanti, Milan, 2012.

sur la cognition, conditionnée entre autres par la méthode et par le contexte de leur utilisation.

Pourtant, dans le cas de l'éducation au moins deux critiques fréquentes sont à mentionner ici. La première concerne le fait qu'un excès d'automatisme des moyens empêche l'élève de comprendre la logique d'un procédé déterminé ; il est donc nécessaire que leur utilisation soit précédée d'une période de travail avec des instruments plus traditionnels, voire pas d'instruments du tout. De ce point de vue, il est bon que les enfants, avant de passer aux calculatrices, apprennent à compter pour comprendre comment s'effectuent les opérations. Quant à la seconde, elle concerne le risque d'une prise en main limitée des objets physiques, fondamentale pour le processus d'instruction. On affirme donc l'exigence de ne pas trop anticiper le passage au langage symbolique et iconique, surtout avec les plus petits. En ce sens l'étude directe d'un phénomène physique est préférable à la simulation, le jeu de construction traditionnel à l'interaction avec un micromonde informatique. La réponse à ces objections doit être pragmatique et circonstanciée, pensée au cas par cas.

Une autre accusation est souvent formulée contre les nouvelles technologies, plus générale que les deux précédentes : non pas celle d'introduire de nouvelles coutumes intellectuelles au détriment de celles du passé mais de développer des formes de pensée non linéaires, pour la plupart associatives, relationnelles, fragmentaires et, d'une certaine façon, compulsives. Par conséquent, elles induisent une approche superficielle de la culture, un manque de concentration et d'approfondissement et un éloignement de la réalité. Cette critique ne peut être déboutée a priori, mais une analyse plus complexe est nécessaire pour comprendre si et où ces nouveaux styles constituent des « vices » ou, comme le suggère Baricco, les premières tentatives de produire et d'acquérir une connaissance autrement, encore dénuées de structuration ou de légitimation épistémologiques[1]. Pour toutes ces raisons, la question des technologies à l'école est avant tout un problème de culture et donc un objectif éducatif, qui doit être affronté en tant que tel,

1. A. Baricco, *Les barbares : Essai sur la mutation*, Gallimard, Paris, 2014.

c'est-à-dire avec les justes niveaux d'élaboration théorique et de mise en œuvre pratique. Je voudrais donc avancer l'hypothèse qu'il faut considérer au moins trois dimensions pour cerner la thématique : l'utilisation des instruments, les compétences techniques et les fondements scientifiques.

En ce qui concerne l'utilisation des instruments, les vertus potentielles des moyens numériques constituent des possibilités de mettre à jour, d'accroître ou même de revoir les processus internes des différentes disciplines. Il suffit de penser à la façon dont la communication se sert, en plus du canal linguistique, d'autres langages ; ou encore à la solution des problèmes en sciences. La crainte de risques comme ceux évoqués plus haut ne peut conduire à éliminer les instruments technologiques dans le travail scolaire. Cela doit plutôt alerter sur les éventuels effets négatifs à combattre, en privilégiant les aptitudes intellectuelles activées par leur utilisation et en donnant un sens culturel à leur utilisation.

Concernant les compétences techniques, il est évident que l'école a aussi le devoir de former des spécialistes dotés de compétences techniques. Toutefois, un certain niveau de compétences informatiques est nécessaire pour utiliser efficacement les instruments. Il est même sollicité par la société de la connaissance pour pouvoir exercer pleinement son droit de citoyenneté, comme on l'a évoqué au début du chapitre. En outre, dépasser les divisions entre producteurs et utilisateurs, ce qui est possible par les dernières technologies numériques, permet d'opérer des séries d'activité comme l'analyse, la préparation et la réalisation technique, qu'il faut considérer à tous points de vue comme des conteneurs de processus cognitifs forts.

Enfin, à propos des fondements scientifiques, la culture scolaire – de même que la culture académique – ignore souvent les concepts d'information et de communication. On en parle en linguistique et en biologie mais, paradoxalement, pas suffisamment en sciences. Pourtant ces concepts et leurs articulations relatives (code, langage, canal, algorithme, automate, etc.) ont la même importance, par exemple, que ceux de matière et d'énergie. Il s'agit de concepts-clés pour comprendre le monde, qui ont donc leur place de plein droit dans la formation scientifique de base, dès le début.

5. Les laboratoires d'innovation technologique

Les objectifs à atteindre sont assez clairs. Le problème qui se pose est comment les atteindre. Jusqu'à la première diffusion des technologies de l'information et de la communication, certains ont cultivé l'idée qu'elles pouvaient fonctionner comme «levier» pour contraindre les systèmes éducatifs à l'innovation. L'histoire s'est chargée de démentir cette hypothèse, parce qu'il est devenu évident que l'introduction d'instruments technologiques dans l'école ne remet pas en cause le système culturel et didactique. Ceci ne signifie pas qu'il ne faille pas promouvoir des financements et des actions pour soutenir l'introduction des technologies. Toutefois, il faut être conscients qu'elles doivent être adoptées dans le contexte d'une politique qui essaye de faire progresser tous les facteurs du système éducatif, à commencer par la professionnalité des enseignants, la centralité de l'apprentissage et la structuration des cursus. Dans tous les cas, le temps des plans très structurés émanant d'en haut, indiquant des ressources ou des modèles didactiques à adopter, est révolu. La route est donc celle de la promotion d'une *culture de la technologie*, offrant aux enseignants des occasions de croissance professionnelle, y compris à travers la circulation des expériences, parce que le point de départ est justement les écoles, en particulier celles qui deviennent de véritables laboratoires d'innovation, anticipant les plans et les programmes.

C'est le cas du Lycée technique industriel et du Lycée scientifique technologique Ettore Majorana de Brindisi, désormais célèbre pour avoir écourté le délai d'immersion dans les TIC. Du point de vue des technologies il s'agit d'une réalité éducative totalement 2.0, avec des salles équipées en TBI et en ordinateurs, des élèves et des professeurs dotés de tablettes et une infrastructure capable de gérer l'informatisation. L'innovation concerne d'une part la numérisation de toute la documentation administrative et didactique (y compris le registre scolaire) et de la communication interne à l'école et avec les familles; de l'autre la didactique structurée à travers l'utilisation des différents supports technologiques. La caractéristique principale de l'établissement est la pratique de l'autoproduction de matériel didactique, née du projet «Book in Progress», en collaboration avec de nombreuses écoles en réseau: les livres écrits par les enseignants sont vite devenus des ebooks interactifs distribués à tous les élèves, qui ont également accès à des cours filmés et à des expériences en laboratoire. L'accord avec les parents, qui transmettent à l'établissement l'équivalent de l'argent économisé sur les achats de manuels, permet de doter tous les élèves d'une tablette et de documentation didactique.

Dans le sillon de sa vocation à l'innovation technologique, le Lycée scientifique Filippo Lussana de Bergame a introduit en septembre 2010 la première expérience italienne d'enseignement avec tablette. Son utilisation, non limitée à la didactique traditionnelle mais étendue au partage du matériel et à l'utilisation de livres en format numérique, a été finalisée pour favoriser de nouvelles modalités d'apprentissage, modifiant la relation traditionnelle entre enseignant et élève. La possibilité offerte par la tablette de consulter sur Internet une très large gamme de sources et de documents est gérée par les enseignants pour solliciter chez les élèves des activités de recherche et d'approfondissement sur différents sujets à mener en classe, individuellement ou par groupes. De cette façon, à la différence du cours magistral où le professeur transmet des connaissances qui sont le fruit de ses études, l'élève devient acteur de son processus éducatif, à travers l'engagement direct dans le repérage de contenus ou l'acquisition de stratégies de travail. L'autre occasion offerte par la tablette est la création de situations de recherche, à travers lesquelles les jeunes réalisent des ebooks, des présentations avec support multimédia, vidéo et autres. Ceci est finalisé par les enseignants, en qualité d'adultes experts, à une série d'objectifs. Sur le plan relationnel, les élèves apprennent à se confronter entre eux, à collaborer en vue d'un objectif commun et à s'organiser de la façon la plus efficace possible pour garantir la qualité du produit final. Sur le plan métacognitif, ils deviennent conscients des différentes phases nécessaires à la réalisation d'un projet. Sur le plan cognitif, ils acquièrent plus facilement les compétences transversales comme les capacités de recevoir et d'interpréter les informations, identifier les connexions, communiquer les contenus et enfin concevoir et construire des textes multimédias.

Le Lycée scientifique Galileo Galilei d'Ancône poursuit également l'objectif de mettre les technologies au service d'un projet pédagogique complexe et ambitieux qui implique toutes les disciplines dans une didactique tournée vers les compétences. L'adhésion au projet «Cl@ssi 2.0», financée par le Ministère, a permis la numérisation de la didactique dans une classe. Ceci a comporté l'adoption de méthodologies et modalités d'instruction parmi les plus innovantes, comme : *brainstorming, problem solving,* apprentissage par le faire, apprentissage coopératif, écriture collaborative, jeux de rôle, didactique métacognitive, didactique par cartes conceptuelles, *e-learning,* multimédialité, tutorat par les pairs, documentation systématique (journal de bord et fiche produit). Inévitablement, l'introduction des TIC a contribué à modifier la structure organisationnelle et didactique et l'environnement d'apprentissage.

Le même phénomène se vérifie dans le lycée classique Aristofane de Rome, où depuis l'année scolaire 2012-2013 est expérimentée la *Didactique de l'i-pad* dans une classe équivalente de 3e. L'objectif est d'explorer les potentialités de l'utilisation intégrée de *mobile devices* et des contenus numériques dans le processus d'enseignement-apprentissage, avec le support du réseau d'établissements *Imparadigitale (Apprends par le numérique)*, promu justement par le lycée scientifique Filippo Lussana de Bergame. Les enseignants impliqués, formés lors de parcours sur l'*e-learning*, poursuivront avec d'autres initiatives spécifiques de formation et d'auto-formation sur le *cloud learning* promu par le réseau. L'école investit aussi dans ce qu'on appelle la «formation en service», qui sera déclinée – on l'expliquera à la fin de ce livre – au cas par cas en partant des exigences concrètes et réelles des enseignants et peut-être en collaboration et en synergie avec les réseaux d'établissements. Quant aux élèves, tous dotés d'iPad achetés par les familles ou prêtés par l'établissement, ils étudient sur des livres exclusivement numériques ; ils apprennent dans des salles dont les tables sont disposées en «îlots» pour favoriser le travail de groupe ; ils interagissent avec la LIM, la connexion Internet par wi-fi et, grâce à certaines applications, ils sont tous connectés entre eux, ce qui permet durant la leçon de partager des produits, des prestations et des exercices de façon synchrone. Enseignants et élèves participent à la classe virtuelle créée au sein de la plateforme Moodle, pour l'archivage des documents, pour l'envoi et la correction des devoirs, pour l'échange d'opinion sur les forums, qui sont à caractères disciplinaires ou interdisciplinaires. Le but du projet est de promouvoir, à travers l'utilisation consciente et appropriée des nouvelles technologies, un profond changement de la didactique qui, privilégiant l'approche expérimentale et coopérative, rend l'élève actif durant les phases de construction de parcours stimulants et de production de matériel didactique destiné à intégrer les manuels. Dans cette optique, la technologie adoptée permet de rassembler et de classer dans un unique support les résultats de recherches menées dans plusieurs disciplines, consultables de façon intégrée ; de faire des annotations et des réélaborations ; d'ajouter des liens hypertexte ; d'accéder au recueil des documents, aux banques de données et aux autres ressources en ligne. Ainsi on assiste à la création d'environnements d'apprentissage personnels et de groupe qui favorisent le dialogue, la pensée critique et la réflexion métacognitive. Je suis certain que tout ceci aura une influence positive sur la motivation des jeunes pour étudier, surtout dans ces matières comme les langues anciennes, qui sont si difficiles à apprendre pour eux. Dans le fond, si les TIC favorisent un apprentissage plus accessible que par les moyens traditionnels, il reste à souhaiter qu'elles soient étendues, pour assurer que le patrimoine classique, avec sa portée de valeurs et de connaissances, représente encore pour les jeunes générations cet horizon de sens au sein duquel penser et agir au XXIe siècle.

Toutefois, les technologies peuvent avoir un impact très significatif y compris à l'école primaire, comme l'a montré l'école primaire de Pinerolo, où en plus des outils numériques habituels (ordinateurs et TAM), la Robotique a été choisie comme instrument et contexte technologique. L'utilisation de cette technologie dans la didactique avec des enfants, et pas uniquement – objet de réflexion d'importantes associations internationales, écoles, conférences et concours – présente de nombreux avantages, parce qu'elle contient des éléments d'informatique, de mécanique, de physique et bien d'autres encore. Par ailleurs, en adoptant des composants et des langages de simples à complexes, cela fonctionne de l'école primaire à l'université ; le troisième point concerne le soutien d'une approche constructiviste riche en processus cognitifs, comme l'analyse de problèmes complexes, la conception, la réalisation physique, l'expérimentation et l'utilisation de langages informatiques. L'introduction de la Robotique dans un cadre pédagogique et didactique est directement issue des études du mathématicien et informaticien Seymour Papert, qui soutient depuis les années soixante l'importance de l'usage de l'ordinateur comme support d'apprentissage à travers l'élaboration d'« artefacts cognitifs », c'est-à-dire d'objets et dispositifs en mesure de faciliter la construction de nouvelles idées et l'acquisition d'aptitudes spécifiques, surtout chez les enfants. À travers la réalisation du langage « Logo », un instrument très rigoureux dans ses principes logiques et mathématiques, il veut véhiculer y compris aux plus jeunes la possibilité d'utiliser l'ordinateur pour réaliser des dessins, de la musique ou de la poésie. De ce point de vue, le Groupe Scolaire maternelle et primaire de Pinerolo interprète avec beaucoup d'efficacité cette ligne didactique et obtient des résultats qu'il vaut la peine de consulter sur le site de l'école.

Pour résumer, de ces quelques témoignages et de bien d'autres répartis dans toute l'Italie émerge la conscience chez les directeurs d'établissements, les enseignants, les parents et les élèves, plus au courant et plus sensibles aux profonds changements de la société, que l'école peut et doit changer pour être en mesure de répondre au nouveau besoin éducatif et culturel. Ceci doit sans doute se faire à travers l'utilisation de la technique et de la technologie, parce qu'elles permettent aussi d'élaborer des connaissances, du savoir et de la culture. Nous sommes conscients avec Einstein que, si un jour les machines réussissent à résoudre tous les problèmes, jamais aucune ne pourra en poser un.

9.
Les humanités

La distinction entre art, philosophie et science était inconnue d'Empédocle, Dante, Leonardo, Galilée, Goethe, Einstein, ainsi que des constructeurs anonymes des cathédrales gothiques, et de Michel-Ange ; elle est inconnue des bons artisans d'aujourd'hui, ainsi que des physiciens qui hésitaient sur la limite du connaissable.
Primo Levi

1. Un, deux, plusieurs cultures

On a mis en évidence l'importance de l'éducation scientifique, musicale et technologique. Ceci contrecarre le manque de considération de l'ensemble des autres disciplines, qui constituent la culture de base de tout citoyen, à commencer par exemple par les sciences sociales ou l'éducation physique et sportive. Comme on l'a dit, ce livre n'est pas le lieu pour examiner le problème fondamental de la révision de tout le système des savoirs, que la politique éducative et la culture italienne devront affronter pour l'avenir de l'*éducation.* Toutefois, en ces circonstances, on ne peut taire la contribution des sciences humaines, axe principal de l'instruction depuis des siècles et vecteur d'identification de l'école. Avec succès. En effet, le patrimoine culturel exprimé dans la littérature, la langue, l'art, la philosophie et l'histoire représente un des fondements de l'identité même d'un peuple, dont les écrivains et poètes, artistes et intellectuels, hommes d'État et héros sont les symboles capables de signifier le passé, narrer la tradition et personnifier le dénominateur commun d'un pays. Des symboles liés à des épopées et des gestes, à des chants poétiques et des compositions en prose, à des monuments architecturaux et des œuvres artistiques qui, sculptés et déposés au cours des siècles dans les plis de la mémoire collective et individuelle, attribuent aux sciences humaines la valeur de leur fonction éducative[1].

Ce qui ne semble pas justifié, c'est de vouloir préserver, dans l'horizon disciplinaire, un poids plus important, voire le monopole, par rapport aux «autres» cultures[2]. En effet la dichotomie entre d'un côté les savoirs humanistes et artistiques, de l'autre les savoirs scientifiques et technologiques, selon la perspective de Charles P. Snow présentée plus haut, est aujourd'hui définitivement dépassée, notamment grâce à l'importance croissante d'autres disciplines comme le droit, l'économie, la sociologie, l'anthropologie ou la psychologie, désormais considérées comme troisième culture[3]. En d'autres

---

1. De façon opportune Maurizio Bettini, spécialiste des études classiques et directeur du Centre Anthropologie et Monde Antique de l'Université de Sienne, dans son récent pamphlet sur les mythes de l'identité, rappelle que la force d'une tradition ne dérive pas tant du fait qu'elle vient du passé, mais du fait qu'on continue à l'enseigner dans le présent. «En effet, la tradition n'est pas quelque chose qui vient de la terre, qui se mange ou qui se respire, et pas non plus quelque chose qui descend vers nous depuis des hauteurs déterminées : elle est avant tout quelque chose qui se construit et qui *s'apprend.* Sans un travail continu d'apprentissage, n'importe quelle tradition s'éteint en un temps record». M. Bettini, *Contro le radici. Tradizione, identità, memoria,* Il Mulino, Bologne, 2012, p. 47.

2. Je renvoie au volume de Carlo Bernardini et Tullio De Mauro, *Contare et raccontare. Dialogo sulle due culture,* Laterza, Rome-Bari, 2005, pour une confrontation ouverte et stimulante sur l'influence des humanistes et des scientifiques dans l'école, l'université, l'opinion publique et de façon générale la formation des citoyens italiens.

Cf. F. Coniglione, Mirrors Research Group, *Scienza e società. Nuovi saperi, epistemologia e politica della scienza per il terzo millennio*, Bonanno Editore, Acireale-Rome, 2010. Cet ouvrage est le fruit d'une recherche conduite pour le compte de la Commission européenne, intitulée MIRRORS, acronyme pour Monitoring Ideas Regarding Research Organizations and Reasons in Science, qui fait partie du Septième programme Cadre, en particulier de l'axe d'intervention «Science in Society». Les contributions du groupe de chercheurs, aux bases théoriques et épistémologiques innovantes et avec une approche pluridisciplinaire, revendiquent le rôle des sciences humaines dans la société de la connaissance, en plus des *Science and Technological Studies*, en tant que savoirs indispensables pour favoriser l'innovation et la croissance à travers la créativité, la flexibilité et l'innovation.

3. J. Kagan, *Le tre culture. Scienze naturali, scienze sociali e discipline umanistiche,* Feltrinelli, Milan, 2013, avec préface de S. Ristuccia. Avec l'intention

termes, dans la société de la connaissance et de l'apprentissage on perçoit le besoin d'un nouvel humanisme, un « humanisme scientifique » qui, une fois la séparation obsolète dépassée, construise une nouvelle valeur éducative fondée sur la culture entendue à la fois comme bien en soi et comme donnée structurelle de la société.

Par certains aspects, la fonction éducative peut contribuer à la recomposition du savoir : dans le sens où la distinction entre les différentes disciplines, inévitable dans le cadre de la recherche pour garantir la spécificité des savoirs, trouve dans l'apprentissage le terrain commun pour tempérer les divergences et susciter la contamination réciproque entre les domaines de connaissance. En d'autres termes, la convergence des deux, trois ou plusieurs cultures est favorisée au cours du processus éducatif de l'élève. En tant que sujet actif celui-ci intériorise, assimile et réélabore des contenus et méthodes à travers sa propre structure cognitive, la pratique de méthodologies didactiques communes ou l'utilisation du réseau et des technologies, dans une synthèse qui unifie sciences et lettres, art et technique, faire et penser. C'est donc dans l'éducation, dans la centralité de la personne, ainsi que dans le besoin culturel et formatif du protagoniste que peut s'affirmer un nouvel humanisme, une nouvelle saison de savoirs et de compétences au-delà du fossé entre les différentes cultures.

Plus encore que pour les sciences naturelles ou sociales, le problème qui se pose aujourd'hui pour les sciences humaines n'est pas une revendication stérile de leur poids, qui bien sûr ne peut être nié, mais la nécessité d'une réflexion critique sur au moins deux aspects. Le premier point concerne l'actualité et l'efficacité de leur valeur pour l'instruction de tous. Le second touche la méthode de leur enseignement, qui doit être la plus adaptée et profitable possible pour que chacun apprenne. En bref : pourquoi et comment étudier ces énormes richesses,

---

de rétablir un équilibre entre les différentes champs de la connaissance, le scientifique américain définit les caractères, les méthodologies, les résultats et les limites de chacune des trois cultures, sollicitant la collaboration entre les différentes disciplines pour affronter et résoudre les problèmes de la contemporanéité.

particulièrement évidentes en Italie, où chaque jour on se plonge dans la stratification, unique au monde, d'un environnement urbain et d'un paysage naturel qui tresse notre citoyenneté même ? En y regardant bien, ces deux problèmes doivent être repensés et relancés – comme du reste on a commencé à le faire, à la fois au plan pratique et au plan théorique – en tenant compte du phénomène de l'expansion scolaire, qui de fait a diversifié et augmenté l'intérêt et la curiosité du corps enseignant.

Au sujet de la première question, la réflexion de Martha Nussbaum souligne depuis longtemps le rôle déterminant de la culture humaniste et artistique pour la formation intellectuelle et civile des jeunes dans la société contemporaine. Dans son ouvrage *Not for profit*,[1] la chercheuse compare les systèmes éducatifs des États-Unis et d'Inde en reprenant certaines des thématiques présentées dans ses précédents travaux[2]. Elle explique – sans aucune tentative de nier l'importance des sciences naturelles et sociales pour l'éducation – l'importance de l'instruction primaire, secondaire et universitaire des sciences humaines. En effet, celles-ci constituent le fondement de la démocratie parce qu'elles favorisent les conditions pour penser de façon critique (*critical thinking*), pour affronter les problèmes globaux en tant que citoyens du monde et pour se représenter la catégorie de l'autre avec empathie. En outre, selon la philosophe américaine, ces disciplines sont capables d'alimenter la liberté de pensée, l'autonomie de jugement et la faculté d'imagination, c'est-à-dire des capacités intellectuelles indispensables pour solliciter des intelligences flexibles et ouvertes. En ce sens, elles sont particulièrement efficaces en cette période de crise économique et financière aigue et, en même temps, dangereuse pour le maintien du

1. M.C. Nussbaum. *Non per profitto. Perché le democrazie hanno bisogno della cultura umanistica*, Il Mulino, Bologne, 2011.

2. Je me réfère en particulier à l'essai M.C. Nussbaum, *Coltivare l'umanità. I classici, il multiculturalismo, l'educazione contemporanea*, Carocci, Rome, 1999, dans lequel l'auteure, à travers un voyage dans les principaux établissements scolaires américains, s'interroge sur l'actualité de la culture classique dans l'éducation contemporaine, avec une analyse attentive de l'enquête socratique et de l'idée de « citoyenneté du monde » dans l'antiquité grecque et romaine.

système démocratique. Nussbaum écrit: « L'intérêt national d'une démocratie moderne prévoit une économie forte et une culture de marché florissante. En développant ma thèse principale, je démontrerai aussi, en sous-ordre, que cet intérêt économique requiert l'apport des études humanistes et artistiques, dans le but de promouvoir un climat d'attente et une disponibilité responsable, ainsi qu'une culture de l'innovation créative »[1].

Dans la même direction, on peut lire la contribution du Directeur Général de la Division de l'Enseignement Supérieur du Ministère de l'éducation, de la science et de la technologie de Corée du Sud, Ki-Dong Song, qui illustre la politique de forts investissements entreprise par son pays entre 2002 et 2011 pour développer les sciences humaines[2]. Reconnaissant leur valeur pour améliorer la vie des citoyens et le renforcement de la compétitivité nationale, le programme coréen initial pour les *humanities* « Développement des disciplines fondamentales » de 2007 a été renforcé par le successif « Promotion des Sciences humaines ». Ce programme consistait en une série de projets et initiatives visant l'accroissement de la recherche dans les universités et les centres spécialisés (« Humanities Korea »), ainsi qu'en la diffusion dans l'espace public et dans la vie quotidienne (« Humanities Popularization Project »). La conclusion de l'intervention de Ki-Dong Song est éclairante pour comprendre l'influence des sciences humaines dans plusieurs secteurs de la vie coréenne, surtout ceux liés à la créativité et à l'innovation. Il écrit: « C'est la reconnaissance de l'importance des sciences humaines qui est à l'origine de la politique de soutien à long terme de la part du gouvernement. Elle se propose de la sorte de renforcer la compétitivité de la Corée et de la transformer en un pays culturellement puissant »[3]. Or on connaît bien les résultats atteints jusqu'ici par le pays asiatique !

1. M. C. Nussbaum, *Non per profitto, op. cit.*, p. 29.

2. Ki-Dong Song, « La promotion des sciences humaines en Corée », in *Diogène* n° 237, janvier 2012; *L'universalisme dans un monde multiculturel,* PUF, Paris, pp. 149-163.

3. Ivi, p. 162.

2. «Italiens, lisez des classiques»

En Italie la thématique de la formation humaniste et classique est présente depuis longtemps, au moins depuis la publication en 1981 par Italo Calvino d'un article où il exhortait les Italiens à lire ou à relire les classiques de la littérature mondiale, d'Homère à Thucydide, de Leopardi à Dickens, de Dostoïevski à Kafka[1]. D'où le titre de cette section, une façon de rappeler que l'année où j'écris ce livre est la 90e depuis sa naissance. Les raisons avancées par l'écrivain pour donner le goût de la lecture, aux jeunes ou aux adultes, coïncident avec sa proposition de définir «les classiques» selon une série de propositions dans lesquelles chacun peut reconnaître ses motivations les plus intimes. Ainsi, tel livre est classique parce qu'il laisse des traces dans la mémoire ou parce qu'il est occulté par l'inconscient; parce qu'il est une découverte de ce qu'on ne sait pas ou de ce qu'on sait déjà; parce qu'il n'a jamais fini de dire ce qu'il a à dire; parce qu'il suscite le désir de le critiquer, contribuant ainsi à construire sa propre identité; ou encore parce qu'il relègue l'actualité à un bruit de fond, quand il ne persiste pas lui-même comme fond sonore à une actualité bruyante. Ainsi, poursuit Calvino, la mission de l'école consiste à faire connaître aux jeunes un certain nombre de classiques, parmi lesquels chacun pourra choisir de façon autonome et critique son propre «canon», pour ensuite interpréter et affronter la vie. Et puisque les classiques ne se lisent pas par respect ni par devoir, mais seulement par amour, l'essai se conclut, dans le style du narrateur, par ces mots: «Maintenant je devrais réécrire tout l'article en montrant clairement que les classiques servent à comprendre qui nous sommes et où nous sommes arrivés et donc que les Italiens sont indispensables pour les confronter aux étrangers, et que les étrangers sont indispensables pour les confronter aux Italiens.

1. I. Calvino, «Italiens, lisez des classiques», in *L'Espresso*, 28 juin 1981, pp. 58-68, puis dans le volume posthume de 1995 *Perché leggere i classici*. L'auteur admet qu'il utilise le terme «classique» sans distinction d'antiquité, style ni autorité et renvoie pour les différentes acceptions du mot à l'entrée très complète du mot «classique» de Franco Fortini dans l'*Enciclopedia Einaudi*, vol. III, Turin, 1978, pp. 192-2002.

Ensuite je devrais le réécrire encore une fois pour qu'on ne croie pas que les classiques doivent être lus parce qu'ils "servent" à quelque chose. La seule raison que l'on peut avancer est que lire les classiques vaut mieux que ne pas lire les classiques. Et si quelqu'un objecte que le jeu n'en vaut pas la chandelle, je citerai Cioran (qui n'est pas un classique, du moins pour l'instant, mais un penseur contemporain qu'on commence à peine à traduire en italien) : "Pendant que la ciguë était préparée, Socrate apprenait un air à la flûte. À quoi cela te servira-t-il ? lui demanda-t-on. À connaître cet air avant de mourir"»[1].

Cette réponse socratique ou les célèbres vers de John Keats tirés de son *Ode à une urne grecque*, « Beauté c'est vérité, vérité c'est beauté, voilà tout/ Ce que vous savez sur Terre, tout ce qu'il vous faut savoir », suffiraient pour saisir le grand enseignement qui nous vient du classicisme autour du sens de la recherche du beau et du vrai comme condition constitutive de la nature humaine et donc comme présupposé incontournable de toute implication éducative. C'est un peu comme se demander : à quoi sert une fleur ? Et un monde sans fleur peut-il exister ? Il me semble donc que la question de l'importance des sciences humaines pour l'instruction des jeunes doit être posée en ces termes.

En effet, depuis le début du XXIe siècle le débat sur l'« utilité » ou non des études humanistes ou classiques pour la société et l'*éducation* du troisième millénaire s'est intensifié à travers une multitude d'initiatives scientifiques et institutionnelles, qui ont pour certaines conduit à des publications de grand intérêt. À commencer par l'ouvrage collectif *Di fronte ai classici. A colloquio con i greci e i latini (Face aux classiques. Conversation avec les Grecs et les Latins)*, dirigé par le latiniste Ivanovič Dionigi, fondateur et directeur en 1999 du Centre de Recherches « La permanence du Classique » au sein du Département de Philologie classique et italianistique de l'Université de Bologne[2]. Différents littéraires et philologues, scientifiques et philosophes, historiens et spécialistes de la Bible, écrivains et poètes de notre temps

1. I. Calvino, *Perché leggere i classici*, Mondadori, Milan, 2012, p. 13.
2. I. Dionigi (sous la direction de), *Di fronte ai classici. A colloquio con i greci e i latini*, Rizzoli, Milan, 2002.

discutent la nécessité de la confrontation à la tradition classique à travers une pluralité de formes d'écriture – l'essai, la réflexion par aphorismes, l'épître autobiographique, la poésie lyrique, le récit – qui, en soi, atteste déjà de l'actualité du monde classique. Dans tous les cas, au vu de l'ampleur de l'horizon spéculatif, de la profondeur de la réflexion, de la rigueur de l'argumentation, mais aussi de la confiance en l'homme et en ses capacités, les différents interprètes s'accordent pour considérer les auteurs grecs et latins comme garants de notre identité linguistique et culturelle mais, en même temps, comme témoins de leur irréductible diversité par rapport à notre présent.

C'est également dans cette direction qu'on peut lire l'analyse de Salvatore Settis : dans son essai *Futuro del « classico » (Futur du « classique »)*[1], il parcourt de l'âge contemporain à l'Antiquité les moments les plus significatifs de l'histoire de l'art. Il se réfère aussi à d'autres disciplines comme la littérature, le théâtre, la philosophie ou l'histoire, à la recherche de la définition de la catégorie « classicisme ». Le chercheur montre, documents à l'appui, que la définition du classicisme évolue également avec le temps : en tant que reflet des changements du goût et de l'esthétique, exprimés par la société et la culture au fil des siècles, chaque époque élabore sa propre idée du « classique », avec des éléments en continuité ou non par rapport au passé. Elles font même des hypothèses pour le futur. Ainsi, à l'encontre de toute idéalisation banale, Settis invite le lecteur à mettre en œuvre un sens historique rigoureux pour éviter des simplifications qui réduisent la variété et la complexité du classicisme à un unique paradigme d'interprétation et de valeur, dans une angoisse injustifiée de trouver un dénominateur commun à la civilisation occidentale, pour la distinguer des autres (indienne, chinoise ou japonaise).

De même la réflexion de Giuseppe Cambiano, dans son ouvrage *Perché leggere i classici. Interpretazione e scrittura (Pourquoi lire les classiques. Interprétation et écriture)*, met en garde contre des formes de canonisation, ou pire encore contre des opérations de « cosmétique » destinées à décontextualiser les « classiques » en les éloignant du rapport nécessaire entre philologie,

1. S. Settis, *Futuro del classico,* Einaudi, Turin, 2004.

critique et interprétation[1]. Il réfute d'abord les lieux communs du classicisme, liés à l'image de son uniformité et de sa pérennité, ainsi qu'à l'idée que le classicisme contient les racines de l'identité européenne. Dans le dernier chapitre, ce spécialiste de la pensée antique soutient que la valeur du patrimoine philosophique grec et latin réside justement dans le fait qu'il est et se manifeste aussi bien comme une culture composite et multiforme que comme une réalité « autre » liée à un « ailleurs » spatial et temporel par rapport à la contemporanéité. Paradoxalement, les raisons pour lesquelles « les classiques nous lisent bien plus que nous ne les lisons », pour reprendre l'expression de George Steiner, doivent être cherchées dans ces conditions, c'est-à-dire dans la possibilité de nous reconnaître dans cette pluralité et en même temps de ne pas nous reconnaître dans cette altérité, dans un rapport d'alternance entre sentiment d'appartenance à ce monde et à ces valeurs et sentiment d'extranéité à ce monde et à ces valeurs. Ainsi le « classique » est semblable à nous sans être notre égal, une sorte de *diaphonie*, dont l'actualité ou l'inactualité par rapport au présent peut s'interpréter à travers la relation dichotomique de l'identité et de la différence, et même comme un jeu à la fois de prisme et de perspective des identités et des différences.

On peut garder à l'esprit la quantité et la qualité des essais produits durant ces années par des chercheurs italiens et étrangers sur l'utilité d'une éducation humaniste, artistique et classique à l'ère de la mondialisation, du profit et d'Internet pour développer le sens de la beauté et la pensée critique, pour construire une vision du monde correcte, pour favoriser l'autonomie des choix et la responsabilité des actions. Toutefois, on ne peut éluder la deuxième question, c'est-à-dire comment étudier les savoirs humaniste, artistique et classique. Justement parce qu'ils sont importants pour l'instruction, ces études devraient devenir le patrimoine culturel de chaque élève, sous des formes, dimensions et intensités différentes, tout en maintenant la spécificité et l'indépendance des disciplines, sans hiérarchie ni survol mais, en même temps, en répondant aux

1. G. Cambiano, *Perché leggere i classici. Interpretazione e scrittura*, Il Mulino, Bologne, 2011.

nouveaux besoins culturels de tous. D'une façon générale, il n'est pas envisageable de rester sur une approche sans aucun doute valide jusqu'ici, mais pour un nombre limité d'élèves.

Récemment le chercheur anglais John Armstrong a apporté un éclairage intéressant en revendiquant le rôle essentiel des disciplines humanistes pour affronter non seulement les problèmes personnels mais aussi ceux de la démocratie, comme le soutient Nussbaum, les problèmes environnementaux, comme l'affirme l'historien Tom Griffiths, ou encore économiques. Il souligne la nécessité d'une réforme qui dépasse l'obstacle principal, c'est-à-dire la peur ressentie par les spécialistes que l'intégration des savoirs humanistes dans la vie sociale d'un grand nombre d'individus compromette le sérieux et la rigueur scientifiques et banalise les contenus et méthodes. Il écrit: «Mais tous ces bénéfices sont accessibles uniquement là où les disciplines humanistes sont en mesure d'impliquer en profondeur un vaste public diversifié. Si on ne touche pas ce type de public, toute la spécialisation du monde ne permettra pas d'atteindre cet objectif. Le but fondamental de la recherche et de la spécialisation devrait être de promouvoir l'éducation du grand public. Or ce n'est pas ainsi que fonctionne le système. [...] Si nous voulons que les disciplines humanistes survivent et gagnent une position centrale dans le monde, nous devons prendre en compte la compétition, nous devons devenir exceptionnellement habiles – et non simplement dilettantes – dans notre façon d'impliquer les personnes et de communiquer. [...] Mais ceci nécessite une réforme: les sciences humaines doivent se faire plus éloquentes, plus concentrées sur les personnes, plus expertes dans l'affrontement de la compétition, plus proches de l'économie et plus sensibles aux aspirations des gens. Si nous le voulons vraiment, nous pouvons faire en sorte de ne pas vivre un crépuscule, mais une aube. Nous devons seulement nous débarrasser de notre torpeur dogmatique»[1].

1. J. Armstrong, «Il valore intrinseco della cultura», *Il Sole 24 ore*, 3 février 2013, p. 19; la réflexion du chercheur anglais dans le supplément du journal est tirée de son essai, publié dans le premier numéro d'une revue philosophique semestrielle en langue anglaise, papier et en ligne, «Reformation and Renaissance. New Life for the Humanities», in *Philosophical Inquiries*, Ets, Pise, Vol. 1, n° 1 (2013), pp. 11-38.

C'est donc dans cette direction qu'il faut orienter la réflexion sur la diffusion des *humanities* dans la société et sur leur enseignement à l'université et à l'école, pour réduire le danger qui a émergé depuis une dizaine d'années d'une désaffection de ces disciplines, comme en témoignent la baisse des inscriptions universitaires en Italie et dans d'autres pays ainsi que le déclin mélancolique des études classiques dans les salles de classe. C'est dans cette même perspective qu'il faut lire, par exemple, la confrontation entre des positions parfois contrastantes sur l'importance des langues et littérature classiques dans l'instruction italienne. Je me réfère en particulier aux recherches méthodologiques et didactiques – visant à définir de nouveaux modèles à adopter dans la pratique éducative pour rendre l'apprentissage du classique plus incisif – présentes dans trois recueils d'essais : *Nuove chiavi per insegnare il classico (Nouvelles clés pour enseigner le classique)*[1], *Latino perché ? Latino per qui ? (Latin pourquoi ? Latin pour qui ?)*[2], et le dernier *Disegnare il futuro con intelligenza antica (Dessiner le futur avec une intelligence antique)*[3]. Sans détailler l'analyse des problématiques examinées par les différents contributeurs, notamment en références à d'autres États européens ou non, qui ont alimenté un débat sérieux dans les plus grands quotidiens italiens, on peut évoquer le pari ambitieux que l'instruction humaniste et classique est appelée à affronter aujourd'hui. Il suffit de considérer le condensé de

1. U. Cardinale (sous la direction de), *Nuove chiavi per insegnare il classico*, Université UTET, Turin, 2008.

2. AA. VV., *Latino perché ? Latino per qui ?*, Questioni aperte/1, mai 2008, Treelle, Gênes, 2008. Je renvoie aussi à deux textes de Gerardo Bianco. Dans le premier, « Latino ? Questione aperta », in *Annali della Pontificia Insigne Accademia di Belle Arti e Lettere dei Virtuosi al Pantheon*, XI, Rome, 2011, pp. 27-34, le célèbre latiniste affronte le problème à travers une revue détaillée de la *querelle* des dernières décennies entre « partisans » et « négationnistes » du latin à l'école. Dans le second, « Il latino e l'unità politica dell'Europa », *Annali della Pontificia Insigne Accademia di Belle Arti e Lettere dei Virtuosi al Pantheon*, XII, Rome, 2012, pp. 43-49, il défend le rôle du latin dans la construction européenne. En effet, il écrit : « La monnaie unique ne tiendra pas sans un sentiment commun d'appartenance que seule la culture peut réaliser, et l'école en est la source. Une culture européenne qui se désancre de la latinité ne peut que prendre la fadeur d'un *instant book* » (Ivi, p. 47).

3. L. Canfora, U. Cardinale (sous la direction de), *Disegnare il futuro con intelligenza antica. L'insegnamento del latino e del greco antico in Italia e nel mondo*, Il Mulino, Bologne, 2012.

profondeur, d'élégance et d'originalité qu'elle doit véhiculer dans une dimension sociale, non plus restreinte et par certains aspects élitiste, mais étendue et ouverte à tous, préservant la prégnance et la complexité de ces savoirs et, en même temps, sauvegardant l'accès et le succès de chacun, comme le requiert la société des droits et de la démocratie. En ces termes, la didactique revêt une fonction première et difficile, qui nécessite une recherche autonome et spécifique de grande qualité, pour construire le profil éducatif et pédagogique de la culture humaniste et classique.

Dans cet exercice ardu, il faut également tenir compte de l'importance sociale des *humanités littéraires*, c'est-à-dire de leur lien profond avec la société et le pays. En effet leur «utilité», comme on l'a dit, se manifeste en tant que patrimoine non seulement pour l'individu mais aussi pour la communauté: ceci vaut pour la culture humaniste et classique autant que pour la culture en général. Cette dernière est un facteur de richesse sociale, en tant qu'élévation globale de la société, selon une tradition qui remonte à la pensée des Lumières: entendue comme bien commun, la culture n'est plus seulement une appropriation privée de l'avantage individuel de celui qui étudie, de celui qui la produit ou l'administre, mais représente la plus importante des ressources sociales. Il s'agit d'un des changements les plus significatifs produit par la société des droits et des intérêts, en partie compris et accepté, parce que la possession des connaissances est encore un instrument de pouvoir et de domination. D'autre part, la culture qui rencontre les sollicitations provenant de la société, sujet actif et sensible, ne renonce pas à son autonomie. Elle ne se laisse pas non plus conditionner par les richesses que la démocratie participative avance pour garantir sa strate sociale la plus riche et qualifiée: au contraire, elle vit comme enrichissement l'intégration avec le monde d'aujourd'hui, avec le monde de la majorité.

Dans le fond, l'idée de la contamination sociale du savoir constitue les prémices dont on est parti pour affronter la question d'une école de qualité pour tous et pour chacun: on parle de société de la connaissance et de l'apprentissage depuis le début de ces réflexions, en considérant que le lien entre connaissance et apprentissage est assuré par la société, ou plutôt par ses membres qui participent au processus d'acculturation. En ce sens, donc, l'instruction prend de plus en plus d'importance, en tant que facteur à travers lequel la culture comme produit intellectuel d'une minorité devient potentiellement le patrimoine de tout le monde. Heureusement, nombreux sont ceux qui soutiennent que l'éducation est un bien immatériel qui enrichit chaque individu et donc favorise la croissance civile et économique globale, surtout sur le long terme : elle est utile à l'individu et à la collectivité, tant qu'elle garantit le juste équilibre entre qualité et quantité, dont on a parlé à plusieurs reprises.

Si l'on considère ces présupposés, même si l'on veut penser que les études humanistes et classiques sont « inutiles », elles ont tout de même une utilité liée au besoin social d'intégration et au besoin public de démocratie, tous deux éthiquement « utiles ». En effet, cette synthèse concerne l'élève, qui vit en même temps les exigences de connaissance et de socialité comme motivations intérieures de sa participation – cognitive et sociale – à l'effort d'apprentissage et à l'insertion dans la société. Il étudie pour comprendre et pour se préparer à la vie : les deux à la fois, parce que la nécessité d'éducation culturelle ne peut être distinguée de la perspective de citoyenneté. En ce sens, séparer les deux finalités est une erreur, parce que le désir de connaître et le désir de participer coïncident chez l'être humain. Dans le prochain chapitre, on parlera de manière diffuse du rapport entre savoir et travail et du rôle de l'instruction.

Pour finir, une dernière considération. On répète depuis longtemps que le spectre de connaissances et compétences doit être plus large que la nécessité avancée par le monde contemporain ou que les objectifs posés par l'apprentissage. En d'autres termes, il faut toujours apprendre « quelque chose de plus » que ce qui « sert » ou qu'on considère « utile ». On pourrait parler d'une « inutile utilité », profitable non seulement pour éviter les risques, toujours présents, d'obsolescence ou de sectorisation de la connaissance ; mais aussi pour dépasser la corrélation rigide et la dépendance entre ce savoir et ce à quoi il sert, dans une vision plus globale et articulée de l'instruction, en mesure de stimuler et satisfaire la créativité et la curiosité. En ce sens les études humanistes peuvent justement se révéler utiles !

Dans la perspective d'une affirmation diffuse des savoirs classiques dans différents contextes, je rapporte quelques exemples mis en œuvre dans les écoles italiennes. Au lycée groupé Giuseppe Mazzatinti de Gubbio, grâce à une heureuse collaboration entre l'établissement et la fondation du même nom, des expériences significatives d'innovation éducative dans l'apprentissage du latin et du grec ont été menées. La méthode suivie est appelée « Natura ». Voici comment les protagonistes la définissent : « L'expérience, démarrée en novembre 2004, est encore en cours aujourd'hui à travers une action éducative permanente/récurrente, qui par certains aspects lie l'école au temps non scolaire. En effet, cette méthodologie est adoptée non seulement au niveau des cursus de la filière classique, mais aussi, avec des modulations, dans certains cours annuels de l'après-midi, c'est-à-dire en dehors du cursus obligatoire. La méthode inductivo-contextuelle, mise au point pour la langue latine par le linguiste danois Hans Henning Ørberg, est étendue à la langue grecque en adaptant et en améliorant le cours des professeurs Balme et Lawall[1]. L'innovation didactique se concrétise en appliquant la méthode d'apprentissage direct par induction, avec référence au chemin suivi par les humanistes, qui ont influencé pendant des siècles une didactique des langues anciennes privilégiant le *res* par rapport aux *verba.* L'élève est invité à trouver le sens des mots et des locutions dans le contexte et selon les images évoquées. Les propriétés morpho-syntaxiques de la langue sont d'abord assimilées de façon inductive, grâce à la reconnaissance de structures et de constructions récurrentes ; puis elles sont organisées de façon systématique, pour être définitivement fixées dans la mémoire. L'apprentissage et la lecture sont gratifiants pour l'élève qui, pour comprendre, n'a plus à chercher passivement les mots dans le dictionnaire et à reconnaître des règles de grammaire décontextualisées. L'acquisition du vocabulaire (4 000 vocables sur l'ensemble du parcours, choisis sur la base du critère

1. M.G. Balme, G. Gilbert, *Athenaze : An introduction to Ancient Greek,* Oxford University Press, Oxford, 1991.

fréquentiel du lexique de la langue latine), l'assimilation des structures grammaticales et la vérification de la compréhension sont les piliers de cette stratégie méthodologico-didactique. La première partie du cours, *Familia Romana*, présente des faits et scènes de la vie d'une famille romaine du IIe siècle après J.-C. et offre un premier aperçu des classiques : les Évangiles, Catulle, Ovide, Martial, Donato. La deuxième partie, *Roma Aeterna*, amène progressivement l'élève à lire couramment dans le texte Virgile, Livio, Eutropio, Aulo Gellio, Cornelio Nepote, Salluste, Cicéron et Horace. À la fin du cours, l'élève est en mesure d'approcher les classiques. Il a développé une compétence linguistique qui lui permet de comprendre n'importe quel écrivain. Libéré de la préoccupation de « déchiffrer » les mots, il peut s'appliquer à comprendre la pensée des auteurs, sans l'oripeau de la médiation de notes et de traductions ». Les acteurs de l'initiative concluent leur discours en assurant que le résultat a été évalué de façon positive, et pas seulement au lycée de Gubbio.

Une autre expérience, qui s'est déroulée au lycée classique Giulio Cesare de Rome, s'est avérée tout aussi efficace pour améliorer les prestations des élèves en version, exercice redoutable s'il en est. Les laboratoires ont été utilisés comme modalité d'action éducative, en plus d'être un espace physique. En effet, toute salle peut devenir un laboratoire : les tables positionnées en îlots de travail ou les chaises disposées en cercle habituent à sortir de la logique du cours magistral, même si c'est encore mieux quand on dispose de structures, mobilier et instruments plus adaptés. Dans ce cas, il s'est agi d'un laboratoire d'interprétation du texte dans un projet « à classes ouvertes » menant des activités d'amélioration et de rattrapage, en vue de la deuxième épreuve écrite de l'examen équivalent du Bac. La proposition concernait deux classes de Terminale, avec un double objectif : d'un côté, consolider chez les élèves de moyen-bon niveau la capacité de s'orienter dans l'exercice d'analyse de texte et de traduction, en valorisant l'excellence ; de l'autre, récupérer chez les élèves de niveau faible à moyen une conscience plus nette des techniques de résolution des difficultés linguistiques, stimulant leur motivation. Une fois chaque classe divisée en deux groupes, durant l'année les enseignants impliqués se sont relayés pour pratiquer avec les sous-groupes, une heure par semaine, un entraînement sur des textes à analyser et à comprendre : d'abord au niveau de la signification générale (l'utilisation du dictionnaire n'était pas autorisée), puis de façon de plus en plus qualifiée et pertinente. La version en italien a surtout servi aux élèves à vérifier en autonomie et donc à évaluer chacun pour soi la correspondance entre leur texte et la réalité de la traduction.

En ce qui concerne l'étude des auteurs dans le contexte historique et littéraire, une classe de 2nde du même lycée a vécu une expérience suggestive sur l'apprentissage de l'*Énéide*, sollicitée par les élèves eux-mêmes. Au début de l'année, après la première leçon d'introduction, ils ont formulé des critiques argumentées du poète, que l'enseignant les a ensuite aidés à canaliser en différents chefs d'accusation pour imaginer un « Procès de Virgile » : 1. Avoir écrit une œuvre non comparable aux poèmes d'Homère en termes de vigueur épique ; 2. Avoir écrit, sous le chantage moral de Mécène, dans un but propagandiste avec adulation du *princeps* Octave Auguste ; 3. Avoir créé un héros, Énée, dépourvu de cohérence intérieure, d'un côté pieux et fort, de l'autre dévergondé et insensible, comme dans l'épisode de l'abandon de Didon. Le procès a été préparé durant toute l'année scolaire, en même temps que l'étude de l'auteur telle que prévue dans le programme. La classe a été divisée en six groupes et chacun a reçu la mission de soutenir ou réfuter un des trois chefs d'accusation. Au fur et à mesure qu'avançaient la lecture et la traduction des différents textes de l'auteur, chez eux et de plus en plus souvent en classe les élèves soignaient l'instruction et rassemblaient des preuves. Jusqu'au débat, qui a eu lieu la dernière semaine de l'année scolaire : tous les rôles ont été joués par les élèves et, selon le témoignage du professeur, aucune leçon de récapitulation n'aurait pu reprendre tout ce qui avait été vu dans l'année avec autant d'efficacité et de façon aussi exhaustive. La participation vivace, l'enthousiasme attentif et, pourquoi pas, une bonne dose de divertissement, ont coloré positivement toutes les phases du travail. De telles expériences permettent aux professeurs comme aux élèves de repenser la classe, découvrant de nouvelles aptitudes et rôles. Citons la scène mémorable où un jeune homme défendait avec une argumentation étayée mais avec une paresse déconcertante le pauvre Virgile, jusqu'à ce qu'une de ses camarades, certes moins avancée que lui en latin et en *Énéide*, prenne la situation en main et, avec des airs et un vocabulaire de véritable avocate, offre une plaidoirie impeccable et captivante. Il s'agit donc d'une activité grâce à laquelle l'école peut évaluer ses élèves selon différentes catégories et modèles : se servir de connaissances connues pour les transférer, les contextualiser et les ritualiser dans des situations où la communication est différente, tout ceci ne signifie-t-il pas posséder les compétences dont on parle tant ?

Pour ceux qui se seraient pris de passion pour cette affaire, Virgile a été innocenté par le jury, composé alternativement d'élèves non impliqués dans le débat, pour deux accusations sur les trois. Il n'a été retenu coupable que d'avoir épousé de trop près la cause d'Auguste, surtout en ce qui concernait la conception de l'*imperium*.

3. Langue italienne et étrangère

Ces observations sur la culture humaniste et classique n'ont pas la prétention, ni du point de vue scientifique ni du point de vue éducatif, d'aborder une à une toutes les disciplines qui constituent le vaste secteur des sciences humaines. Au contraire, leur intention est de ne s'arrêter que sur certains aspects de quelques disciplines, pour pointer la nécessité de changement y compris dans ce domaine, avec le support des expériences mises en œuvre dans certains établissements. On n'examinera donc pas la géographie et l'histoire, ni l'art et la philosophie, en revanche nous aborderons la question de la langue maternelle et des langues étrangères, thème central des politiques éducatives européennes.

Dans le document de 2007 intitulé *Competenze chiave per l'apprendimento permanente. Un quadro di riferimento europeo (Compétences clés pour l'apprentissage permanent. Un cadre de référence européen)* (EFKC), déjà évoqué plus haut[1], la communica-

1. *Infra*, chap. 2, p. 36.

tion dans la langue maternelle et en langue étrangère figurent en haut de la liste des huit compétences clés – indiquées dans la perspective de l'apprentissage permanent pour la réalisation et le développement personnel, la citoyenneté active, l'inclusion sociale et l'employabilité. Ce n'est pas un hasard, étant donné qu'à l'heure de la mondialisation l'importance des aptitudes linguistiques parlées, lues et écrites en langues (maternelle ou étrangère) représente un nouveau défi. Dans ces deux cas, il s'agit d'une compétence entendue à la fois comme maîtrise de la langue en tant que système et comme construction d'une véritable capacité de communication à part entière. L'attention est donc portée non seulement à la langue, mais aussi à un ensemble de composantes qu'il faut posséder et utiliser conjointement : facteurs organisationnels, pragmatiques, stratégiques et psychomoteurs. En d'autres termes, la langue servant surtout à communiquer à l'oral et à l'écrit avec les autres, pour que cet acte communicatif soit efficace il faut considérer le «*language use*» (utilisation de la langue) et pas seulement «*usage*» (système langue)[1], la «*fluency*» (aisance) et pas seulement l'«*accuracy*» (pertinence et précision), comme le notent les Anglais. On peut avoir la même considération pour le rapport entre la langue et le contexte, c'est-à-dire le lieu de pratique concrète de la communication : on doit être capable de choisir dans le répertoire linguistique à notre disposition un lexique, des structures et un registre adaptés au destinataire du message, à la situation et au but de la communication.

Dans le document que je viens d'évoquer, la communication en langue maternelle est définie comme «la capacité d'exprimer et d'interpréter des concepts, des pensées, des sentiments, des faits et des opinions à la fois oralement et à l'écrit (compréhension orale, expression orale, compréhension écrite et expression écrite) et d'interagir de façon appropriée et créative sur le plan linguistique dans une large gamme de contextes sociaux et culturels, dont l'instruction, la formation, le travail, la vie domestique et le temps libre»[2].

1. H.G. Widdowson, *Teaching Language as Communication*, Oxford University Press, Oxford, 1978.

2. Commission européenne, *Competenze chieave per l'apprendimento permanente. Un quadro di riferimento, op. cit.*, p. 4.

Ainsi la compétence de communication, en tant que reliée au développement cognitif de l'individu, avec sa capacité d'interpréter le monde et d'entrer en relation avec les autres, fait partie des priorités de l'éducation. D'autre part, elle suppose des connaissances qui varient du vocabulaire à la grammaire fonctionnelle, des fonctions du langage aux principaux types d'interaction verbale, des textes littéraires aux textes non littéraires, des caractéristiques fondamentales des différents styles et registres du langage à la variabilité du langage et de la communication dans différents contextes. Par ailleurs, elle implique la capacité à gérer la communication orale et écrite en l'adaptant et en la rendant efficace dans une large gamme de situations à travers des argumentations convaincantes et appropriées. En outre, elle comprend la capacité de distinguer et utiliser divers types de textes et supports, de chercher, de trouver et d'élaborer des informations. Enfin, elle comporte «la disponibilité à un dialogue critique et constructif, la conscience des qualités esthétiques et la volonté de les poursuivre ainsi qu'un intérêt à agir avec les autres»[1]. Il s'agit donc de développer en chaque individu la conscience de l'impact que la langue a sur les autres, pour qu'il en fasse un usage positif et socialement responsable.

Le document souligne le rôle décisif de la connaissance et du bon usage de la langue maternelle, qui sont des facteurs extraordinaires pour la construction de la personne; l'acquisition de ces compétences, entendue comme interaction et complémentarité de la maîtrise de la langue comme système et comme communication, nécessite donc un véritable engagement de l'instruction, pour assurer un environnement d'apprentissage correct et efficace qui garantisse une formation réussie pour tous.

Notons que, face à l'expansion de la scolarisation, notre modèle éducatif a montré ses limites, dans le sens où on a assisté avec le temps à un lent appauvrissement de l'étude de l'italien. La proposition de changement visant à donner un rôle plus central à l'élève veut inverser la tendance, afin de favoriser le développement des capacités linguistiques, expressives et

1. *Ibidem.*

communicatives de chaque élève. Dans cette direction, la mise en place d'un nouvel espace d'apprentissage, suivant les indications exposées jusqu'ici en termes d'autonomie et de flexibilité, de méthodologie et d'outils didactiques, d'espace et de temps, peut améliorer la qualité de l'apprentissage de notre langue dans la lecture, l'écriture et la communication individuelle et collective, par exemple à travers l'utilisation de la bibliothèque pour s'exercer à lire ou de laboratoires pour promouvoir des moments de communication interactive, pourquoi pas dans le cadre des réseaux sociaux, ou de ce que proposera l'enseignant.

Au sujet de la communication en langues étrangères, avant d'analyser les indications du document EFKC, il faut rappeler que l'Europe affronte le problème depuis déjà quinze ans, justement au regard de l'importance croissante de la compétence communicative dans la société de la connaissance. Je fais allusion au *Quadro comune europeo di riferimento per le lingue moderne (Cadre commun européen de référence pour les langues modernes)* (QCER) qui, mis au point par le Conseil de l'Europe entre 1989 et 1996 mais régulièrement revu et mis à jour, représente une base importante d'orientation dans la majorité des pays de l'Union (dont l'Italie) et pas seulement, pour tous ceux qui à différents titres s'occupent de l'enseignement-apprentissage des langues étrangères et de l'évaluation-certification. D'un côté, ce texte offre un itinéraire des résultats de la recherche en didactique des langues et théories éducatives ; de l'autre, il fonctionne comme instrument opérationnel de soutien au processus d'enseignement-apprentissage. Le QCER part de l'identification des quatre savoirs, se référant au *Livre Blanc* d'Edith Cresson de 1995 (savoir, savoir faire, savoir être et apprendre à apprendre)[1]. Ensuite il dessine les compétences de celui qui apprend une langue étrangère, déclinant sur trois niveaux décrits en termes de compétences (niveau A de base, niveau B d'indépendance, niveau C de maîtrise). Enfin, il définit et analyse les connaissances, les aptitudes linguistiques et métacognitives et les stratégies. La compétence est donc formulée en des termes qui décrivent ce que l'élève est capable

1. E. Cresson, *Livre blanc sur l'éducation et la formation. Enseigner et apprendre. Vers la société cognitive*, Commission Européenne, Luxembourg, 1996.

de faire quand il communique dans un contexte donné, en utilisant un répertoire déterminé de ressources linguistiques[1]. Ces définitions sont très circonstanciées, elles font explicitement référence à la communication, aux stratégies mises en œuvre et aux compétences identifiables. Une grande attention est portée au rôle actif de l'élève, qu'on retrouve par exemple dans le fait que la formulation des compétences est presque toujours mise en relation avec l'auto-évaluation. L'élève est ainsi mis en condition d'identifier lui-même le niveau de compétences qu'il a atteint, de participer activement et de façon consciente au parcours d'apprentissage, jusqu'à apprendre seul[2].

Dans le document plus récent, pour définir la communication en langue étrangère l'EFKC reprend toutes les capacités principales prévues pour la langue maternelle (compréhension et expression orale et écrite, dans une gamme donnée de contextes sociaux et culturels). En même temps, il énonce d'autres aptitudes comme la médiation et la compréhension interculturelle. En effet, pour pouvoir communiquer en langue étrangère, il est crucial d'apprécier la diversité culturelle, de montrer de l'intérêt pour les langues et de la curiosité pour la communication interculturelle, autant de facteurs à stimuler. Apprendre une langue – l'apprendre de cette façon – est donc une forme de socialisation qui fait appel à notre capacité à interagir avec les autres. C'est une composante du développement cognitif de l'individu et une modalité d'alphabétisation intégrée, qui renforce les compétences de chacun. Il est donc fondamental que le système éducatif prévoie une école ouverte à la mixité sociale, à l'intégration avec le monde réel et à la relation avec la vie concrète, justement pour répondre aux sollicitations d'une société de plus en plus connectée localement et globalement aux dynamiques de la communication.

Des expériences innovantes se sont inspirées de ces orientations éducatives. Par exemple, au collège Don Milani-Colombo de Gênes, depuis 2008 deux enseignants ont construit une situation ouverte pour l'apprentissage de l'anglais et de l'espagnol,

1. P. Shekan, *A Cognitive Approach to Language Learning*, Oxford University Press, Oxford, 1998.

2. B. North, G. Schneider, « Scaling Descriptors for Language Proficiency Scales », in *Language Testing*, 15, 2, 1998, pp. 217-262.

dans le but de développer les compétences de lecture de textes séquentiels et discontinus en réseau, avec des moments d'évaluation. Un questionnaire en ligne assorti d'un tableur Google docs a permis l'auto-évaluation et l'évaluation entre pairs ; l'enseignant dispose d'une grille d'observation ; enfin, la construction d'une fiche d'évaluation nominale permet la confrontation de la grille et du questionnaire. Tout ceci a permis aux professeurs de formuler des observations importantes sur l'utilisation des connaissances purement linguistiques et sur l'utilisation des schémas mentaux caractéristiques d'un usager conscient du réseau : ainsi, le cursus linguistique a été réorganisé autour du développement des compétences et de la structure logico-organisationnelle typique de l'ère numérique.

Une autre initiative est celle mise en œuvre depuis plusieurs années par une professeure d'anglais du Lycée Technique industriel Stanislao Cannizzaro de Colleferro (Rome). Depuis 2009, les 150 élèves des six classes – raconte l'enseignante – « élargissent les frontières de la salle de classe pour créer une communauté d'apprentissage en ligne pour apprendre les mathématiques ou l'histoire en utilisant la langue anglaise et en exploitant les possibilités du Web 2.0 (chat, forums, blogs, vidéos auto-produites, textes écrits, enregistrements, etc.). Dans la salle virtuelle la communauté-classe se concerte pour organiser le travail collaboratif en ligne avec d'autres établissements, en téléchargeant les produits sur les plates-formes des projets internationaux. En plus du renforcement nécessaire de la maîtrise de la langue, une grande attention est portée à l'aspect grammatical « appliqué » à de véritables activités de communication. La même attention est portée aux caractéristiques des textes littéraires, incitant les élèves à produire leurs propres textes (sonnets, ballades, essais satiriques, fables, textes policiers, science-fiction, thrillers). La longue appropriation du rapport entre maîtrise de la langue, utilisation du réseau et ouverture des espaces d'apprentissage prend la forme de métaphores fascinantes et évocatrices de voyages fantastiques dans la connaissance et dans l'esprit humain. Ce parcours d'appropriation utilise le réseau, les nœuds, les connexions, la navigation, le parcours et la carte. Entre-temps on dialogue avec d'autres collègues pionniers des TIC à l'école, de même que les élèves interagissent avec des classes partenaires sur des sites étrangers. Le travail linguistique, lié à l'objectif de communication et aux structures grammaticales à étudier, sert à mieux communiquer et à bien comprendre les messages pour collaborer avec des réalités lointaines. La langue comme moyen de communication implique tous les protagonistes de la communauté d'apprentissage, surtout quand le professeur de langues et ceux des autres disciplines se placent en facilitateurs du processus cognitif. La motivation des jeunes et la confiance en ce qu'ils apprennent sont un signe tangible de l'attractivité de cette méthode, qui apporte une contribution certaine au changement du système éducatif dans son ensemble».

Les langues peuvent être apprises en appliquant directement des contenus disciplinaires spécifiques et grâce à la présence à la fois du professeur de langue et des professeurs d'autres matières, comme le prévoit l'approche d'immersion linguistique «Content and Language Intergreated Learning» (CLIL). Ceci contribue à la création de connaissances hors des schémas du cours magistral. Une expérience significative à ce sujet est celle qui a été menée au Lycée scientifique Giuseppe Peano de Cuneo, intitulée *Le scienze in francese: da Pasteur ad oggi (Les sciences en français: de Pasteur à nos jours).* La classe a étudié en français les microorganismes, qui font partie du programme de sciences, en travaillant par modules, en utilisant des outils multimédias, en recourant à la fois au travail individuel et en petits groupes coopératifs. Encadrés par une équipe de professeurs de langues et de matières scientifiques, les élèves ont travaillé en laboratoire, pour acquérir le vocabulaire scientifique et la capacité de communication en français: «pédagogie par projets», avec recours au *peer tutoring* et au *peer review*, durant des activités qui ont également eu lieu hors des horaires de cours. Parmi les compétences clé développées, on compte: la capacité de comprendre des messages; la capacité de démarrer, soutenir et conclure des conversations; la capacité de lire, comprendre et produire des textes appropriés aux exigences individuelles. De cette façon, les compétences scientifique et linguistico-communicatives ont été développées en même temps.

En dernier lieu, il faut envisager la question de l'acquisition des compétences de communication en italien en tant que langue maternelle, deuxième langue ou langue étrangère, en tenant compte du nouveau tableau linguistique mondial, des processus de mobilité internationale et des flux migratoires. En effet, on assiste à de nouveaux phénomènes : la pression de l'oral sur l'écrit ; la prédominance de l'anglo-américain dans la communication internationale ; la nécessité d'apprendre l'italien comme seconde langue dans un pays de plus en plus multiculturel ; la croissance mondiale de l'intérêt pour la langue et la culture italiennes[1]. Une réflexion scientifique est donc menée depuis plusieurs décennies par des linguistes sur l'italien contemporain : une langue en mouvement qui maintient toutefois le lien avec sa tradition séculaire. Cent cinquante ans après l'Unité d'Italie, après avoir été pendant des siècles avant tout une langue écrite et littéraire, la langue italienne semble devenir une langue « vivante et entière », comme l'espérait Manzoni, parlée par la majorité des Italiens et utilisée dans de nombreuses situations de la vie quotidienne. En ce sens, le code littéraire, dont les origines remontent au florentin écrit du XIVe siècle, a perdu son rôle traditionnel de modèle linguistique : il doit désormais se confronter à la rapide évolution des usages et du contexte socio-linguistique. L'italien est donc aujourd'hui une langue bigarrée, dans la mesure où elle vit une transformation profonde encouragée par des poussées novatrices, concernant en particulier la consolidation de la dimension orale, selon un phénomène qui a déjà touché d'autres langues nationales européennes[2]. Toutefois, si pour la langue parlée, le standard peut être considéré comme patrimoine de naissance de certains Italiens, une grande partie de

---

1. La diffusion de l'enseignement de l'italien dans les contextes européen et international a été étudiée par divers linguistes, en particulier Tullio De Mauro, Claudio Marazzini et Ugo Vignuzzi. Le Ministère des Affaires étrangères a récemment lancé une enquête dont les résultats sont présentés dans C. Giovanardi, P. Trifone, *L'inchiesta Italiano 2010*. « Anteprima di alcuni risultati », in *Italiano Linguadue*, n° 2, 2010, pp. 148-155, met en évidence la forte croissance de la demande de l'italien comme langue étrangère dans les dix dernières années. On enregistre une augmentation de 50 % du nombre d'élèves qui l'apprennent.

2. M. Dardano, « Profilo dell'italiano contemporaneo », in L. Serianni et P. Trifone (sous la direction de), *Storia della lingua italiaana, II, Scritto e parlato,* Einaudi, Turin, 1994, pp. 343-430 ; M. Cortelazzo, *Italiano d'oggi*, Esedra, Padoue, 2000.

la population acquiert la maîtrise de l'écrit grâce aux études. C'est donc la langue standard – héritée de la tradition littéraire, décrite dans les grammaires et enseignées dans les écoles et aux étrangers – qui est enseignée à l'école. Le but est avant tout l'apprentissage de l'écrit, selon une habitude didactique qui privilégie depuis toujours l'écrit sur l'oral. De cette façon l'italien standard contemporain devient la prérogative des classes les plus instruites, concerne des modes de communication plus formels et se manifeste dans la variété de l'écrit, plus qu'à l'oral.

C'est dans ce contexte que l'on constate un abaissement de la qualité moyenne de la langue utilisée, auquel je faisais référence plus haut. Étant donnée l'importance de la capacité d'expression dans la construction de la personnalité et de la vie sociale de tout citoyen, il est indispensable que l'italien soit bien appris à l'école. Toutefois, sur la base de ce qu'on a évoqué, on ne peut plus se contenter de revisiter ou d'avoir recours à des méthodes d'enseignement archaïques et désormais inefficaces : il faut enseigner l'italien sur la base d'un fondement scientifique rigoureux, nouveau, mis à jour en fonction de l'évolution de la situation socio-linguistique. En fait, il faut que l'instruction et l'éducation linguistique visent à accroître la conscience qu'il existe une variété d'italiens, de moins en moins identifiables dans la langue standard. Il sera donc opportun de réduire l'importance des règles pures et de favoriser la description et la connaissance de la situation linguistique du pays, en prêtant notamment attention aux articulations qui sous-tendent la communication[1]. Dans cette optique, deux facteurs sont importants : d'un côté la présence sur le territoire d'un nombre croissant d'immigrés de différentes races, traditions ethniques et religieuses mais aussi degrés d'instruction (de l'analphabétisme aux études supérieures) ; de

1. Ce thème est abordé dans de nombreux écrits de Raffaele Simone, notamment dans *Proposte didattico-educative*, SEI, Turin, 1976 ; in id., *L'educazione linguistica*, La Nouva Italia, Florence, 1979. Je renvoie aussi aux deux essais de F. Sabatini, *La comunicazione e gli usi della lingua,* Loescher, Turin, 1984 ; id., «L'«italiano dell'uso medio" : una realtà tra le varietà linguistiche italiane», in G. Holtus, E. Radtke, *Gesprochenes Italienisch in Geschichte und Gegenwart*, Gunter Narr Verlag, Tübingen, 1985.

l'autre, l'attention de plus en plus importante portée à l'enseignement de l'italien en temps que deuxième langue (ou langue officielle) dans un contexte social de plus en plus multiculturel et multilinguistique. Élever la qualité linguistique et expressive d'un ensemble d'individus aussi hétérogène devient donc un enjeu significatif d'égalité sociale. Il faut reconnaître que la capacité à bien communiquer en langue officielle contribue à assurer la pleine participation de l'individu à la société et à la construction d'une citoyenneté active et consciente.

Pour conclure, on remarquera l'importance fondamentale de la langue dans les politiques éducatives, du point de vue de la formation et du point de vue de la situation sociale. La compétence en langue maternelle et en langues étrangères est donc un prérequis : d'abord pour devenir un citoyen et un professionnel instruit ; ensuite pour poursuivre des objectifs comme la réalisation personnelle, l'inclusion sociale et l'employabilité dans notre société. Elle entre donc de plein droit dans les compétences clé à acquérir soit pendant le parcours d'apprentissage formel (de l'école maternelle à l'université), soit par la suite, dans le cadre professionnel, dans un contexte d'apprentissage permanent aux diverses déclinaisons : formelles, informelles et non formelles.

4. Formation européenne : pluralité et intégration

La recherche d'une nouvelle idée et d'un nouveau système éducatifs, plus en phase avec la réalité contemporaine, conduit à examiner un dernier aspect, lié à la formation en général et à la culture humaniste en particulier. Le présupposé selon lequel elles contribuent toutes deux à l'identité d'un pays est à la base du choix des pères fondateurs de l'Europe de tenir l'instruction à l'écart des compétences primaires de l'Union, à la différence de l'agriculture, la concurrence, le marché intérieur ou la cohésion sociale. L'Europe de l'union économique et politique actuelle – union politique qui reste à réaliser, contrairement à ce qui est clamé – respecte les différences culturelles nationales, qu'elle considère comme patrimoine. Toutefois, ce présupposé constitue aussi un obstacle à la pleine affirmation de l'« Europe de la culture», c'est-à-dire d'un espace européen de l'éducation, terriblement nécessaire aujourd'hui à cause des phénomènes liés à la mondialisation et à la société de la connaissance. Ces questions historiques ont besoin d'une vision et d'une gestion aux frontières plus larges, justement parce qu'elles concernent la conception du savoir en tant que facteur non seulement de civilité et d'identité, mais aussi de croissance et de développement.

Actuellement, la situation européenne se présente, par certains aspects, de façon contradictoire et problématique, avec des nouveautés intéressantes mais en même temps des inadaptations structurelles qui constituent un frein à l'intégration sociale et à l'unité politique. L'Europe représente la réalité au sein de laquelle nous sommes acteurs, surtout dans les domaines stratégiques. Or l'instruction est stratégique pour la construction d'une citoyenneté européenne consciente, en mesure d'assurer le respect des valeurs démocratiques et le bien-être social et économique des futurs citoyens. L'Europe est faite, il faut faire les Européens! Je ne soulèverai pas ici le problème des traités constitutifs de l'Union et je ne proposerai pas la modification des institutions européennes pour leur donner pleine compétence en matière d'éducation. Toutefois, le problème est posé et devra être affronté, y compris au niveau formel. On peut tout de même noter que, si on veut européaniser les études, on ne peut attendre les bras croisés ou se fier uniquement à l'œuvre d'un État national. C'est l'Union Européenne qui doit prendre en charge la question, de même que les pays doivent immédiatement organiser et définir les programmes, contenus et méthodes de l'école nouvelle, ainsi qu'anticiper dans les faits la structuration d'une «école nationale européenne».

Cette difficulté, qui ne retire rien à la grandeur historique de l'initiative européenne, est accentuée en Italie où d'une façon générale seule la culture humaniste est considérée comme culture *stricto sensu*. Dans ce sens la langue, la littérature, l'art, l'histoire et le droit représentent les caractères identitaires par excellence de notre nation – également largement reconnus à l'étranger –, dont elle se fait garante au nom de l'orgueil national. Par certains aspects, il est plus difficile de définir une mathématique, une physique, une chimie ou une biologie spécifiquement italiennes, bien qu'il y ait eu en Italie de nombreux mathématiciens, physiciens, chimistes et biologistes de renom. Ainsi, de ce point de vue l'Italie est appelée à s'européaniser, dans le sens où il est indispensable d'étudier Dante, le Risorgimento ou la langue italienne dans le cadre d'un cursus national; mais il est tout aussi indispensable de rencontrer la culture des autres États européens. L'Europe est désormais le cadre naturel de l'éducation, et c'est pour cette raison que l'instruction et la culture italiennes doivent aujourd'hui former les élèves à la fois en tant qu'Italiens et en tant qu'Européens: de ce point de vue la construction d'une citoyenneté européenne est une des priorités de l'école, plus qu'elle ne l'a été et ne l'est encore aujourd'hui pour la citoyenneté italienne[1]. Ainsi, il faudra avant tout soutenir le multilinguisme, qui devient une question d'alphabétisation primaire: tous les élèves doivent bien apprendre l'italien, notre langue, et doivent tout aussi bien connaître l'anglais. En tant que prérequis culturel de la formation et en tant que condition concrète de vie, l'anglais est à l'époque actuelle ce qu'était le latin aux peuples de l'Antiquité: une extraordinaire langue internationale. En second lieu, il faudra étendre l'étude de l'Europe, de ses territoires et de ses systèmes, de ses histoires et de ses cultures, parce qu'elle est une réalité complexe, riche de différences profondes, consolidées et structurées au cours des siècles, qui aujourd'hui résistent et émergent avant tout au niveau régional, en plus du niveau national. Un ensemble de facteurs linguistiques, historiques, culturels, sociaux, économiques et environnementaux, lisibles par les différentes disciplines, à connaître et comprendre dans le but de les récupérer dans leur unité et dans leur intégralité, et aussi en tant que complexité de la réalité européenne.

1. En ce qui concerne la formation des Européens à travers l'identification d'un canon européen de la littérature, je renvoie à deux publications récentes, toutes deux issues d'importants congrès sur l'importance de l'école, qui est depuis plus de deux mille ans le vecteur principal de l'éducation des jeunes: R. Antonelli, G. Paradisi, M.S. Sapegno (sous la direction de), *Letteratura europea. Il canone*, Département d'Études européennes, Américaines et Interculturelles, Rome, 2012; R. Antonelli, M. Materni, G. Paradisi (sous la direction de), *La letteratura e la formazione degli europei*, Bagatto Libri, Rome, 2012.

Nous ne sommes plus seulement une réalité géographique, ni une expression uniquement institutionnelle, même si les problèmes liés à ce moment historique particulier et les difficultés d'intégration liées à la barrière linguistique perdurent. L'Europe est déjà une entité : elle est une entité économique en tant que nécessité incontournable pour la préservation du bien-être et de l'état social, qui ne doivent pas être considérés comme des succès externes et irréversibles. Elle est une entité géographique, au point qu'elle a érigé la mobilité « de droit fondamental », indiquant ainsi l'existence d'un territoire unique comme facteur constitutif. Mais ce n'est pas tout : l'Europe nous change la vie, parce qu'elle nous a ouvert la seule fenêtre véritable sur la mondialisation. Eh bien, tout ceci doit désormais peser même dans la définition du système éducatif et dans la dimension européenne des cursus.

Dans ce panorama, nombreux sont ceux qui soutiennent que le classicisme et la culture humaniste peuvent contribuer à la construction d'une identité européenne à la fois unie et multiple[1] et à la reconnaissance d'une intégration consciente et ouverte. Ces présupposés sont indispensables pour relancer aujourd'hui l'idée d'Europe, toutes deux affaiblies et rendues précaires par les défis de la contemporanéité. Umberto Eco a regretté à plusieurs reprises une identité européenne diffusée mais superficielle : pour le sémiologue, la culture, plus que l'économie et la politique, peut avoir des conséquences significatives sur la construction d'une identité profonde et d'une intégration totale. Il rappelle que l'Europe tirera son avenir des nombreuses racines multiformes qu'elle a su fondre et ne pas confondre. Il en vient à souhaiter que sur les futurs billets en Euros apparaissent les visages de Dante, Shakespeare et Balzac, c'est-à-dire de ceux qui ont alimenté le sentiment d'unité et de communauté.

C'est en repensant l'Europe à travers la culture, née à Athènes où fleurirent la démocratie et la politique, la littérature et le théâtre, la philosophie et la science, c'est-à-dire où

1. J'emprunte cette expression à l'essai de G. Bocchi, M. Ceruti, *Una e molteplice. Ripensare l'Europa*, Marco Tropea, Milan, 2009 ; je renvoie aussi à l'ouvrage plus récent d'E. Morin et M. Ceruti, *La nostra Europa*, Raffaello Cortina, Milan, 2013.

siège une partie de ses fondements, qu'on peut comprendre la réponse de Valéry Giscard d'Estaing aux opposants à l'entrée de la Grèce dans Europe, quand il a répondu qu'on ne pouvait claquer la porte au nez de Platon. En bref, l'Europe sans la Grèce est comme un enfant sans certificat de naissance.

Le sens authentique de cet avertissement, qui doit servir à tous les Européens pour retrouver les raisons profondes de notre «être ensemble» et pour relancer avec conviction l'européisme et ses valeurs de liberté et de démocratie, est donc clair et évident, aujourd'hui plus qu'hier.

10.
La culture du travail

Je n'aime pas le travail, personne n'aime le travail,
mais j'aime ce qu'il y a dans le travail :
la possibilité de se trouver soi-même, de trouver sa propre réalité, ce que
personne d'autre ne connaîtra jamais.
Josef Conrad

1. Savoir et travail

La relation entre savoir et travail traverse l'histoire de l'homme depuis ses origines. Elle en a caractérisé les phases les plus significatives, à tel point que ces deux éléments peuvent être considérés comme les deux faces de la même médaille. Les élaborations, les découvertes, les inventions dans ces deux domaines ont modifié les systèmes économiques, sociaux, politiques et culturels en scandant les étapes du progrès humain. Depuis le siècle dernier, l'idée de l'importance de la connaissance pour les activités productives s'est consolidée, jusqu'à influencer et changer radicalement la nature du travail, passé de mécanique, répétitif et automatisé, tel qu'il était jusqu'aux années cinquante, à flexible, innovant et complexe tel qu'il est aujourd'hui[1].

Dans l'acception la plus courante, on répète que le savoir gravite dans la sphère de la liberté, libère l'homme du servage de l'ignorance et de l'état de nature, exaltant en lui à la fois l'individualité et l'humanité. En revanche on dit du travail

1. D. Cohen, *I nostri tempi moderni. Dal capitale finanziario al capitale umano*, Einaudi, Turin, 2001.

qu'il appartient à la sphère de la nécessité, étroitement liée à la survie de l'être humain, bien que sa conception ait profondément évolué au fil du temps. En effet, il est vrai que grâce aux protections, aux droits, aux formes d'équilibre social, conquis au cours des siècles, le travail ne condamne plus l'homme à se procurer de quoi vivre, comme aux temps où Adam et Ève furent chassés de l'Éden.

Les étapes de cette évolution indiquent – dans la réalité et dans la réflexion scientifique – un processus d'émancipation progressive de l'homme pour se réapproprier le travail comme expression de lui-même, émancipation dramatiquement contrastée et marquée par des conflits très durs, qui font partie intégrante de l'histoire de l'humanité, comme en témoigne le conflit éternel entre libération par le travail et appropriation de ses fruits par un autre. De ce point de vue, la réflexion marxiste sur les contradictions de fond de la société capitaliste entre développement des forces productives et rapports de production est toujours aussi éclairante aujourd'hui.

Dans le monde contemporain, c'est-à-dire dans la société de l'économie de la connaissance, l'émancipation est intrinsèquement liée à la rencontre entre savoir et travail[1] : bien que les termes du contraste entre le cadre intellectuel et les intérêts productifs soient aujourd'hui moins accentués que dans le passé, il ne faut pas sous-estimer les résistances au déploiement des grandes potentialités du savoir pour chacun et du travail qualifié pour tous. En vérité, telle est l'approche souhaitable et possible de la société actuelle : conjuguer le succès de l'instruction pour chacun et un travail satisfaisant pour tous. C'est de cette synthèse que naît la réalisation individuelle et sociale de l'être humain. L'aspiration et l'inspiration du progressisme contemporain provenant de différentes sources politiques et culturelles doivent et devront se construire dans ce contexte. En effet, bien que les mouvements progressistes du passé aient pressenti et identifié cet objectif, ils n'ont pas pour autant réussi à le poursuivre avec la conscience et la détermination nécessaires : il constitue donc aujourd'hui encore le véritable but.

1. P. Cipollone, P. Sestino, *Il capitale umano*, Il Mulino, Bologne, 2010.

L'homme se réalise en apprenant et en travaillant : à travers ses connaissances et sa profession, il se construit et construit sa propre personnalité, il valorise la spécificité de ses aspirations et vit son être individuel et social de façon profondément gratifiante. Albert Einstein rappelle que « La motivation la plus importante pour le travail, à l'école et dans la vie, est le plaisir du travail, plaisir qu'on ressent devant le résultat et la conscience de sa valeur pour l'humanité ». Je n'aborderai pas ici les autres aspects importants – affectifs, esthétiques, institutionnels ou autres – de la relation études-travail parce qu'elles ne rentrent pas dans le cadre de ces notes.

Le processus évolutif du travail a enregistré dans le temps, surtout avec l'avènement et la diffusion du capitalisme en Occident, une attestation constante et progressive de sa valeur en tant que facteur de promotion et d'émancipation. Ceci vaut à la fois pour l'individu et pour la collectivité, largement reconnue par la réflexion théorique et spéculative, mettant de plus en plus en évidence le lien entre la nature de l'homme et son œuvre, jusqu'à la conception de la personnalisation du travail. Avec la réforme luthérienne et l'éthique protestante, le travail, en tant que production de valeur, devient d'un côté source de salut pour le pécheur, de l'autre facteur de cohésion sociale. De nombreuses théories, de la pensée libérale de Locke, qui relie le travail à la liberté, c'est-à-dire à un des droits inaliénables de l'individu, jusqu'à celle d'Hegel pour qui l'esclave se libère du servage du seigneur à travers le travail grâce auquel il domine et transforme la vie et le monde, valorisent la thèse du travail comme construction du sujet et de la société. À l'inverse, mais dans la même direction, pour Marx la libération de l'aliénation du travail en tant que marchandise, pour arriver au « travail libérateur », signifie pour l'homme se réapproprier sa nature et sa liberté.

Toutefois, le rapport entre savoir et travail devient une priorité avec l'économie de la connaissance. On pourrait désigner John Dewey et Max Weber comme précurseurs théoriques. D'un côté le philosophe américain, avec son approche logico-épistémologique du pragmatisme, aperçoit un entrecroisement entre le fait de connaître en faisant et la valeur sociale de celui qui travaille : l'emploi est donc l'élément qui harmonise les capacités spécifiques d'un individu et sa fonction sociale. De l'autre le penseur allemand, avec son regard issu des sciences historico-sociales, relie les concepts de «formation» (*Bildung*) et de «profession» (*Beruf*), anticipant ce qui s'appelle aujourd'hui valeur ajoutée du savoir dans le travail. Aujourd'hui, dans l'économie dématérialisée la relation savoir-travail est synthétisée dans l'expression *smart skill.*

Dans ce contexte, on peut faire référence à une source importante de la doctrine sociale de l'église. Dans l'Encyclique *Laborem exercens*, Jean Paul II écrit: «Le premier fondement de la valeur du travail est l'homme lui-même, son sujet. L'homme est destiné au travail et est appelé au travail, mais avant tout le travail est pour l'homme, et non l'homme pour le travail». Plus loin le pontife évoque le «pain de la science et du progrès, de la civilisation et de la culture». En d'autres termes, le fruit du travail manuel et de celui de la science et de la culture sont tous deux dans l'homme et reliés entre eux.

Récemment la sociologie a mené des études conséquentes sur les nouveaux aspects du monde du travail et sur leurs implications économiques et sociales dans la perspective de l'économie de la connaissance. De toute évidence, ceci dépasse le cadre de cette argumentation. En bref, rappelons que ces recherches ont élaboré, plus nettement que dans le passé, une théorie du travail lié à la connaissance comme facteur de promotion de la personne tant qu'il est effectué avec flexibilité, créativité et individualisation. En ce sens, le travail est une composante fondamentale de la vie de la personne, en mesure de connecter le monde individuel et la vie sociale, expression de la singularité de l'individu dans une dimension commune.

Malgré le peu de références, on peut saisir une convergence entre différentes approches scientifiques et des traditions culturelles au sujet du sens crucial du rapport savoir-travail et de son renforcement progressif, surtout en tant qu'élément qui caractérise et définit la personne.

Ce qu'on veut mettre en évidence est que dans l'économie de la connaissance et de l'apprentissage, où un rôle décisif est joué par la révolution informatique et technologique, la croissance exponentielle du savoir, ou encore l'innovation scientifique, le rôle du travailleur, change profondément. Il est désormais une ressource qualifiée essentielle qui transforme et invente, créé et innove. Il est en effet le facteur clé de la production de la richesse. Savoir et travail, dans la mesure où ils agissent sur la personne, sont des éléments de promotion et de valorisation de ses dons et qualités. C'est donc dans la société et dans l'économie de la connaissance que le travail réalise sa plus haute valeur, justement parce que la personne est placée au centre du processus productif.

La démocratie italienne grave cette idée dans la Constitution, qui interprète et enregistre une donnée objective de la société actuelle. C'est le travail qui fonde la République démocratique comme droit «effectif» (art. 1). Un droit qui est aussi un devoir, visant à concourir «au progrès matériel ou spirituel de la société» (art. 4). Droit, devoir, valeur directe de la personne. Voilà ce que statue la loi fondamentale, voilà ce qu'on doit réaliser.

Dans le contexte contemporain de l'indentification du travail et de la personne qui travaille, Bruno Trentin se démarque quand il définit dans sa *Lectio doctoralis*, tenue à l'Université Cà Foscari de Venise en septembre 2002 : «le travail comme facteur d'identité ; certes, un des facteurs d'identité de la personne humaine»[1]. Selon lui, un tel processus, en contraste avec les conditions du conflit social, conduit nécessairement à un changement profond du travail, au «crépuscule du concept même de "travail abstrait", sans qualité – l'idée de Marx et le paramètre du fordisme – pour faire du travail concret, du travail pensé, et donc de la personne qui travaille, le point de repère d'une nouvelle division du travail et d'une nouvelle organisation de l'entreprise». Il y a deux points ici : «travail concret», c'est-à-dire travail-personne, et «travail pensé», c'est-à-dire travail animé par la pensée (un participe passé comme acquisition réalisée, mais avec toute la charge active d'un participe présent, «pensant»). C'est la qualification potentielle continue du travail.

En ces termes, d'un côté travail et savoir deviennent ensemble des facteurs fondamentaux pour la construction

1. B. Trentin, «Il lavoro e la conoscenza», in I. Ariemma (sous la direction de), *Il futuro del sindacato dei diritti. Scritti e testimonianze in onore di Bruno Trentin*, Ediesse, Rome, 2009, pp. 241-254.

identitaire de l'homme : chacun est ce qu'il sait et ce qu'il fait, convergeant dans une synthèse où les deux éléments agissent jusqu'à se fondre dans la personne. En un sens, si ceci se produit à l'intérieur du sujet, c'est la preuve que la relation existe au plan ontologique, existe en elle-même. De l'autre, la nature fondatrice du rapport savoir-travail comporte une variation significative du paradigme travail : on assiste à la « personnalisation » du travail, phénomène qui le déplace du « règne de la nécessité » à celui de la liberté. Ceci revient à dire que le travail repose de moins en moins sur les bras et la force nue, de plus en plus sur l'intelligence et la profession : il devient un droit. Ainsi, c'est dans l'économie de la connaissance que le travail évolue : de facteur mécanique et répétitif il devient élément flexible et innovant. C'est justement dans le taux de créativité, d'innovation et de qualité que réside sa connotation la plus authentique : Robert Reich, économiste à l'Université de Berkeley en Californie et Secrétaire du Travail des États-Unis d'Amérique au sein de l'administration Clinton, identifie en lui « la condition essentielle de la richesse des nations ».

Dans le contexte plus large de la mondialisation, on assiste au changement radical aussi bien de la fonction du travail dans l'économie que des relations de travail et des formes d'organisation productive. Mais sa valeur sociale et politique, dont on parle beaucoup moins, change aussi[1].

La transformation structurelle actuelle du travail impose, avec urgence, un changement théorique et politique de ses catégories interprétatives, ainsi qu'une redéfinition de la stratégie sociale et économique de la part du progressisme politique et syndical. Surtout dans la mesure où dans l'extraordinaire patrimoine historique des valeurs de l'équité, de la sensibilité sociale, mutualiste et solidaire, exprimé par le socialisme et les mouvements ouvriers, ainsi que par la doctrine sociale de l'Église, d'autres catégories interfèrent aujourd'hui – parfois inédites. Il s'agit de la qualité, la créativité, l'innovation, propres à la sphère de la connaissance et du savoir. Tout

1. A. Ranieri, V. Foa, *Il tempo del sapere. Domande e risposte su lavoro che cambia*, Einaudi, Turin, 2000.

ceci a lieu plus ou moins en même temps, témoignant de l'enregistrement du fait plutôt que d'une théorisation stratégique, scientifique et politique. Le monde progressiste ne souligne pas assez l'extraordinaire nouveauté d'un phénomène de cette portée et n'en tire pas les stimulations politiques suffisantes. Un peu comme devant la nécessité de renouveler la culture éducative, même si dans ce domaine l'œuvre des penseurs a eu plus d'impact. Surtout, il manque une analyse conjointe et intégrée des deux systèmes – travail et formation – et de la nouvelle fonction qui leur est assignée par l'économie de la connaissance et par la société de l'apprentissage. Les doctrines chrétienne et libérale méritent la même réflexion.

En soulignant le nouveau profil du travail, Bruno Trentin observe que «l'importance croissante de la qualité et de l'autonomie du travail (capacité de sélectionner les informations et donc de décider) comporte aussi pour les travailleurs exécutifs une responsabilité du résultat, qui incombe à la personne du travailleur». Et encore: «la perspective d'une occupation stable diminue, en correspondance avec un salaire et une disponibilité passive de la personne».

Ceci indique un profond changement, qui semble impossible à arrêter. Inutile de tenter de rétablir une économie industrielle rigide et des relations de travail rigides: ce n'est pas le point de vue de Trentin, qui était alors Secrétaire de la Confédération générale du travail italienne (CGIL), cela ne fait partie des tendances réalistes d'aucun gouvernement, ni des aspirations progressistes de développement social. Le scénario qu'il a envisagé avec lucidité et courage, comme hypothèse de ligne politique et comme analyse du développement structurel en cours, est celui d'«un échange entre un salaire corrélé à un emploi flexible (à l'intérieur ou à l'extérieur d'une entreprise, sur le marché du travail) et l'acquisition d'un emploi par le travailleur; une employabilité nourric par un investissement de l'entreprise, du travailleur et de la collectivité dans une formation permanente et dans une politique de requalification capable de garantir, à la place de l'emploi stable, avant tout, une occasion de mobilité professionnelle au sein de l'entreprise et, dans tous les cas, une nouvelle sécurité accompagnant le travailleur qui, après une expérience de travail, peut affronter le marché du travail dans des meilleures conditions, avec une plus grande force contractuelle».

Je comprends bien qu'il s'agit d'une perspective ambitieuse, encore toute à construire, vérifier et promouvoir concrètement, avec l'approfondissement, la prudence et la gradualité nécessaires. Toutefois, outre la force intellectuelle de Bruno Trentin, on relèvera ici la validité de la stratégie, qui offre un véritable objectif et une hypothèse d'incarnation du rapport occupation-connaissance. Et en même temps, l'identification des acteurs nécessaires : le travail et l'entreprise, les forces sociales et politiques, les institutions et les pouvoirs publics. C'est en fait le grand objectif oublié du plein emploi qui se dessine, en mesure de réaliser la promotion humaine de la personne : le travail comme habitude humaine naturelle dans une société équitable et solidaire et dans une économie physiologiquement et pleinement opérante. Dans ce contexte le levier important est la qualification professionnelle permanente, les études qui enrichissent le travail dans le cadre de la collaboration entre structures productives et formatives.

Depuis longtemps, la contamination réciproque entre ces deux environnements est sollicitée par la requête de la part du monde économique et productif de compétences de plus en plus qualifiées. Ceci est présenté comme indispensable pour la croissance du pays, en tant qu'éléments déterminants pour l'innovation et la qualité des processus d'expansion. Il devient donc fondamental de confronter d'un côté les instances économiques et sociales qui ont des besoins professionnels et de l'autre les possibilités offertes par le savoir pour satisfaire la promotion de qualifications en mesure de répondre au changement en acte.

J'entends déjà les hauts cris poussés pour accuser l'asservissement de l'éducation et de la culture à l'économie. Des cris qui manquent de pertinence : pour les contenir, inutile d'évoquer l'écran insoupçonnable de Bruno Trentin. Leur autonomie doit être garantie, toujours et quoi qu'il en soit. Toutefois, le lien entre emploi et connaissance a été mis en évidence avec clairvoyance par le grand homme politique Jacques Delors. Dans le *Livre blanc* de décembre 1993, il définissait le rôle de la formation, indispensable pour affronter les défis européens à l'heure de la mondialisation[1]. Presque vingt ans plus tard, cette prévision est toujours aussi juste : la valeur de l'instruction, ou plutôt de la qualité de l'instruction, a été reconnue cause directe de développement économique et d'augmentation de la productivité totale des facteurs de production. Rappelons par exemple l'importance croissante de la connaissance technologique dans le monde du travail : elle permet d'adopter les nouveaux concepts et paradigmes en fonction des besoins de nouveaux processus productifs et de produits.

Le programme de formation continue et permanente reste donc l'objectif ambitieux mais réalisable dans la société de la connaissance et de l'apprentissage pour accompagner le développement qualitatif et professionnel de la personne. Objectif ambitieux surtout dans le contexte le plus faible et critique, le « travail purement exécutif », point de subordination et de risque d'« aliénation » maximal. Mais réalisable s'il est étayé par une opération de qualité et équitable.

Aborder ainsi l'aspect culturel du travail ouvre une perspective d'émancipation pour toute la jungle des formes de travail en acte aujourd'hui. Surtout dans le but de définir un dénominateur commun entre les différents emplois, à l'enseigne de la flexibilité et de la créativité, pour desserrer les liens et les rigidités du travail subordonné et pour étendre les conditions de liberté et de responsabilité du travail autonome.

On répète souvent qu'investir dans la connaissance et la formation est une priorité pour la civilité et la croissance économique d'un pays. On le répète, mais on ne le fait pas. Souvent, on réduit même les ressources attribuées à l'instruction. Les personnes aux manettes des politiques économiques, de la gestion des entreprises ou des études économiques croient peu à cette priorité : ils ne l'avouent pas, mais pour autant ils ne la mettent pas en pratique. Le monde de la culture y croit mais n'arrive pas à l'affirmer avec la force nécessaire, et se résigne donc avec amertume à l'échec. L'élaboration d'une politique culturelle et éducative qui revendique la priorité de ses objectifs aurait des arguments plus efficaces et des outils d'action

1. J. Delors, *Croissance, compétitivité, emploi. Les défis et les pistes pour entrer dans le* XXI*e siècle*, Commission européenne, Luxembourg, 1994.

politique plus incisifs, si on renforçait le raisonnement sur la relation entre emploi et connaissance et si on se battait pour unifier le travail et le savoir. Si on agissait concrètement – en accord avec les objectifs culturels généraux – pour améliorer la qualification et le professionnalisme, ce qui conduirait à élever les rétributions et augmenter la compétitivité de l'entreprise en favorisant l'innovation et en soutenant l'économie dans son ensemble. Si la culture est un bien général, alors la corporation des gens «cultivés» ne peut être la seule à l'affirmer : confiner la bataille éducative et culturelle dans un ghetto où un isolement revendicatif est une faiblesse. Il est clair que ce projet nécessite l'intervention factuelle de politiciens, manageurs et syndicats pour soutenir en même temps l'apprentissage et l'emploi, la culture et la société.

Il manque encore une pièce à ce puzzle, la dernière : l'implication du travailleur, non seulement au niveau de sa fonction dans le processus productif mais aussi dans les phases où on prépare et où on évalue l'organisation de l'entreprise dans son ensemble. Cette participation que Trentin appelle «un droit de regard, c'est-à-dire un droit d'information, de consultation et de contrôle de l'objet de travail (le produit, l'organisation du travail, le temps de travail, le temps de formation et le temps disponible pour la vie privée)».

Depuis des années, des élaborations et revendications similaires, concernant des entreprises et industries, sont formulées par les syndicats et les chercheurs. Le déclin et le dépassement du fordisme ont ouvert d'autres espaces de développement et de contraste par rapport au taylorisme et au toyotisme, donnant lieu aux récentes théories ergonomiques, notamment dédiées à obtenir et à évaluer la meilleure productivité industrielle, souvent manufacturière.

2. Qualification et re-qualification

L'argumentation développée jusqu'ici a abordé le thème de la productivité du travail et de l'évaluation ergonomique relative. En même temps, elle a évité de céder à la perspective d'une pure réduction du coût du travail et d'une brutale accélération des rythmes. La recherche et l'expérience politico-syndicale ont montré que le véritable terrain pour résoudre les problèmes d'emploi est la qualification et la re-qualification du travailleur, accompagnées de la promotion culturelle et professionnelle du travail, de concert avec la rationalisation des processus productifs et de l'organisation du travail au sein de l'entreprise. C'est un signe tangible du double processus décrit jusqu'ici : d'un côté la complémentarité entre travail et savoir, de l'autre la centralité de l'implication du travailleur. Cette vision du travail et de l'éducation permet d'apprendre plus et de travailler mieux. En plus, elle est étroitement liée au contexte de la démocratie participative et de son développement.

Rappelons qu'un des facteurs de la faible croissance en Italie dans les dernières décennies est justement la faible acculturation de la population adulte. Dans les statistiques comparatives, notre pays se trouve en bas de la liste des pays européens ou non, avec des pourcentages inquiétants. Si on ne fait rien pour y remédier, on risque même d'être exclus de la compétition actuelle en termes de revenus et de reconnaissance civique. Bas niveau d'études, préparation insuffisante, surtout en sciences et en langues, et compétences fragiles, font de la situation culturelle des adultes une urgence nationale. Le Gouverneur de la Banque d'Italie Ignazio Visco a écrit sur cette condition structurelle : dans son ouvrage *Investire in conoscenza. Per la crescita economica (Investir dans la connaissance. Pour la croissance économique)*[1], il souligne la nécessité d'élever le niveau de l'instruction et de la formation pour affronter la crise économique et sociale actuelle.

À ce sujet, on peut citer plusieurs études statistiques qui attestent de la nécessité d'augmenter la part du savoir dans le travail, sous différentes formes. Dans le rapport ISFOL 2012, *Le competenze per l'occupazione e la crescita (Les compétences pour l'emploi et la croissance)*, on lit : « Aujourd'hui n'importe quel travail contient une part de savoir beaucoup plus importante que dans le passé, et ce processus se diffuse dans tous les pays industrialisés. Nous assistons à une croissance surprenante des

---

1. I. Visco, *Investire in conoscenza. Per la crescita economica*, Il Mulino, Bologne, 2009.

postes hautement qualifiés – scientifiques, managers, professions libérales et techniciens – qui en Italie sont passés de 22 % en 1995 à 41 % en 2005 [...] L'augmentation des emplois à niveau élevé de connaissances, aujourd'hui appelés *high skilled*, s'est poursuivi en 2009-2010 malgré la conjoncture économique négative [...] En substance, il n'y aura pas d'offre croissante de travail pour les personnes privées de qualification, y compris pour les emplois élémentaires. La polarisation des professions sera donc accompagnée de l'arrivée sur le marché d'une force de travail plus instruite et qualifiée»[1]. En d'autres termes, un diplôme ou une qualification professionnelle élevés favorisent généralement l'embauche, le fait d'occuper un poste dans la durée et de se faire réembaucher. Toutefois, un nouvel élément douloureux est à prendre en compte aujourd'hui en Italie. La crise actuelle a conduit à une chute de l'emploi y compris pour les postes hautement qualifiés, signe évident de la faiblesse structurelle de notre monde du travail. D'une façon générale l'offre de postes qualifiés et la présence de diplômés parmi les employés sont moins élevées qu'ailleurs. Les chiffres de l'ISFOL sont significatifs : en Italie le pourcentage de postes de travail hautement qualifiés est de 18 % du total des emplois, contre 23 % pour la moyenne européenne. Si on regarde combien d'emplois qualifiés sont occupés par des personnes ayant suivi un cursus universitaire, le pourcentage italien de 54 % est élevé en soi, mais faible comparé au 71 % européen. Toujours dans le rapport ISFOL 2012, on lit : « Même le niveau de compétence de la force de travail qualifié dans notre pays est inférieur à celui de la plupart des pays européens : en plus d'avoir un taux de professionnels hautement spécialisés parmi les plus bas d'Europe (seuls l'Autriche et le Portugal ont un taux plus bas), les emplois les plus élevés sont occupés pour un peu plus de la moitié (53,6 %) par des travailleurs hautement qualifiés, contre 70,6 % pour la moyenne européenne, 72 % en Allemagne et 71 % en France »[2].

On peut conclure que le déficit italien est imputable à l'inadéquation non seulement du système éducatif, qui disperse

1. Rapport ISFOL 2012, *Le competenze per l'occupazione e la crescita*, Ediguida, Cava de'Terreni 2012, pp. 15-16.

2. Ivi, p. 22.

et ne prépare pas les futurs citoyens, mais aussi au marché du travail, qui peine à occuper les ressources les plus qualifiées. Toutefois, le fait le plus alarmant est le manque de synergie et de relation entre les deux systèmes qui, séparés et isolés l'un de l'autre, ne parviennent pas à relier leurs instances spécifiques au sein d'un horizon commun. Il est donc temps d'intervenir sur ces deux systèmes pour pallier l'absence de dialogue, favoriser la collaboration et œuvrer pour le renouveau.

Récemment, dans *La malattia dell'occidente (La maladie de l'Occident)*, Marco Panara part du problème de la réduction drastique de la part du PIB attribuée au travail employé à cause de la crise économique. Sur cette base, il propose de considérer non seulement la valeur économique, mais aussi la valeur sociale et morale du travail pour guérir la « maladie », c'est-à-dire la perte non seulement du bien-être conquis par les travailleurs mais surtout de la qualité de la démocratie[1]. Comme on l'a évoqué, dans la mesure où le travail a naturellement une valeur sociale pour la société, en tant que façon dont la personne se relie à elle, son importance est indéniable et doit être promue avec détermination. Or une des conditions pour que cela ait lieu est de reconnaître au travail son « utilité » : s'il « sert » plus il « vaudra » plus et « comptera » plus. Alors sa valeur ajoutée consistera en sa constante qualification et re-qualification, à travers la formation continue et donc la croissance professionnelle.

On voit ainsi émerger un problème essentiel posé par l'économie de la connaissance et rendu encore plus urgent par la situation actuelle de l'emploi : le besoin de formation dépasse le contexte de l'instruction initiale et pose la question d'un renouvellement continu des connaissances de sujets actifs. On parle de société de l'apprentissage, ce qui indique bien la nécessité d'une formation permanente ou *lifelong learning*. Dans ce contexte, savoir et continuer à apprendre sont cruciaux pour répondre aux requêtes de la société contemporaine de façon efficace et décisive.

L'apprentissage tout au long de la vie offre en effet à l'individu la possibilité de remoduler son bagage culturel et professionnel, à travers le développement de nouvelles compétences ou

1. M. Panara, *La malattia dell'occidente*, Laterza, Rome-Bari, 2011.

le perfectionnement des compétences existantes. Ceci comporte un double avantage : pour le travailleur, une amélioration économique et humaine ; pour l'entreprise, une réévaluation et une augmentation globale du patrimoine professionnel et technique. Pour autant, l'avantage de l'investissement formatif est encore plus important dans le cas de la ré-employabilité sur le marché du travail, surtout quand il devient possible, pour les travailleurs de plus de 45 ans, d'accéder à une formation hautement qualifiante. En outre, la formation permanente joue un rôle fondamental dans la mesure où l'élévation de l'espérance de vie implique de soutenir les différentes formes de vieillissement actif et de prévention de la décadence fonctionnelle et cognitive des anciens.

Le système éducatif italien actuel est-il en mesure d'assurer une formation permanente appropriée ? Pas pour le moment. Or raccorder le vécu professionnel et la formation aiderait à la promotion du développement et de l'innovation, surtout si les différentes formes d'apprentissage – scolaire et pour adultes – étaient assurées par la même structure et non cloisonnés.

Des données comparatives sur l'éducation des adultes mettent en évidence des résistances et des retards de l'Europe du sud, Italie comprise, où l'archaïsme du système éducatif cause des dégâts pour toute la nation. Les chiffres sont les suivants : pour les 25-64 ans, les initiatives de formation impliquent 24,5 % de la population suédoise, 19,4 % en Grande-Bretagne, 16,5 % aux Pays-Bas et 3 % en Grèce. En Italie le pourcentage est de 6,2 % et concerne deux fois plus les dirigeants et professions libérales que les ouvriers. En revanche, le pourcentage de personnes ayant demandé une formation au cours de leur vie professionnelle est de 12 % pour le Danemark, la Norvège, la Suède et la Finlande, pour 1,6 % en Italie et en Grèce.

Les statistiques sont plus éloquentes que n'importe quelle argumentation. Il est temps de changer de direction[1].

---

1. Pour approfondir, je renvoie aux publications : AA. VV., « Il lifelong learning e l'educazione degli adulti in Italia e in Europa. Dati, confronti e proposte », *Quaderno* n° 9, décembre 2010, Treelle, Gênes, 2010 ; AA. VV., « Il lifelong learning e l'educazione degli adulti in Italia e in Europa/2 », *Quaderno*, n° 9/2, avril 2011, Treelle, Gênes, 2011. Je renvoie aussi au rapport de la Commission européenne dirigé par P. Federighi, *Adult and Continuing education in Europe. Using public Policy to secure a growth in skills,* Luxembourg, 2013.

3. Travail et savoir

L'examen de la valeur du savoir dans le cadre du travail doit être accompagné d'une analyse de l'importance du travail dans le cadre de la formation. Celle-ci concerne les activités intégrées dans le processus cognitif, grâce auxquelles l'action et le travail sont entraînés par la connaissance et l'apprentissage. J'en cite quelques exemples, non exhaustifs : l'apprentissage, l'alternance, le stage, l'activité de laboratoire, la mise en œuvre d'actions pratiques, les instances coopératives, l'offre de savoir informelle ou locale. Dans le récent *Rapporto sul mercato del lavoro 2011-2012 (Rapport sur le marché du travail 2011-2012)* du Conseil National de l'Économie et du Travail, il apparaît que l'Italie, l'un des principaux États européens, est le plus arriéré en termes de lien entre école et travail, en tant qu'elle sépare nettement le moment de la formation du moment du travail.

Dans le champ de l'apprentissage, l'expérience italienne est très réduite, à la différence d'autres nations où les apprentis, par le biais d'une intégration sérieuse entre formation théorique et expérience de travail, développent des compétences de base transversales et professionnelles. On étudie à l'école – une véritable école, ouverte, sérieuse – et on programme aussi le vrai travail. Il ne s'agit pas d'une voie de garage pour les moins doués, comme on l'a souvent considéré à tort chez nous ; au contraire, on est lancé dans une véritable activité professionnelle et en même temps on peut continuer ses études. De la même façon, le recours aux autres solutions évoquées témoigne du succès et des raisons de leur consolidation dans les différents systèmes éducatifs européens, sous des formes et avec des résultats très divers.

En Italie la contamination entre savoir et travail se pratique surtout par le biais du stage ou de l'alternance école-travail. Dans ces deux cas, il s'agit d'introduire au sein de l'itinéraire strictement formatif des moments d'activité « professionnelle » qui se déroulent dans un contexte qui n'a rien à voir avec celui de la communauté éducative, en termes de complexité, finalisation et *modus operandi*. Le but est de consentir à l'élève de découvrir un autre monde que celui des études au sens classique du terme : information, donc, et ouverture d'esprit ; mais aussi expérience pour que l'élève, encore étranger à la réalité du travail, puisse la vivre et la sentir concrètement. C'est-à-dire qu'il puisse construire cette expérience, sous sa forme initiale, pour comprendre la signification du travail et de la vie avec leurs âpretés et leurs satisfactions ; pour comprendre ce qu'est une relation de travail en termes de responsabilité ou de prestation ou ce qu'est la rétribution, la dignité d'un travailleur et la valeur du travail pour l'individu ou pour la collectivité. Mais ce n'est pas tout. Percevoir la complexité d'une véritable organisation productive, avec ses temps et ses espaces, ses nécessités et ses règles, ses relations entre les employés, conduit l'adolescent à saisir l'importance de la créativité pour l'innovation, de l'engagement et du sérieux dans la réalisation de n'importe quelle activité, de l'importance sociale et de la retombée économique d'un produit. Cela l'incite à identifier les affinités entre « une tâche bien faite » et « un travail bien fait » ; mais aussi à évaluer les différences entre la rigueur des études – nécessaire et formatrice, mais qui a pour finalité les études même – et la rigueur du travail – tout aussi nécessaire, mais chargée d'une plus grande responsabilité en tant qu'elle a des effets réels. C'est ce qui est arrivé aux jeunes d'une classe d'avant-dernière année du Lycée Technique industriel Panella-Vallauri de Reggio Calabria : ils ont participé au *Stage élèves spécialisation mécanique* au sein de l'ATAM, l'entreprise de transports de la ville, durant lequel ils ont observé des activités comme le tracé du plan des stations de bus avec l'application *Google transit* et leur géo-référencement pour les informations d'horaires et de délais. Voici leur témoignage : « Nous imaginions que le personnel était uniquement composé de chauffeurs, vendeurs de billets et naturellement de dirigeants, mais dès le premier jour nous avons compris que non. Les ateliers mécaniques gèrent la manutention ordinaire et extraordinaire, réparent les moteurs, les systèmes oléopneumatiques complexes, la climatisation, les systèmes de suspension. Tous les systèmes, gouvernés par une électronique sophistiquée, sont testés, réparés et vérifiés. Le personnel a des missions très diversifiées. Donc une réalité beaucoup plus complexe que ce que nous pensions ».

Les élèves de nombreux établissements scolaires italiens participent au concours «la tua idea impresa (ton idée entreprise)», organisé par la confédération générale de l'industrie italienne Confindustria sous le patronage du MIUR. Ils ont expérimenté la difficulté de projeter, structurer et promouvoir une entreprise, c'est-à-dire de conjuguer créativité, innovation et réalisation dans une même activité. En particulier, les élèves de 4e A (la classe précédant la Terminale) du Lycée technique économique et technologique Eugenio Montale de Rutigliano, dans la province de Bari, ont construit la *Four A Technology*, «leur» entreprise de création de software de gestion des affaires quotidiennes des entreprises et des familles pour la promotion de l'informatisation sur le territoire. L'«entreprise», c'est le cas de le dire, s'est montrée particulièrement significative pour inviter les jeunes à se projeter dans l'avenir.

4. Culture du travail

Toutefois, on ne peut se limiter à des actions empiriques pour diffuser chez les élèves la valeur du travail et en même temps réaliser pleinement le rapport savoir-travail. Les expériences professionnelles directes sont enrichies par des moments consacrés à la théorie du travail, aux différentes problématiques et aux élaborations qui ont émergé sur le sujet au fil du temps. Il est donc très enrichissant que la culture éducative rencontre la «culture du travail» et en reconnaisse la valeur formatrice, en termes de culture anthropologique. Le travail d'un côté en tant qu'expression du profil individuel, comme réalisation de la personne et de son identité, de l'autre en tant qu'expression du collectif, en tant que richesse sociale et économique pour tous, s'avère qualifiant pour une éducation qui veut pénétrer le plus possible la relation entre savoir et travail.

Grâce à cette approche, l'école peut favoriser non seulement la connaissance directe du réel, à travers la confrontation avec les formes et les ressources en œuvre dans la société, mais aussi l'action de l'homme qui tend à changer et transformer les choses, en tant qu'*homo faber* libre. Ainsi, c'est l'humanisme du travail qui est mis en évidence, pour grandir et mûrir avec le savoir et avec le faire, avec l'étude et le travail, pour devenir libres. En ce sens la valeur éducative de la confrontation entre savoir et travail, comme intégration entre connaissance et conscience civique de l'élève, contribue à l'éducation à la citoyenneté en termes de liberté et de responsabilité. Dans le fond, ceci est la base de la démocratie participative.

Il est inutile de rappeler que dans un passé récent l'ouverture de l'école et de la culture à la société, à l'économie et au travail a été vivement contrastée par des conceptions visant à isoler l'étude du savoir, selon des stéréotypes dépassés. Aujourd'hui la contamination entre les différents secteurs semble inévitable, dans un monde de systèmes multiples et divers de plus en plus liés et connectés, ouverts et flexibles, qui agissent en communiquant et informant de façon constante, avec rapidité et dynamisme. Par certains aspects, l'argumentation de type pédagogique et cognitive sur la crainte d'affaiblissement de la base cognitive, de la qualité du savoir ou encore de la moindre maîtrise disciplinaire est anachronique, parce que ces systèmes si étroitement liés agissent en profondeur, même si c'est indirectement ou involontairement. Et à plusieurs niveaux : l'organisation des connaissances et des savoirs par l'élève ; la façon de penser et structurer les systèmes et les savoirs des disciplines par les enseignants ; enfin, la construction et la définition du parcours professionnel par le futur travailleur. L'exemple le plus actuel est celui des *native digitals*, mais ce n'est pas le seul. Je voudrais citer à ce propos l'expérience de la filière électronique et télécommunications du Lycée technique industriel Giovanni XXIII de Rome. Les différentes classes ont travaillé en collaboration avec la province de Rome et les ingénieurs du Kyoto Club à un projet sur la consommation énergétique, mettant en place une alimentation par LED du sous-sol de l'établissement, un laboratoire solaire, éolien et météo, et couvrant de panneaux solaires photovoltaïques les terrasses de l'établissement pour produire plus de 100 MW, dont 32 kW déjà actifs. Une belle expérience, aussi bien pour la satisfaction des élèves devant les résultats positifs de leur étude que pour l'économie substantielle réalisée par l'établissement. Dans la société de la connaissance et de l'apprentissage, le rôle de la relation entre savoir et travail prend donc du sens, surtout en tant que dépassement de l'idée de séparation entre école et société.

En effet, il est vrai que depuis l'époque classique le système éducatif a été structuré de façon à maintenir son isolement par rapport à la société, selon la conception dichotomique de *otium* et *negotium*. L'ère moderne puis libérale, malgré le faible élargissement des lieux du savoir et de l'accès à ces lieux, poursuit sur la même ligne. Les porteurs mêmes des principes d'égalité, liberté et fraternité, qui démantèlent une société encore divisée en classe en exaltant l'individu et ses prérogatives, assignent à l'instruction, reconnue comme droit, le rôle de l'*instrumentum regni*. En effet, à notre époque libérale et bourgeoise, la société et l'État prennent en charge la fonction et l'organisation éducatives, construites selon la division suivante : préparation de base pour le peuple d'un côté, formation de la classe dirigeante de l'autre, dans un contexte façonné pour reproduire la hiérarchie sociale et la sélection culturelle. En ces termes, les instruments employés servent à ériger ce mur qui sépare celui qui sait de celui qui fait. Détachement par rapport au vacarme social et fermeture intellectuelle et culturelle pour les élèves mènent à une sorte de « suspension » du contact direct avec la réalité, voire à une déresponsabilisation plus ou moins consciente par rapport à la société et à ses problèmes. Dans cette perspective, la séparation du savoir et du travail et l'absence du « faire » dans l'activité scolaire représentent l'axe théorique de ce choix institutionnel et pédagogico-cognitif, effectué par la culture dominante avec la prétention de garantir une instruction de qualité.

D'un point de vue scientifique, au cours du XXe siècle on doit surtout aux doctrines américaines la réévaluation de la valeur éducative du « faire » et à la théorie marxiste l'importance de la contamination sociale de la connaissance. Ce sont autant d'éléments qualifiants du renouveau de la culture éducative, pour dépasser une école isolée et séparée et affirmer une école pour tous.

Dans ce cadre d'ouverture épistémologique et pédagogique, désormais acquise dans la culture éducative et dans les systèmes de formation de nombreuses parties du monde, le lien entre savoir et travail met en relation ce qui se passe à l'intérieur et à l'extérieur de l'école, pour reprendre l'image évoquée au début de ce livre. Ceci renforce le présupposé théorique principal du changement du système éducatif, c'est-à-dire la centralité de l'apprentissage, de l'élève et de son implication, sa demande de connaissance ; mais cela véhicule aussi la conception des études comme recherche et réponse aux problèmes du monde contemporain. En outre, cela implique un corps enseignant différent, pour qui le contexte territorial, les mouvements culturels et sociaux et les expériences de travail sont essentiels parce qu'ils consolident à la fois les individus qui le constituent et la communauté. En ces termes, la thématique de la relation entre savoir et travail doit donc être interprétée comme une autre des conditions de possibilité pour réaliser concrètement le renouveau du système éducatif italien en termes de qualité et d'équité pour tous.

Pour conclure ces réflexions sur le travail et le savoir, notons que l'Italie pourra tirer des avantages évidents d'une politique de développement qui reconnaisse la priorité d'une connexion entre ces deux secteurs et la nécessité d'y investir, en promouvant un rapport systémique entre les deux : soutenir à la fois l'augmentation générale de la connaissance et la qualification initiale et permanente du travail et des professions. Une politique de développement mise en œuvre par les pouvoirs publics mais aussi par les entreprises et les syndicats ; une politique de ressources et d'aides au renouveau du système éducatif en mesure d'étendre les connaissances et les savoirs, de développer de nouvelles aptitudes et compétences, de promouvoir le développement et la croissance du pays en tant que système.

Dans l'histoire économique, la lutte syndicale et la pression ouvrière ont indubitablement mené à une nette amélioration des conditions des travailleurs en termes d'augmentation diffuse des revenus, de la consommation et de la protection sociale. Mais en même temps cette pression ouvrière a poussé l'entreprise à augmenter sa compétitivité et la compression des salaires, des droits ou des dépenses sociales, mais à travers la restructuration, l'innovation et la qualité. L'augmentation et la consolidation des conquêtes de civisme, de bien-être et de liberté sont le facteur de développement le plus solide et bénéfique. C'est ce qu'enseigne Amartya Sen quand elle définit le développement comme « un processus d'expansion des *libertés réelles* dont jouissent les êtres humains». Il est raisonnable de prévoir que le défi dérivant d'une promotion systémique du savoir et du travail peut produire – aujourd'hui comme hier – un effet bénéfique analogue sur l'organisation productive et éducative. Ce qui conduira à plus d'apprentissage et de savoir, de travail et de professionnalité, de créativité et d'innovation, de compétitivité et de développement surtout à plus de qualité et d'équité, donc plus de liberté et d'égalité. La condition de tout ceci est le plein emploi. Pour que sa finalité ne devienne pas pure illusion, cela dépendra de la détermination et de l'engagement qu'on mettra dans cet objectif spécifique.

Pour conclure
Le changement vient du bas

Ne doutons jamais qu'un petit groupe d'individus
conscients et impliqués peut changer le monde.
C'est de cette façon que cela s'est toujours produit.
Margaret Mead

1. Expériences et innovation

La critique du système éducatif et la nécessité de le changer ne doivent pas légitimer des jugements uniquement négatifs sur l'école italienne. En effet, il est vrai que malgré les carences de notre modèle, le travail d'enseignants, d'élèves et de directeurs d'établissements a permis à l'Italie de grandir en tant que démocratie, puissance économique et pays culturellement évolué, avec même quelques conquêtes internationales. La polémique sur l'évaluation suscite désormais à la fois une discussion politico-culturelle et l'attention médiatique actuelle, mais aucune des deux n'a saisi le nœud central de la question éducative. En effet, elles se polarisent sur une confrontation qui exprime principalement les tendances structurelles et idéologiques des instances politiques, associatives ou syndicales, de plus en plus distantes de la réalité de l'école. Ceci est dû à l'inadéquation de notre système éducatif – en termes de culture et d'organisation – quand il s'agit de répondre à la nouvelle demande d'instruction qui émane d'une société qui a profondément changé dans ses articulations sociales, économiques et culturelles. Le manque de considération pour ce phénomène est lié à la faible connaissance aussi bien des apports scientifiques de la recherche que du renouveau en acte dans de nombreux systèmes éducatifs dans le monde, y compris en partie dans le système italien. Par conséquent, dans l'opinion publique italienne, on n'a pas conscience de ce que je considère comme urgent et inévitable: la nécessité avérée de changement.

On a montré jusqu'ici qu'en Italie a émergé un mouvement intéressant, qui se rapproche de ce qui se passe dans les pays les plus évolués, et qui a été rendu possible par l'autonomie scolaire. Il s'agit d'un ferment intellectuel – animé par des enseignants, des directeurs d'établissements, des réseaux d'écoles publiques et privées sous contrat, des centres de recherche scientifique, des associations, des sites, différentes traditions et appartenances – qui s'est indubitablement étendu, et reste porteur d'une grande valeur. Il se compose d'initiatives structurées et de modulations pratiques de l'activité d'enseignement ordinaire, où est «tacitement» introduite une innovation des contenus et des méthodes en ligne avec la centration sur l'apprentissage. D'une façon générale, ce ferment intellectuel ne concerne pas uniquement la proposition d'idées – événement déjà significatif en soi – mais d'idées innovantes. Il s'agit d'expériences concrètes d'innovation didactique dans des filières particulières ou dans l'organisation scolaire qui, bien que limitées à des contextes spécifiques, ne constituent pas des épisodes isolés mais font partie d'une tendance plus large, celle du renouveau, qui a lieu au nord, au sud et au centre de l'Italie, à l'école élémentaire, au collège et au lycée. En ce sens, la réalité atteste qu'une telle capacité d'innovation – certes partielle – est présente aujourd'hui à tous les niveaux de l'école, par rapport aux années passées. En effet, autrefois l'ouverture didactique concernait surtout le primaire, à cause des exigences historiques qui ont voulu que cette école devienne l'école pour tous, qui a eu la chance d'être protégée du système de Gentili.

Les exemples de certaines de ces expériences rapportées dans ce livre, sans vouloir en faire des modèles éducatifs ni proposer un échantillon complet ou une forme d'avant-garde scientifique, témoignent tout de même, à travers la rencontre concrète entre la réflexion étayée et l'engagement du corps enseignant, de la nécessité et de la possibilité d'un changement. Ceci anticipe dans les faits l'idée d'une autre école et d'une autre société, dans une sorte de circularité entre théorie, expérience et théorie. Il apparaît surtout que le changement n'est pas seulement nécessaire mais possible ; en second lieu, que la théorie la plus avancée est déjà appliquée à la pratique didactique dans certains contextes, malgré les résistances et les inerties ; enfin, que l'innovation assure une plus grande qualité par rapport à la formation traditionnelle en termes de résultat global, d'équité et d'inclusion sociales. En bref, on peut et on doit changer ; s'accrocher à des stéréotypes dépassés, cela veut dire être hors de l'histoire et du monde.

De toute évidence, nous sommes face à un phénomène spontané et non structuré, de surcroit peu représentatif du panorama italien. L'enthousiasme facile n'est donc pas justifié, dans la mesure où d'un côté le succès doit être vérifié et évalué dans le temps, de l'autre le nouveau processus n'a pas encore débouché sur un renouvellement général du système éducatif. Toutefois, il est tout aussi évident que ce processus est positif et essentiel, tourné vers le futur et potentiellement extensible, surtout s'il est soutenu et encouragé par la reconnaissance de l'engagement des acteurs impliqués et par l'augmentation des ressources économiques attribuées par les institutions et la société.

On peut alors dresser un tableau sociologique du personnel enseignant et dirigeant à l'origine de ces innovations, qui met en évidence comment est démentie l'image conventionnelle d'une certaine rhétorique. On prend acte qu'au sein de cette population, qui n'est ni homogène ni uniforme, ce qui prévaut est la curiosité intellectuelle, la disponibilité et la responsabilité professionnelle, en plus des obligations et devoirs liés à la profession. Certains de ces acteurs sont poussés par leur préparation théorique, d'autres par des convictions, d'autres encore par un intérêt scientifique, par la demande éducative, voire par plusieurs de ces motivations. Plutôt que de renoncer en attribuant à l'expansion scolaire les fautes de tous les maux de l'école actuelle, au contraire ces acteurs ont répondu avec leur orgueil professionnel et leur sensibilité sociale dans le but d'assurer la qualité de l'instruction, à travers l'innovation. Ils ont voulu essayer, expérimenter, prendre des risques, repousser la résignation et le désintérêt, les « c'est impossible » ou «pourquoi je ferais ça?». Certes, ils n'agissent pas tous de la même façon, mais beaucoup d'entre eux le font.

2. L'enseignant: un professionnel hautement qualifié

La troisième enquête de l'Institut IARD (Institut de recherches sociologiques sur la formation professionnelle) sur les conditions de vie et de travail dans l'école italienne, dirigée par Alessandro Cavalli et Gianluca Argentin, rapporte que 84 % des enseignants choisiraient le même métier, si c'était à refaire, comme choix non seulement professionnel mais aussi de vie[1]. Cette recherche réfute donc certains lieux communs. Parmi les explications de cette attitude positive, j'en retiendrai une: ces enseignants sont convaincus, aux plans humain et rationnel, des capacités des enfants et adolescents – même quand elles ne sont pas manifestes, dans les cas difficiles – et ils réfléchissent à la façon de les valoriser, parce qu'ils placent l'élève et son apprentissage au centre de l'activité d'enseignement. Ceci explique cette vision positive et réaliste de leur propre fonction, qui s'ajoute à la conscience de plus en plus forte qu'il faut modifier le système éducatif pour que l'engagement professionnel puisse porter ses fruits. N'en déplaise au pessimisme nostalgique, obstacle récurrent à l'idée même d'innovation. Il est donc clair qu'aujourd'hui il faut partir de ces enseignants et directeurs d'établissement qui, grâce à leur professionnalisme, leur savoir-faire, leur détermination et leur créativité, ont concrètement démarré le changement: pour lancer le renouveau en Italie nous disposons du patrimoine éducatif de promotion intellectuelle et d'élaboration opérationnelle, ainsi que du capital humain.

En effet, bien qu'avec leurs spécificités et priorités, les États les plus évolués ont justement misé sur ces patrimoines pour définir le chemin de la réforme: ils ont projeté un saut de qualité professionnelle à travers leur implication, élaborant leurs réformes en investissant dans leur formation en tant

1. A. Cavalli, G. Argentin (sous la direction de), *Gli insegnanti italiani: come cambia il modo di fare scuola*, Bologne, Il Mulino, 2010.

que leaders intellectuels[1]. Les organisations culturelles européennes et internationales évoluent dans la même direction : par exemple, l'OCDE a produit en 2011 un document intitulé « Building a High-Quality Teaching Profession », dans le sillon des initiatives destinées à « construire un corps enseignant hautement qualifié »[2]. Voilà le mot clé. Cette étude, rappelant l'importance de la personnalisation de l'apprentissage, des différents styles cognitifs, de la diversité culturelle et des nouveautés du monde numérique pour la qualité des acquisitions des élèves, souligne que la mission principale des enseignants est de fournir aux élèves les compétences nécessaires pour devenir des citoyens et des travailleurs actifs du XXIe siècle. Mais la condition pour que ceci se réalise – spécifie le texte – est que « *it is not that top-down reforms are ordering teachers to change, but that teachers embrace and lead reform, taking responsability as professionals* (ce ne sont pas les réformes venant d'en haut qui ordonnent aux enseignants de changer, mais ce que les enseignants s'approprient et mènent les réformes, en prenant leur responsabilité en tant que professionnels »). Il est donc difficile de ne pas citer les indications de l'OCDE. D'ailleurs, celles-ci se mesurent grâce aux succès rencontrés dans ces états où les réformes ont été partagées et non pas « ordonnées » de façon prescriptive et bureaucratique.

Dans un récent essai intitulé *Professional capital : transforming teaching in every school,* les auteurs Hargreaves et Fullan soutiennent que le futur de l'apprentissage est étroitement lié à la qualité de l'enseignement ; après avoir proposé des plans d'action pour améliorer la profession enseignante et avec elle les systèmes scolaires américains, ils enjoignent les responsables politiques et les professionnels à transformer l'avenir de l'instruction, avant de conclure qu'une école ne peut être meilleure que ses enseignants[3]. Comme insiste l'OCDE, elle ne peut pas non plus ignorer leurs orientations les plus profondes.

1. F. Gibbo, *La scuola degli altri. Le riforme scolastiche nell'Europa che cambia*, SEI, Turin, 2006.
2. OCDE, *Building a High-Quality Teaching Profession. Lessons from all around the world ?*, Paris, OCDE, 2011.
3. A. Hargreaves, M. Fullan, *Professional capital : transforming teaching in every school,* New York, Teachers College Press, 2012.

Les considérations proposées jusqu'ici pour renouveler l'éducation en Italie sont sur la même longueur d'ondes. On suggère donc de s'appuyer sur les enseignants pour encourager leur participation et leur adhésion en tant qu'acteurs et leaders éducatifs et organisationnels, voire réformateurs, sans indications centrales «d'en haut» mais en partant «du bas». C'est-à-dire de la capacité d'innovation des écoles, de la force de persuasion de l'exemple et de la vérification des théories: il faut d'une part soutenir ceux qui agissent déjà, de l'autre investir dans la préparation des autres[1].

Il est logique que ceci n'annule pas les règles fondamentales du système public et de la démocratie: discipline normative et objectifs généraux sont l'apanage des instances représentatives de la souveraineté populaire, c'est-à-dire des organes publics et démocratiques; c'est à l'État et à la société de prendre en charge les coûts et les mesures nécessaires. Toutefois, si l'Italie répondait à la requête du contexte international d'atteindre le délicat équilibre entre réforme de l'éducation et qualification des enseignants, cela aurait une dimension politique importante. Pour l'école, c'est l'occasion de jouer une carte importante de son auto-réforme; pour les enseignants, d'acquérir un poids et une visibilité sociales inédits. Ceci constituerait le meilleur cadre pour arriver à une définition appropriée de la «profession hautement qualifiée», en évitant que cela ait des airs d'exercice rhétorique ou de *captatio benevolentiae.* On envisage donc des solutions objectives, qui dérivent d'une variation fonctionnelle de la conception de l'instruction dans la société de la connaissance et de l'apprentissage.

Pourtant, en même temps l'implantation de l'éducation doit être conçue comme un investissement qui apporte de la valeur à tout le pays et non – comme cela arrive parfois – comme une opération sectorielle spécifique, compétence exclusive des institutions et des instances scolaires. Considérer l'instruction et la recherche comme la priorité générale (attitude rare en Italie) ne signifie pas seulement les «enrichir», mais aussi engager tous les secteurs dans un effort convergeant pour faire grandir

1. S. Tramma, *L'educatore imperfetto. Senso e complessità del lavoro educativo*, Rome, Carocci, 2008.

toute la nation. C'est donc une priorité à deux points de vue : d'un côté, celui des moyens et investissements économiques et structurels, provenant non seulement du budget attribué à l'éducation mais aussi de différentes sources de la société et des pouvoirs publics ; de l'autre, c'est un plan d'innovation profonde, destiné à enrichir non seulement les acteurs de l'instruction et de la recherche, mais aussi toute la société. En ces temps où les ressources manquent, pour que la primauté du savoir ne se réduise pas à une simple déclaration d'intention, mais constitue une valeur pour toute la société, avec le retour que cela implique, il faut avant tout que l'instruction change, qu'une *éducation* de qualité et équitable émerge, en mesure de répondre aux requêtes du monde d'aujourd'hui.

Si c'est la société qui décide d'accorder la priorité à la formation, alors la fonction de l'enseignant et celle du directeur d'établissement prendront bien plus de relief que de simples revendications corporatistes d'intérêt sectoriel. La qualification des enseignants prendra de la valeur, aussi bien grâce au succès de la réforme et du changement que grâce aux retombées et aux bénéfices scolaires dont profitera toute la nation. En ce sens, attribuer à l'enseignant un rôle de leader réformateur, y compris au niveau du développement social, permet de souder le rapport entre école et société. Les enseignants, seront appelés à collaborer à l'amélioration de l'éducation grâce à leur professionnalisme, et percevront donc leur rôle comme déterminant pour la qualité de l'instruction. Par ailleurs, en vertu de la retombée sociale du succès d'une école de qualité, ils auront la considération et la gratitude de toute la société.

Toutefois, on ne peut définir la profession d'enseignant du XXIe siècle sans envisager un dernier aspect, plus étroitement lié à la nouvelle nature de l'enseignement, en partie anticipé au chapitre 2. Comme on l'a dit, les besoins de la société de la connaissance, de l'apprentissage et de l'école pour tous conduisent à dépasser la vision uniquement transmissive et envisagent l'enseignant comme un « passeur » de savoir, et même comme un guide dans le processus de connaissances et de compétences de l'élève. La fonction de l'enseignant est donc plus articulée, il devient une sorte de coach qui entraîne les athlètes en leur indiquant comment procéder et en contrôlant leur tenue, sans jamais se substituer à eux dans l'exercice. Ou bien un chef d'orchestre qui dirige un véritable ensemble musical, comme peut être une communauté éducative composée de plusieurs sujets et ouverte à plusieurs activités. On demande donc au profil professionnel général de l'enseignant une bonne maîtrise de sa discipline et d'autres savoirs, mais aussi des compétences didactiques, technologiques, organisationnelles et relationnelles. Il est essentiel qu'il développe des capacités lui permettant de construire des parcours, envisager des problèmes, pénétrer les disciplines et utiliser toutes les possibilités organisationnelles et technologiques, qui étaient autrefois absentes de l'instruction traditionnelle. Et il est tout aussi important qu'il soit prédisposé au travail en équipe pour préparer avec ses collègues des actions partagées, dans le but d'impliquer l'élève dans son effort d'apprentissage et dans le dessein de son parcours éducatif. Tout ceci ne signifie pas une dispersion superficielle de touche-à-tout ni l'anéantissement de la subjectivité de l'enseignant ou du statut épistémologique des disciplines. Ceci n'aurait plus rien de fonctionnel. Au contraire, il faut un bagage cognitif et d'expérience, qui conjugue connaissances et compétences avec la responsabilité du résultat de l'apprentissage. Dans une école avant tout transmissive, on peut penser que l'enseignant était beaucoup, voire tout; aujourd'hui, dans la société de l'apprentissage, son poids est encore plus important. En effet, on ne peut pas nier que son profil ait changé: il s'agit d'une autre profession, hautement qualifiée, au poids social accru, plus riche et complexe, qui imposera de revoir aussi la question de la rétribution et de l'avancement professionnel. Dans le modèle transmissif, l'État avait assigné à l'enseignant la définition de simple « fonctionnaire » ou « employé civil de l'État » (décret législatif 297/1994, art. 604): aujourd'hui cette définition ne suffit plus, elle ne répond plus au nouveau profil. Il est évident qu'une telle modification aura toute une série de conséquences pour les politiques institutionnelles, syndicales ou salariales de cette catégorie. Il faut tenir compte qu'on est déjà arrivé aujourd'hui à la définition de « travailleurs de la connaissance ».

Ce n'est pas un hasard si ces enquêtes de l'OCDE (et pas seulement) invitent à considérer la fonction enseignante comme une profession qualifiée et non «employée», ce qui alimente le débat concernant le recrutement des enseignants parmi les meilleurs étudiants. Quels peuvent être les motifs d'attraction ? Bien sûr le salaire et la possibilité de faire carrière, mais aussi – peut-être même plus – la reconnaissance sociale et institutionnelle. Les mots-clé de ce changement de rôle et de qualification sont donc «implication», «profession» et «responsabilité du résultat». D'où la définition synthétique suggérée par le débat OCDE : «transformer l'école en organisation de l'apprentissage, avec la guidance des professionnels de l'enseignement».

L'Italie est animée par une vive polémique sur ces thèmes, aux motivations culturelles et théoriques, mais aussi fonctionnelles. On craint par exemple une perte de maîtrise de la discipline, immolée sur l'autel sociologique, psychologique ou pédagogique de la prévalence du «savoir à traiter» avec les élèves, au détriment de la préparation professionnelle. Je ne sous-estimerais pas cette inquiétude, qui a des fondements réels : en effet, on peut citer des exemples de permissivité excessive d'enseignants. Toutefois, il n'est pas automatique que les enseignants, dûment attentifs aux nouveaux besoins, occultent la maîtrise disciplinaire, qui reste un prérequis indispensable.

L'enquête TALIS (Teaching and Learning International Survey) menée par l'OCDE en 2009 fournit une analyse comparative des systèmes éducatifs des 23 pays participant, avec un échantillon de quasiment 70 000 enseignants et directeurs d'établissements de collège-lycée, sur des aspects comme le développement professionnel, les attitudes et pratiques d'enseignement, l'évaluation et le feedback, le leadership scolaire. Il apparaît notamment que les professeurs italiens se différencient de leurs collègues étrangers par leur méfiance et leur faible ouverture vers les pédagogies dites constructivistes ; ils préfèrent les méthodes traditionnelles du cours magistral et de l'enseignement verbal, au détriment des techniques expérimentales. L'analyse conclut que les conquêtes des sciences cognitives ne feraient pas partie de leur patrimoine professionnel et indique que ce sont eux qui sont le moins soumis à des évaluations internationales. Je ne souhaite pas attribuer à ces considérations plus de poids qu'elles en méritent : je les signale, comme l'un des nombreux éléments comparatifs permettant de comprendre comment se construit l'identité professionnelle moderne de l'enseignant.

On peut conclure que l'enseignant doit diriger la complexité du processus éducatif tout en maîtrisant parfaitement sa discipline, qu'il est doté de « savoirs externes », de capacité de projection, de la compétence de gérer l'activité éducative et qu'il se sent responsable des résultats : un intellectuel virtuose et organisateur à la profession qualifiée socialement reconnue. Il ne fait donc pas partie de la catégorie « employés » : sa fonction doit être reconnue, structurée, rétribuée et insérée dans une carrière qui prévoit une évolution, comme toute profession qui se respecte. La société politique doit faire en sorte que pour ces « travailleurs de la connaissance et de l'apprentissage » une nouvelle école se configure également.

Les corollaires ne manquent pas, à commencer par la nécessaire préparation d'un personnel d'une telle envergure. Jusqu'ici les cours de formation initiale, l'université et les stages – indispensables pour le futur enseignant – se limitaient à la compétence disciplinaire. Dans la perspective envisagée ici, ils devront être globalement responsables de l'*éducation* selon les nouveaux paramètres. Je ne m'attarde pas plus sur ces thèmes cruciaux, largement explorés, sauf pour en rappeler l'importance et la nouveauté. En revanche, il faut nous arrêter sur l'investissement et le développement professionnel des enseignants aujourd'hui en fonction, parce que le succès de l'école de qualité pour tous en dépend en grande partie.

En attendant, je rappelle qu'il ne me semble pas intellectuellement correct de définir cette activité comme « formation continue », qui est une définition bureaucratique qui manque de respect, en un sens, au professionnel qualifié, qui ne doit pas être « formé » : il l'est déjà. Toutefois, il doit « grandir professionnellement », comme disent les Anglais qui utilisent l'expression de « développement professionnel ». En quoi cette proposition diffère-t-elle des « cours de formation » ? Tout d'abord, ce sont les enseignants (ou les établissements scolaires) qui identifient leur besoin de mise à jour, notamment grâce à l'autonomie scolaire, aux réseaux d'établissements, aux projets éducatifs ou aux centres de recherche externes. Ensuite, les intéressés gèrent eux-mêmes cette activité ; ils expriment leur avis en termes de satisfaction et appréciation ; enfin ils évaluent les retombées sur la qualification professionnelle effective du personnel. Il ne me semble pas opportun que la « formation » soit gérée par un ministère ; et si ça l'était, la préoccupation est avant tout liée au *business* florissant en la matière, qui cherchera par tous les moyens à survivre...

Je prendrai l'exemple de l'expérience des Groupes scolaires de Castri et Calmiera-Martignano et du Lycée technique Économico-technologique Grazia Deledda de Lecce : ils ont réalisé un cours d'autoformation, qui rentre dans le cadre du plan « Enseigner les sciences expérimentales », pour les enseignants des disciplines scientifiques. Le but est de partager des problématiques, méthodologies et instruments, ainsi que de construire des parcours verticaux à travers des activités en laboratoire et des jeux de rôle. À la fin, réunis en groupes selon le niveau où ils enseignent, ils ont construit les vérifications à utiliser en classe selon le modèle OCDE-PISA. Tandis qu'au collège Don Milani de Gênes, grâce à la collaboration avec l'Institut de recherche sur les Technologies didactiques du Conseil National des Recherches, la plate-forme Moodle, en plus d'un moyen de communication entre la direction et le corps enseignant pour gérer l'activité didactique et organisationnelle, est devenue le lieu privilégié de collaboration avec les deux autres institutions, Rinascita-A. Livi de Milan et Scuola-Città Perstalozzi de Florence, qui partagent le même projet d'Écoles laboratoires. De cette façon les enseignants se confrontent et s'informent sur leurs expériences et pratiques en termes de produits et processus, mûrissant des compétences au sein d'une communauté qui dépasse les murs de l'établissement et qui permet des activités d'autoformation et de développement professionnel de qualité.

3. Affects et intergénérationnalité entre éducation et instruction

Dans l'école qui veut impliquer les élèves, les enseignants et les directeurs d'établissements, les parents sont également inclus. Non seulement leurs représentants siègent dans des organes collégiaux, mais les parents de chaque élève de chaque classe sont impliqués. Quand l'instruction est fondée sur la centralité de l'apprentissage, bien plus que dans le passé il faut connaître de façon approfondie la personnalité de l'élève. Pour favoriser cette conscience, la participation du parent est fondamentale pour la communauté éducative, parce qu'il est en mesure, plus que n'importe qui d'autre, de fournir de précieuses informations sur les capacités et les tendances, le caractère et l'état d'évolution psycho-physique, les intérêts et les besoins (et tant d'autres choses encore) de son enfant. Dans ce cadre, la collaboration entre parents et enseignants soutient, d'un côté, la détermination de l'enseignant à personnaliser l'apprentissage ; de l'autre, la possibilité pour chaque élève d'améliorer son rendement selon ses vocations. D'autre part, la composante affective, et avec elle la volonté d'accompagner le processus éducatif de son enfant puis de son adolescent, aide le parent – au-delà des jugements partiaux éventuels sur le travail de l'enseignant, expressions de sa tendance naturelle à la protection – à agir dans l'intérêt du succès de l'action éducative. Pour l'enseignant, l'intérêt est le même, mais dans une dimension de responsabilité et de dignité professionnelle. Les parents exigent toujours une action éducative tendue et efficace, surtout en cas de risque d'échec de leur enfant, et jouent même un rôle clé pour le fonctionnement à plein régime de toute la réalité scolaire.

La relation entre l'école et la famille présente un autre aspect intéressant, qui est lié à l'attention portée par les parents non seulement à l'éducation cognitive et intellectuelle, mais aussi à la croissance personnelle et civique de leurs enfants. Leur participation sollicite une soudure entre école et société, étant donné leur souci pour les problèmes contextuels, comme l'avenir professionnel des citoyens de demain. Leur présence tempère les risques d'éloignement de l'instruction par rapport aux questions sociales concrètes et objectives, à travers l'ouverture de l'école au territoire, à des sujets et à des structures issues de différents secteurs de la production culturelle. Tout en respectant les fonctions et compétences spécifiques des enseignants et directeurs d'établissements, sans confusion des rôles, les parents sont donc un élément positif d'intégration horizontale entre les différentes réalités ou institutions concernées, dans la mesure où ils défendent la valeur de la socialisation qui, avec la valeur de l'éducation, fonde l'identité même de l'école et de la formation.

La contribution active et responsable des parents devient donc un facteur qui favorise la conscience progressive de leur fonction et une meilleure connaissance de leurs enfants, sous un autre point de vue que celui de la cellule familiale, si fortement conditionnée par les affects et sentiments. Dans cette optique, la relation entre l'école et la famille ne peut se résumer aux quelques conseils de classe – l'organe le plus significatif ici – ni aux « réunions parents-professeurs », dont le nom révèle la vision transmissive de l'école, selon laquelle il y a toujours et quoi qu'il arrive quelqu'un qui reçoit et quelqu'un qui est reçu. En revanche, dans l'école de l'apprentissage, le mot n'est pas « être reçu » mais participer en tant qu'acteurs, chacun, en respectant bien sûr les règles et les modalités établies.

Une dernière considération sur la raison de la présence active des parents découle du rôle de l'*éducation* et du savoir dans la société des droits. On a déjà dit au début de ces réflexions que le droit à l'instruction n'est pas une prérogative que la société concède à l'individu mais un droit fondamental, c'est-à-dire au fondement du système public démocratique, reconnu en tant que tel. Le besoin ressenti par le parent de se placer de façon dynamique et consciente « dans » l'institution exprime sa volonté de participer à un droit, désormais considéré comme acquis par la société de la connaissance et de la démocratie participative. Un droit-devoir, pas une concession organisationnelle. De nombreuses organisations ont donné une place institutionnelle conséquente et éloquente à ce qu'on vient d'évoquer en termes d'exigence éducative, sanctionnant formellement le rôle des parents dans l'instruction.

La Constitution de la République italienne affirme, à l'article 30 : « Les parents ont le droit et le devoir de subvenir aux besoins de leurs enfants, de les instruire et de les éduquer ». Avec le terme « éduquer », le texte attribue aux parents une valeur générale et comportementale de responsabilisation ; avec le terme « instruire », il leur assigne une fonction traditionnellement attribuée uniquement à l'institution concernée (l'école), lui reconnaissant donc le droit-devoir de contribuer et de veiller à ce que toutes les mesures éducatives soient mises en œuvre comme il se doit et avec efficacité. Mais de cette façon, le précepte constitutionnel prescrit aux parents d'agir aussi directement, d'une façon qui leur est propre, sans pour autant se substituer au reste. Les termes «droit» et «instruction» sont sans équivoque, prescriptifs, directs. La Constitution attend des parents et des institutions qu'ils les respectent pleinement. Je rappelle, en effet, qu'il s'agit d'un véritable droit sanctionné par la Constitution et pas d'une loi ordinaire; il ne s'agit donc pas uniquement d'un droit à la prestation (c'est-à-dire à ce que se déroule une activité d'instruction), mais d'un droit dont les parents sont également titulaires y compris en ce qui concerne la substance de la prestation. Et il s'agit également d'un devoir, ce qui renforce le cadre, configure un devoir qui leur revient. La discussion ne peut donc plus s'attarder sur la reconnaissance ou non de la participation de la famille; elle devra se concentrer sur l'indication de modalités nouvelles et efficaces pour la mettre en pratique.

4. Le contexte culturel

Dans l'école de l'apprentissage, l'apport des parents à l'ensemble de la fonction éducative n'est pas le seul: il revient au territoire et à la société civile de compléter l'offre. L'ouverture à la participation d'autres sujets et réalités comme le monde du travail et de l'entreprise, de l'université et de la recherche, des collectivités locales, des structures culturelles et associatives, informatiques et technologiques, élargit l'action de l'*éducation* par rapport au binôme directeurs d'établissements/enseignants et parents. Musées, théâtres, cinémas, pôles scientifiques et centres sportifs, activités d'entreprise ou situations «environnementales» offrent une contribution précieuse au projet didactique global pour associer le processus cognitif spécifiquement «scolaire» à la richesse de la culture, de la connaissance, des stimulations offertes par les différents contextes, physiques et virtuels. La réalisation de la relation entre apprentissage formel, non formel et informel d'une structure complexe nécessite pourtant une organisation valide et efficace de l'ensemble des apports éducatifs. Elle exalte la fonction de leader de l'enseignant et du directeur d'établissement, qui coordonnent les initiatives communes en respectant les rôles réciproques d'autonomie et de gestion. Une école ouverte, qui se confronte à la demande sociale de savoir et à l'offre provenant de différentes réalités, développe une action d'innovation significative, aussi bien sous le signe du dépassement de la séparation entre instruction et société, que de la participation active et factuelle de tous[1]. Quelque chose qui, malgré des nuances distinctives, évoque les centres culturels !

Citons dans cette direction l'initiative de l'Université de Modène et Reggio Emilia, *Officina Emillia : rigenerare le competenze e lo sviluppo del territorio (Atelier Emilia : régénérer les compétences et le développement du territoire)* : active depuis 2000, elle a construit un réseau de collaboration qui comprend 30 établissements scolaires (de la maternelle au lycée) et autant de PME de l'industrie mécanique, avec pour objectif de qualifier le système scolaire local en coopérant avec différents contextes. En impliquant les enseignants, les professeurs et chercheurs universitaires de nombreuses disciplines (ingénierie, économie, physique, mathématiques, sciences de la communication et sciences de l'éducation) et grâce au partenariat avec la Columbia University, l'Arizona State University et la Chalmers University of Technology de Göteborg, les élèves ont la possibilité de participer à des laboratoires *hands on*, à des cours universitaires, à des visites d'installations industrielles et à des rencontres avec entrepreneurs et travailleurs.

Toujours dans le cadre de la collaboration entre école, université et territoire, le projet régional « Laboratoire des machines mathématiques pour l'Émilie-Romagne » (MMLab-ER) a conduit à l'équipement de salles dans des Centres de Documentation Éducative (les Laboratoires des machines mathématiques) et à la constitution d'un réseau d'enseignants experts en didactique de laboratoire pour élaborer du matériel à expérimenter ensuite avec les élèves. Dans une classe du

1. A. Ranieri, *I luoghi del sapere. Idee e proposte per una politica della conoscenza*, Rome, Donzelli, 2006.

Lycée scientifique Visitandine Malpighi de Castel San Pietro Terme, près de Bologne, les élèves, après avoir exploré des machines, ont utilisé des pantographes pour effectuer des transformations géométriques, développant en laboratoire les processus mathématiques fondamentaux de la formulation d'hypothèses, de la production d'argumentations et de la construction de démonstrations.

Il ressort des exemples concrets qu'au sein de la communauté éducative différentes professions interagissent : directeurs d'établissements, enseignants, élèves, parents, personnel administratif, personnel auxiliaire, techniciens de laboratoire, bibliothécaires, chercheurs à l'université ou dans des centres de recherche, personnel du monde du travail. Dans les salles de classe ou dans d'autres contextes, ils mènent des activités théoriques et pratiques, individuelles et collégiales, ce qui permet de vivifier l'autonomie dans le cursus, les départements et les laboratoires, toujours en faisant attention à la motivation et au résultat de l'apprentissage de l'élève. J'ai bien conscience d'avoir marqué un but contre mon camp et semé la panique. Mais n'ayez pas peur. Pour ne pas risquer d'omettre quelque chose, j'ai peut-être été un peu loin dans la provocation. Bien sûr, on ne peut pas nier qu'il existe déjà des expériences dans le sens indiqué, qui projettent une organisation complexe, flexible, autonome et responsable de l'école. Si celle-ci est bien gérée, qu'elle fonctionne et qu'elle n'est pas compliquée, au pire elle nécessitera de l'engagement, parce que – je le répète en utilisant la catégorie révolutionnaire du bon sens – elle recherche et réalise le plaisir du « travail bien fait ». On en conclura donc que l'élargissement de la communauté éducative, la coordination des différents acteurs et la réorganisation structurelle garantissent la qualité didactique et la promotion humaine. Ainsi, ni le ministère ni la bureaucratie ne devront dicter des normes centralistes et uniformes rigidifiant les apports de l'activité didactique, et avec elle le succès de l'innovation et donc le changement du système éducatif.

5. Égalité faible, égalité forte

Dans plusieurs États de l'Union Européenne, en même temps que la recherche scientifique avancée, la conscience s'est développée de la nécessité de changer le système éducatif. Le but premier est de répondre en termes pratiques et théoriques à la diffusion de phénomènes structurels décisifs comme l'expansion quantitative de la demande d'instruction, face à laquelle le système éducatif traditionnel montre des signes évidents d'inadéquation. Dans certains cas, on n'a pas attendu la lente consumation du vieux système pour lancer des réformes à travers la collaboration avec les classes dirigeantes éclairées actrices de l'école. Et en Italie? Nous sommes restés en arrière et aujourd'hui encore, malgré les différentes tentatives, on ne voit pas émerger assez nettement la conscience de devoir entreprendre le même chemin avec décision.

Notre tradition éducative et didactique, qui s'est stratifiée dans le temps, a consolidé une culture, une idéologie, des habitudes, des intérêts, des théories et des pratiques qui résistent et survivent aux profonds changements survenus dans le monde durant les dernières décennies. On peut dire que dans notre pays il n'y a pas d'alternative culturelle et politique mûre dans le domaine de l'éducation. L'appareil conceptuel qui a fondé et tente encore de fonder le système éducatif aujourd'hui a eu son heure de gloire dans le passé: l'isolement de l'école par rapport au contexte social, la séparation des savoirs et des contenus, l'apprentissage comme devoir sans aucune attractivité, les méthodes d'évaluation à partir de devoirs et interrogations, la discipline de l'enseignement fondée sur des normes et circulaires dictées par l'administration centrale, et enfin la sévérité de l'institution, loin de la culture du résultat. Ce ne sont qu'une partie des canons connus de tous, jamais remis en cause, mais qui motivent et accompagnent la conception de l'école et de l'instruction, qui s'est transformée en mentalité populaire et en lieu commun. C'est aujourd'hui encore la culture éducative la plus diffuse.

À l'époque des «organes collégiaux» des années soixante-dix, une agitation profonde a ouvert le chemin à de nouvelles idées, notamment sur les droits. Deux en particulier: le droit à l'accès et le droit à la participation. Mais cette explosion n'a pas été accompagnée d'une affirmation suffisante aux plans politique, associatif et culturel, des conceptions les plus innovantes, qui au niveau international projetaient l'avenir de l'éducation comme rencontre avec la société de la connaissance et avec la démocratie participative. L'avant-garde éducative italienne (nous avons cité Montessori, Rodari et les autres) a connu le même sort : elle a progressivement été écartée, n'ayant pas réussi à changer la culture de la classe dominante, comme le rappelle Alberto Asor Rosa.

Après une période réformiste, ces ferments ont en quelque sorte été refusés ou absorbés par la doctrine dominante au sein de la structure fortement centraliste et bureaucratique de l'école, sans parler de la vision exclusivement transmissive de l'éducation, qui éloigne la possibilité d'une dialectique entre tradition et innovation. Ainsi l'ancien système, d'un côté a progressivement perdu de sa force par rapport à une société qui a évolué dans le temps ; de l'autre il s'est éloigné des nouveaux besoins d'accès de masse et de construction de professionnalités qualifiées. L'école d'aujourd'hui oscille donc entre égarement face à un modèle qui n'est plus et résistance envers un modèle qui n'est pas encore.

D'autre part, la politique trouve aujourd'hui dans l'école un terrain de confrontation idéologique, se focalisant tour à tour sur l'étatisme, le laïcisme, la permissivité, la méritocratie et autres : des thèmes pour la plupart absents ou dépassés dans le débat éducatif du monde évolué. Ailleurs, on discute par exemple de centralité de l'apprentissage, de nature de l'enseignement, de revers épistémologiques introduits par la culture technologique, d'unité du savoir, de valeur cognitive du rapport corps/esprit... Toutefois, la physiologie sociale enseigne que dans la société couve, et souvent affleure, une vivacité en mesure de dépasser les obstacles et les inerties et de faire émerger du nouveau. La raison et l'espoir de notre proposition de changement du système éducatif actuel se fondent justement sur ces sujets qui, dans une instruction sans points de repère stables, expérimentent d'autres voies à travers des concepts, méthodes et langages nouveaux.

Ce livre se veut une modeste contribution pour rassembler le message et le patrimoine de ces expériences, pour déceler le processus en acte et ses potentialités, pour indiquer que le renouveau doit et peut venir d'en bas. Pas seulement parce que, comme on l'a déjà dit, les réformes imposées d'en haut ne sont appréciées ni des directions d'établissements ni du corps enseignant, qui dans le passé ont déploré l'engagement épisodique de l'administration. Mais, surtout, parce que l'innovation concerne le cursus et l'activité didactique liée à l'apprentissage et à l'enseignement, c'est-à-dire à de la matière avant tout scolaire : le monde institutionnel et politique ne peut être concerné que sur le fond. Ce sont les personnes qui s'occupent de l'éducation qui guident le changement en affrontant les problèmes, en examinant les résultats et en construisant des parcours inscrits dans un projet général. Dans ce contexte, les écoles impliquées ont mené une évaluation rigoureuse pour vérifier les résultats des nouvelles propositions : une valeur ajoutée parce qu'il ne s'agit pas des «projets» habituels, œillet à la boutonnière mais de courte durée ; une enquête incisive, que les expériences ont élaboré, à travers l'identification des lacunes du système et l'intégration des innovations en actes, comme le premier pas à construire du bas. Ceci représente un fort encouragement à l'autonomie des cursus et à la recherche didactique, dans le but de libérer l'école des liens et contraintes bureaucratiques et favoriser ainsi l'innovation.

Je crains qu'un renouveau aussi profond et véritable ne soit pas suivi aujourd'hui par la politique centrale, ni ne soit défendu par les organisations nationales. Ce seront les Régions, les collectivités locales, le monde du travail et des entreprises, tout le tissu associatif et culturel concerné d'une façon ou d'une autre par l'action éducative, qui seront appelés à le soutenir et à le construire. Ils participeront, avec les compétences qu'ils sont aujourd'hui en mesure d'exprimer, aussi bien du côté du projet culturel exprimé par les communautés scolaires, bien entendu dans le respect de l'autonomie du corps enseignant, qu'en ce qui concerne la précision des mesures politiques, économiques et institutionnelles qui doivent être adaptées au niveau territorial. Il faut donc prévoir une action de collaboration entre ce que pourront développer les autonomies territoriales, sociales, culturelles d'un côté et les écoles ou réseaux d'écoles de l'autre, pour que l'innovation s'ancre solidement dans les finalités éducatives et dans les actions des dirigeants, enseignants, élèves et instances éducatives diverses.

Bien sûr, il ne sera pas simple de mettre ensemble les mondes politique, associatif et scolaire, toutefois, il faut trouver le bon équilibre entre les différents rôles, qui se traduise sous la forme de coordinations efficaces : un horizon partagé de valeurs et priorités. Ce n'est que de cette façon que le changement pourra s'affirmer, au début partiellement et graduellement – comme on l'a déjà dit et expérimenté – puis de façon à devenir un système offrant demain l'école de tous. On est conscients que les écoles ne seront pas en mesure de porter seules une action d'une telle envergure, parce que les conditions juridico-institutionnelles et les rapports de forces ne le leur permettent pas. Et comme on ne fait nullement l'hypothèse d'un processus antipolitique, la réforme de l'instruction doit avoir lieu en respectant tous les canons institutionnels de notre démocratie.

En bref : lancer l'innovation d'en bas, à l'intérieur de l'école, avec consolidation au niveau du territoire ; en même temps, organiser au niveau national des moments de décision de la part du politique et des organes institutionnels des pouvoirs publics pour définir les normes générales, les problèmes de bilan, les ressources à attribuer à cette initiative complexe qui, sans aucun doute, saura trouver la forme qui répond aux différentes nécessités et aux forces en jeu en Italie, dans le but de garantir de façon autonome par rapport aux divers modèles de réforme des États la qualité et l'efficacité de l'éducation italienne du XXIe siècle.

Il reste à insister sur un point important : l'élaboration et la confrontation dans le milieu culturel et éducatif devront prendre en compte les lieux communs et les stéréotypes traditionnels de la perception populaire diffuse sur la nature et le rôle de l'instruction aujourd'hui dans la société de la connaissance et de l'apprentissage. La réelle innovation doit se projeter au-delà des frontières de l'école, à travers des modes et des moments pour informer et communiquer sur le fait qu'en Italie aussi il doit y avoir une autre école qui fonctionne. Les instances et les sièges divers et variés se réuniront pour affirmer la nouvelle *éducation* à travers le succès et le résultat de leurs propres expériences, pour obtenir la reconnaissance et le soutien institutionnel, pour animer les catégories et les secteurs organisés, et enfin pour attirer l'attention du débat politique sur les cursus, les environnements d'apprentissage, les contenus et les méthodes. Il faut transmettre et faire savoir que, bien que dans des conditions difficile et hostiles, en ces temps de coupes budgétaires et de restriction y compris salariales, de nombreux enseignants et directeurs d'établissements innovent déjà, au moins en partie, pour donner aux enfants et aux jeunes gens les compétences culturelles et professionnelles qui les rendront concrètement acteurs de leur avenir.

Pour conclure, la contribution de ces réflexions à l'innovation éducative est qu'elle trace le sillon d'une vision progressiste de l'école et de toute la société, notamment en soutenant que les principes d'égalité et de liberté, de solidarité et d'équité sont le fondement sur lequel se construit la personne, en tant qu'individu et qu'être social. Il n'y a pas de liberté, il n'y a pas d'égalité sans une école de qualité pour tous et pour chacun, c'est-à-dire efficace et inclusive. Elle se réalise si les conditions sont réunies pour consolider les choix et pour augmenter la participation. Égalité pour tous, donc. Mais égalité substantielle, comme le décrit l'article 3 de la Constitution italienne et comme le sollicitent depuis longtemps les théoriciens de la société juste et de l'approche des droits et des libertés à travers les capacités effectives de les exercer. Et donc la même opportunité de promouvoir le droit d'« accès » à l'instruction et en conséquence la scolarisation de masse (égalité faible). Mais aussi et surtout la même opportunité de promouvoir le droit à son propre « succès » éducatif et donc à la fois de l'équité et de la qualité (égalité forte). Telle est l'importance décisive de l'instruction comme contribution au bien-être et au développement de l'individu et de la collectivité. Telle est l'importance de la qualité de l'école pour tous et pour chacun comme fait politique pour la vitalité démocratique de la société.

On ne cache pas la difficulté d'une telle entreprise, dans un pays comme l'Italie, qui a de gros problèmes d'organisation fonctionnelle de sa politique ; mais ce passage obligé mérite d'être affronté pour une œuvre aussi importante. L'objectif véritablement ambitieux est que se créent ainsi les conditions d'une croissance de la sensibilité de nos citoyens sur l'instruction et l'éducation, et avec elle les bases pour élaborer une culture éducative nouvelle, d'ordre « constitutionnel », c'est-à-dire au fondement du service public de la nation, pour la société de la connaissance et de l'apprentissage. C'est aussi afin que ceci permette à l'Italie de lancer un plan national d'urgence pour soutenir institutionnellement, socialement et financièrement la priorité réelle de l'école.

Table

Cet ouvrage a été composé
par Atlant'Communication
au Bernard (Vendée).

Impression réalisée en janvier 2017
par Printcorp - N° 16120296
pour le compte des Éditions Fabert.

Imprimé en France